JN095030

改訂新版

まるごと授業 算数 6年(下)

喜楽研の
QRコードつき授業シリーズ

板書と授業展開がよくわかる

企画・編集：原田 善造・新川 雄也

わかる喜び学ぶ楽しさを創造する教育研究所　略称 喜楽研

はじめに

「子どもたちが楽しく学習ができた」「子どもたちのわかったという表情が嬉しかった」という声をこれまでにたくさんいただいております。喜楽研の「まるごと授業算数」を日々の授業に役立てていただき誠にありがとうございます。今回は，それを一層使いやすくなるように考え，2024 年度新教科書にあわせて「喜楽研の QR コードつき授業シリーズ改訂新版　板書と授業展開がよくわかる まるごと授業算数 1年～6年」(上下巻計 12 冊) を発行することにいたしました。

今回の本書の特徴は，まず，ICT の活用で学習内容を豊かにできるということです。ＱＲコードから各授業で利用できる豊富な資料を簡単にアクセスすることができます。学習意欲を高めたり，理解を深めたりすることに役立つ動画や画像，子どもたちの学習を支援するワークシートや，学習の定着に役立つふりかえりシートも整えております。また，授業準備に役立つ板書用のイラストや図も含まれています。

次に，本書では，どの子もわかる楽しい授業になることを考えて各単元を構成しています。まず，全学年を通して実体験や手を使った操作活動を取り入れた学習過程を重視しています。子ども一人ひとりが理解できるまで操作活動に取り組み，相互に関わり合うことで，協働的な学びも成り立つと考えます。具体物を使った操作活動は，それを抽象化した図や表に発展します。図や表に表すことで学習内容が目で見えるようになりイメージしやすくなります。また，ゲームやクイズを取り入れた学習活動も満載です。紙芝居を使った授業プランもあります。それらは，子どもたちが楽しく学習に入っていけるように，そして，協働的な学びの中で学習内容が習熟できるような内容になっています。全国の地道に算数の授業づくりをしておられる先生方の情報を参考にしながらまとめ上げた内容になっています。

学校現場は，長時間勤務と多忙化に加えて，画一的な管理も一層厳しくなっていると聞きます。新型コロナ感染症の流行もありました。デジタル端末を使用することで学び方も大きく影響されてきています。そんな状況にあっても，未来を担う子どもたちのために，楽しくてわかる授業がしたいと，日々奮闘されている先生方がおられます。また，新たに教員になり，子どもたちと楽しい算数の授業をしてともに成長していきたいと願っている先生方もおられます。本書を刊行するにあたり，そのような先生方に敬意の念とエールを送るとともに，楽しくわかる授業を作り出していく参考としてお役に立ち，「楽しくわかる授業」を作り出していく輪が広がっていくことを心から願っています。

2024 年3月

本書の特色

すべての単元・すべての授業の指導の流れがわかる

学習する全単元・全授業の進め方を掲載しています。学級での日々の授業や参観日の授業，研究授業や指導計画作成等の参考にしていただけます。

各単元の練習問題やテストの時間も必要なため，本書の各単元の授業時数は，教科書より少ない配当時数にしています。

1時間の展開例や板書例を見開き２ページでわかりやすく説明

実際の板書をイメージできるように，板書例を２色刷りで大きく掲載しています。また，細かい指導の流れについては，３～４の展開に分けて詳しく説明しています。どのように発問や指示をすればよいかが具体的にわかります。先生方の発問や指示の参考にしてください。

QR コンテンツの利用で，わかりやすく楽しい授業，きれいな板書づくりができる

各授業展開ページの QR コードに，それぞれの授業で活用できる画像やイラスト，ワークシートなどの QR コンテンツを収録しています。印刷して配布するか，タブレットなどのデジタル端末に配信することで，より楽しくわかりやすい授業づくりをサポートします。画像やイラストは大きく掲示すれば，きれいな板書づくりにも役立ちます。

ベテラン教師によるポイント解説や教具の紹介なども収録していますので参考にしてください。

ICT 活用のアイデアも掲載

それぞれの授業展開に応じて，電子黒板やデジタル端末などの ICT 機器の活用例を掲載しています。子ども自身や学校やクラスの実態にあわせて ICT 活用実践の参考にしてください。

6年（下）目　次

QR コンテンツについて

授業内容を充実させるコンテンツを多数ご用意しました。右の QR コードを読み取るか下記 URL よりご利用ください。

URL: https://d-kiraku.com/4767/4767index.html
ユーザー名：kirakuken
パスワード：L2mDjF

※ 各授業ページの QR コードからも，それぞれの時間で活用できる QR コンテンツを読み取ることができます。
※ 上記 URL は，学習指導要領の次回改訂が実施されるまで有効です。

拡大図と縮図

円の面積

角柱と円柱の体積

およその面積と体積

比例と反比例

場合の数

本書の使い方

◆ **板書例**
時間ごとに表題（めあて）を記載し，1～4の展開に合わせて，およそ黒板を4つに分けて記載しています。（展開に合わせて1～4の番号を振っています）大切な箇所や「まとめ」は赤字や赤の枠を使用しています。ブロック操作など，実際は操作や作業などの活動もわかりやすいように記載しています。

◆ **目標**
1時間の学習を通して，児童に身につけてほしい具体的目標を記載しています。

◆ **POINT**
時間ごとの授業のポイントやコツ，教師が身につけておきたいスキル等を記載しています。

◆ **授業の展開**
① 1時間の授業の中身を3～4コマの場面に切り分け，およその授業内容を記載しています。
② Tは教師の発問等，Cは児童の発言や反応を記載しています。
③ 枠の中に，教師や児童の顔イラスト，吹き出し，説明図等を使って，授業の進め方をイメージしやすいように記載しています。

第1時
拡大図・縮図の意味

本時の目標　形を変えないで大きくした図形を拡大図，小さくした図形を縮図ということがわかる。

板書例

大きさはちがっても，同じ形

1 〈不思議な子どもまおちゃん〉

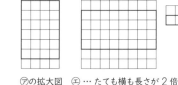

2 〈㋐と同じ形の四角形〉

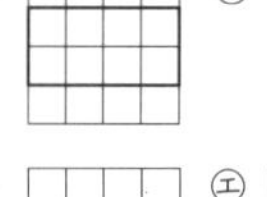

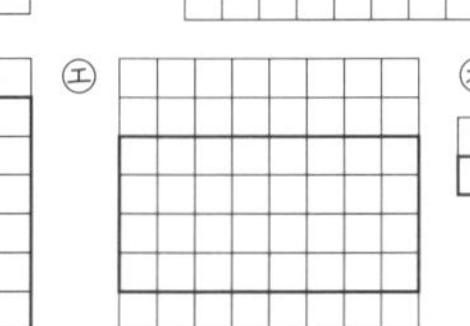

㋐の拡大図　㋓…たても横も長さが2倍

㋐の縮図　㋔…たても横も長さが$\frac{1}{2}$

POINT 紙芝居を見るところから導入し，興味をもって学習に入っていけるようにします。初めは，「同じ形に見える」「おやっ，

1 紙芝居「不思議な子どもまおちゃん」を見る

『不思議な子どもまおちゃん』のお話①～④を読み，お話の絵を黒板に掲示する。

C 縦，横どちらかだけにのびると，もとの形と違う形になってしまう。
C 縦も横も同じ大きさで大きくなると，もとの形と同じ形になるね。
C 同じ形で小さくすることもできるね。

2 ㋐と同じ形はどれか，見つけましょう

T ㋐の形をいろいろな大きさにした形㋑～㋔があります。㋐と㋑～㋔をそれぞれ比べてみましょう。

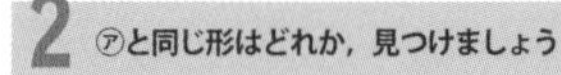

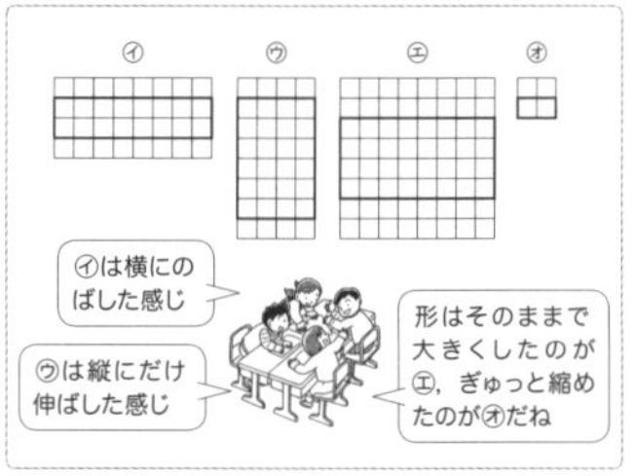

㋑は横にのばした感じ
㋒は縦にだけ伸ばした感じ
形はそのままで大きくしたのが㋓，ぎゅっと縮めたのが㋔だね

C ㋓と㋔が同じ形みたいだけど，同じ形ということを調べる方法があるのかな？

初めは直感的に見て気がついたことを発表し合うので良い。

16

◆ 準備物

1時間の授業で使用する準備物を記載しています。準備物の数量は，児童の人数やグループ数などでも異なってきますので，確認して準備してください。

QR は，QR コードから使用できます。

◆ ICT

各授業案の ICT 活用例を記載しています。

◆ QR コード

1時間の授業で使用する QR コンテンツを読み取ることができます。

印刷して配布するか，児童のタブレットなどに配信してご利用ください。

（QR コンテンツの内容については，本書 p8, 9 で詳しく紹介しています）

※ＱＲコンテンツがない時間には，QR コードは記載されていません。

※ QR コンテンツを読み取る際には，パスワードが必要です。パスワードは本書 p4 に記載されています。

準備物	QR 紙芝居「不思議な子どもまおちゃん」 QR 板書用図 QR ワークシート　QR ふりかえりシート QR 板書用絵	ICT	本単元では、タブレットを使って、児童の手元で図形をドラッグしながら、拡大、縮小をしても形は変わらないことを実体験させながら学習を進めていきたい。

3 まとめ

ある図形を その形を変えないで，大きくすることを拡大するといい，小さくすることを縮小するという。
また，その図形をそれぞれ拡大図・縮図という。

4 〈㋐の三角形の拡大図と縮図はどれだろう？〉

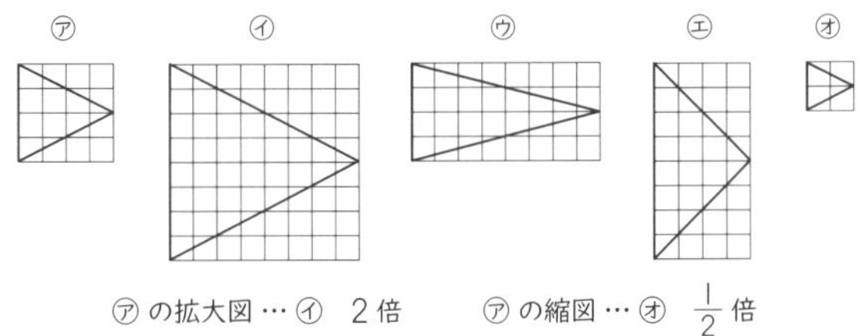

㋐ の拡大図 … ㋑　2 倍　　　㋐ の縮図 … ㋔　$\frac{1}{2}$ 倍

なんか変だぞ」という直感を大切にしましょう。

3 同じ形の調べ方について話し合おう

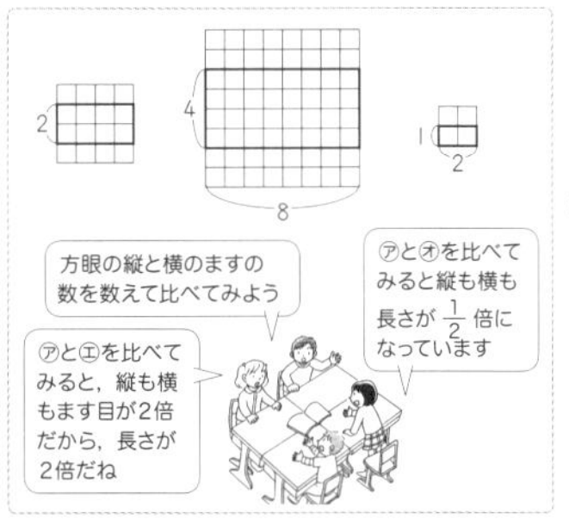

2
4
8
1
2
方眼の縦と横のますの数を数えて比べてみよう
㋐と㋔を比べてみると縦も横も長さが 1/2 倍になっています
㋐と㋓を比べてみると，縦も横もます目が2倍だから，長さが2倍だね

T　㋓は㋐の 2 倍の拡大図，㋔は㋐の $\frac{1}{2}$ の縮図といいます。もとの図形と比べてどうなっていますか。

C　拡大図や縮図は，もとの図からすると縦も横も同じ割合で大きくなったり，小さくなっています。

4 三角形の拡大図や縮図を見つけましょう

T　ある図形を，その形を変えないで大きくすることを拡大するといい，小さくすることを縮小するといいます。

学習のまとめをする。

8 T　三角形の問題です。㋐の拡大図と縮図を見つけて，それぞれ㋐の何倍になっているかを調べましょう。

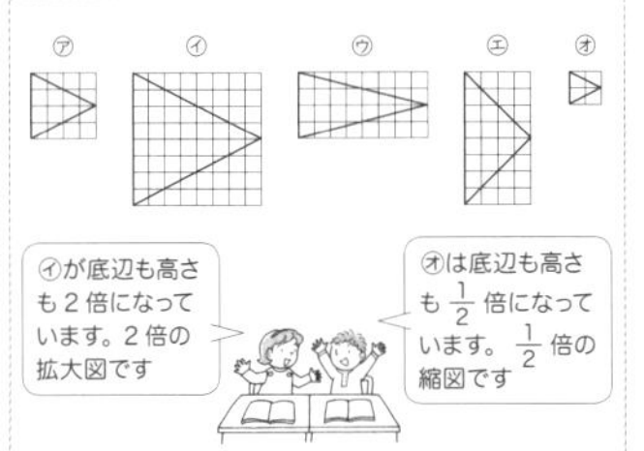

㋐
㋑
㋒
㋓
㋔
㋑が底辺も高さも 2 倍になっています。2 倍の拡大図です
㋔は底辺も高さも 1/2 倍になっています。1/2 倍の縮図です

拡大図と縮図　17

QR コンテンツの利用で楽しい授業・わかる授業ができる

見てわかる・理解が深まる動画や画像

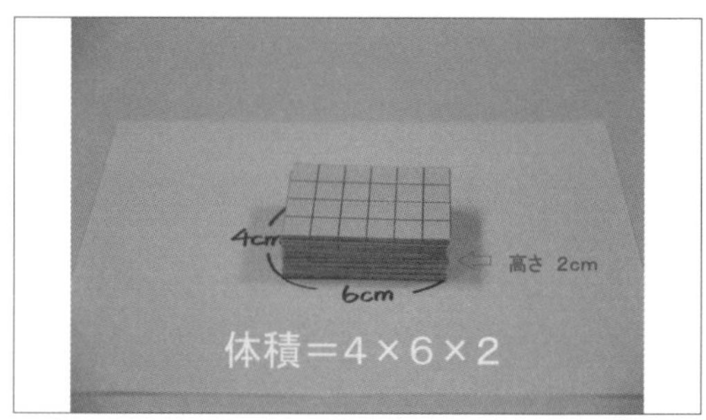

文章や口頭では説明の難しい内容は，映像を見せることでわかりやすく説明できます。視覚に訴えかけることで，児童の理解を深めると同時に，児童が興味を持って授業に取り組めます。

※ 動画には音声が含まれていないものもあります。

授業のポイント解説や簡単で便利な教具などを紹介

各学年でポイントとなる単元の解説や簡単に作れる教具を使った授業など，算数のベテラン教師による動画が視聴できます。楽しいだけでなく，どの子も「わかる」授業ができるような工夫が詰め込まれています。

授業で使える「ふりかえりシート」「ワークシート」

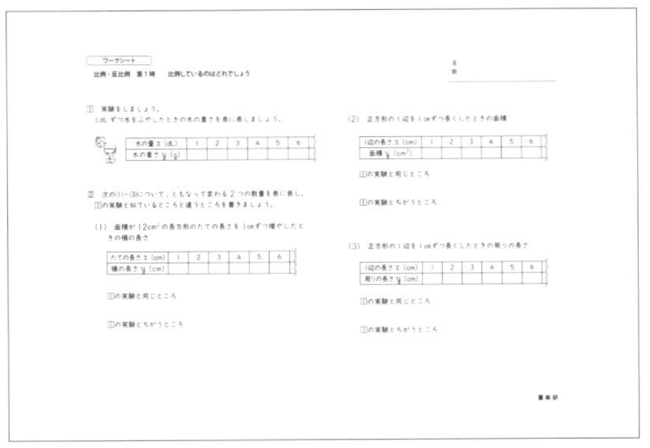

ワークシート

比例・反比例　第１時　比例しているのはどれでしょう

名前

1 実験をしましょう。
1dL ずつ水をふやしたときの水の重さを表に表しましょう。

水の量 x (dL)	1	2	3	4	5	6
水の重さ y (g)						

2 次の(1)〜(3)について，ともなって変わる２つの数量を表に表し，1の実験と似ているところと違うところを書きましょう。

(1) 面積が 12cm² の長方形のたての長さを 1cm ずつ増やしたときの横の長さ

たての長さ x (cm)	1	2	3	4	5	6
横の長さ y (cm)						

1の実験と同じところ

1の実験とちがうところ

(2) 正方形の１辺を 1cm ずつ長くしたときの面積

1辺の長さ x (cm)	1	2	3	4	5	6
面積 y (cm²)						

1の実験と同じところ

1の実験とちがうところ

(3) 正方形の１辺を 1cm ずつ長くしたときの周りの長さ

1辺の長さ x (cm)	1	2	3	4	5	6
周りの長さ y (cm)						

1の実験と同じところ

1の実験とちがうところ

喜楽研

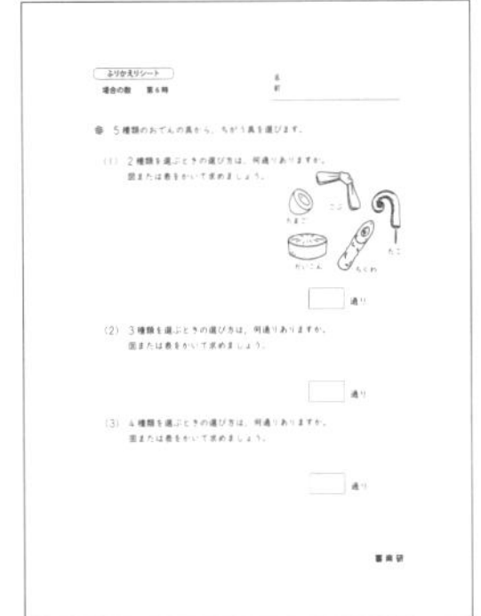

ふりかえりシート

場合の数　第６時

名前

◆ ５種類のおでんの具から，ちがう具を選びます。

(1) ２種類を選ぶときの選び方は，何通りありますか。
図または表をかいて求めましょう。

たまご　こぶ　たこ　だいこん　ちくわ

□通り

(2) ３種類を選ぶときの選び方は，何通りありますか。
図または表をかいて求めましょう。

□通り

(3) ４種類を選ぶときの選び方は，何通りありますか。
図または表をかいて求めましょう。

□通り

喜楽研

授業の展開で使える「ワークシート」や，授業のまとめや宿題として使える「ふりかえりシート」などを収録しています。

クラスの実態や授業内容に応じて，印刷して配布するか，児童のタブレットなどに配信してご利用ください。

板書作りにも役立つ「イラストや図・表」

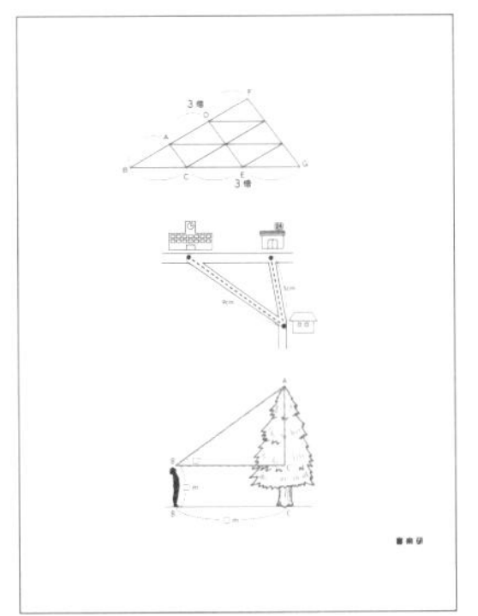

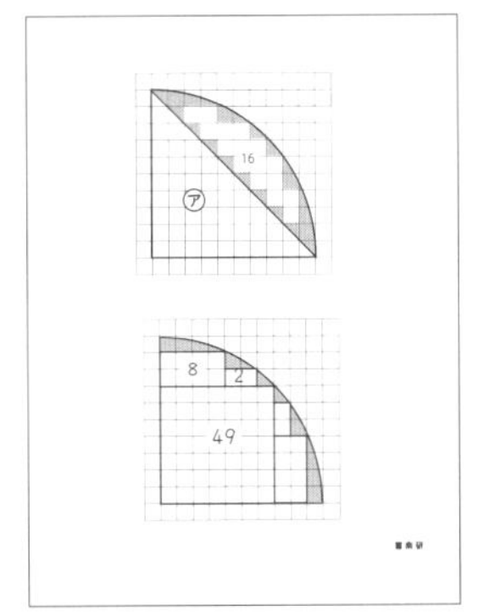

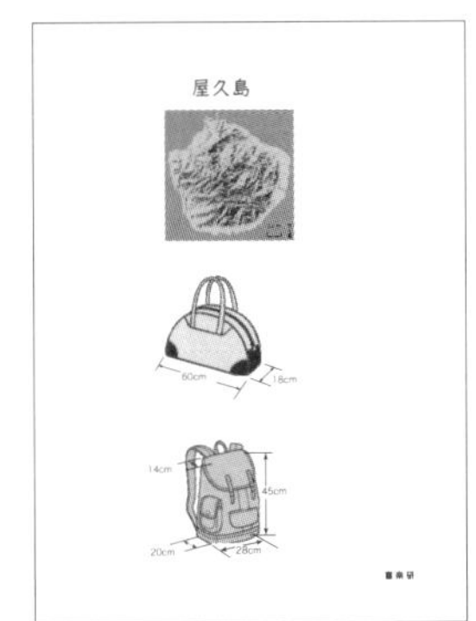

イラストや図・表は，黒板上での操作がしやすく，きれいな板書作りに役立ちます。
また，児童に配信することで，タブレット上で大きくはっきりと見ることもできます。

※ QR コンテンツを読み取る際には，パスワードが必要です。パスワードは本書 p4 に記載されています。

かけ算・わり算

文章題の解き方　提案

提案者：原田善造

なぜ，かけ算・わり算４マス表が必要になったのか

５年生を担任していたとき，次のような文章題でたくさんの子どもたちが誤答でした。

> 0.6 mが 0.3kg のはり金があります。このはり金１mの重さは何 kg ですか。

0.6 × 0.3 や，0.3 × 0.6 と立式した子どもと，わからないと答えた子どもが約３割，

0.6 ÷ 0.3 と立式した子どもが約５割いました。

なんと８割もの子どもたちが誤答だったのです。

ショックを受けた私は，日夜考え，次のような文章題の解き方を子どもたちに提案しました。

文章題をかけ算・わり算４マス表に整理する

上記の文章題を対応表（かけ算・わり算４マス表）に整理すると，次のようになります。
(※対応表とも名づけたのは，はり金の長さとその重さが対応している表だからです。)

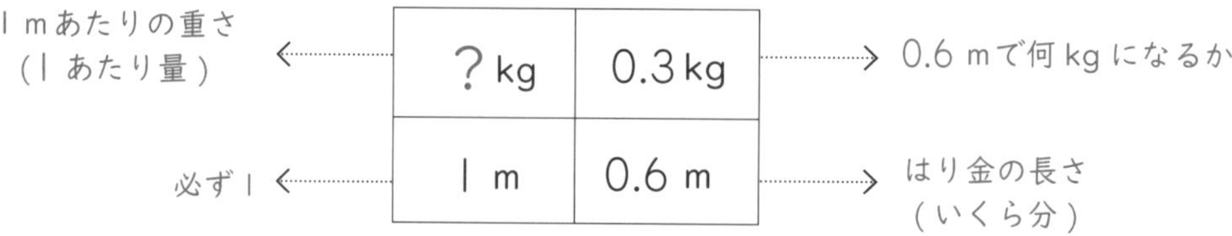

かけ算・わり算４マス表に整理したあと，簡単な整数におきかえて立式を考える

？kg	6kg
１ m	3m

□×３＝６　…かけ算で立式…　□× 0.6 ＝ 0.3

６÷３＝２　…わり算で立式…　0.3 ÷ 0.6 ＝ 0.5

答え　2kg　　　答え　0.5kg

？kg	0.3kg
１ m	0.6 m

「かけ算・わり算4マス表」と「かけ・わり図」でむずかしい文章題の壁を突破しよう

かけ・わり図（かけ算・わり算の図）で量の大きさを！

4マス対応表はとても便利で立式もでき，答えも求められますが，0.3 ÷ 0.6 = 0.5 の量の関係がわかりにくいので，かけ・わり図をかきます。

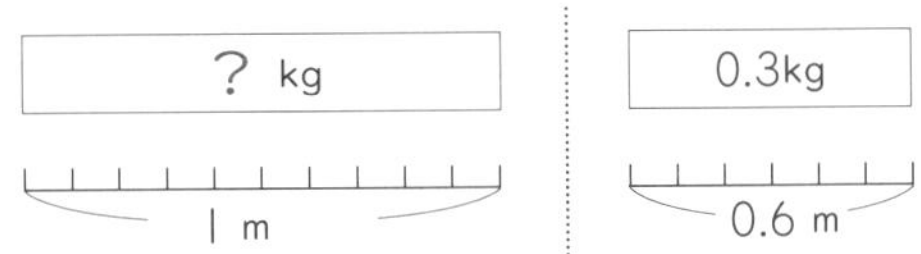

0.6 mで 0.3 kg ですから，1 mでは，0.3 kg より重くなることがわかります。

かけ算・わり算4マス表で整理すると，3つのパターンになる

① **かけ算**

1 mが 0.4 kg のはり金があります。

このはり金 0.5 mの重さは何 kg ですか。

0.4 kg	？kg
1 m	0.5 m

0.4 × 0.5 = 0.2

答え　0.2 kg

② **1 mあたりの重さを求めるわり算**

0.5 mが 0.2 kg のはり金があります。

このはり金 1 mの重さは何 kg ですか。

？kg	0.2 kg
1 m	0.5 m

□× 0.5 = 0.2

0.2 ÷ 0.5 = 0.4

答え　0.4 kg

③ **はり金の長さ（いくら分）を求めるわり算**

1 mが 0.4 kg のはり金があります。

このはり金 0.2 kg の長さは何mですか。

0.4 kg	0.2 kg
1 m	？m

0.4 × □ = 0.2

0.2 ÷ 0.4 = 0.5

答え　0.5 m

かけ算・わり算4マス表とかけ・わり図の関係を整数で整理する

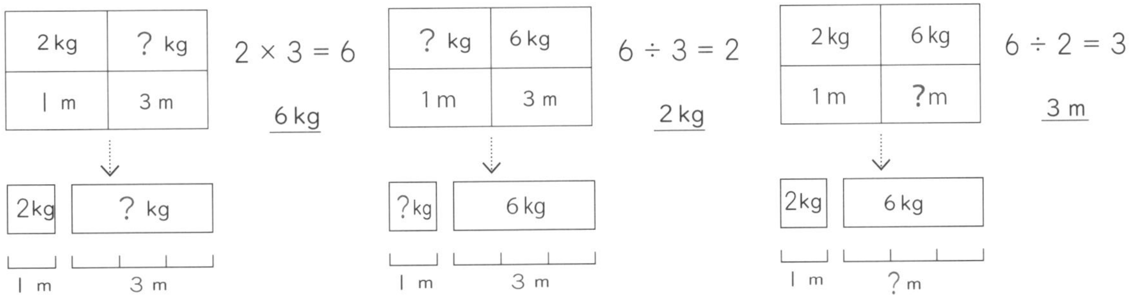

2 kg	？kg
1 m	3 m

2 × 3 = 6

6 kg

？kg	6 kg
1 m	3 m

6 ÷ 3 = 2

2 kg

2 kg	6 kg
1 m	？m

6 ÷ 2 = 3

3 m

にらめっこ図で
「もとにする量」「倍」「比べられる量」の関係がよくわかる

昨日 4cmだったタケノコが，今日はその 3 倍になりました。タケノコは何cmになりましたか。

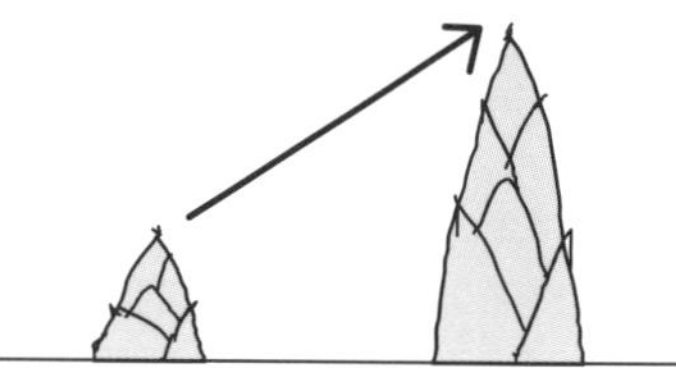

この文章を図に表して答えを求めよう

＜にらめっこ図のかき方＞

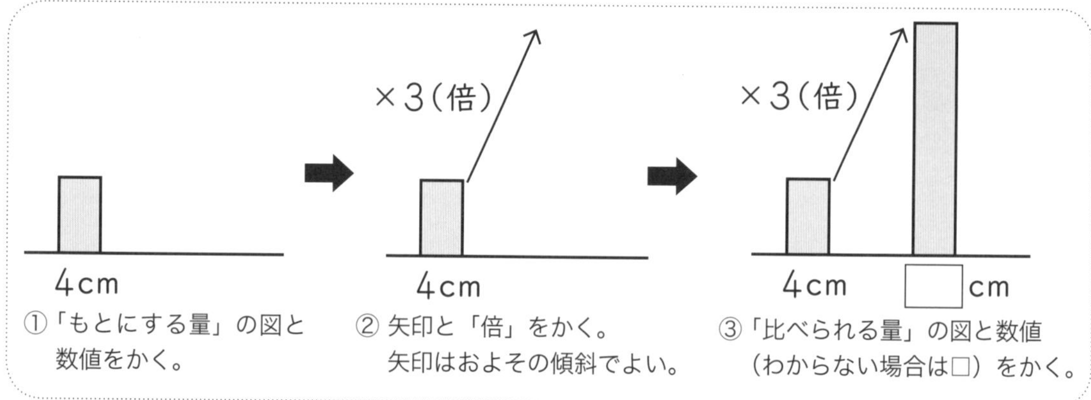

×3（倍）
×3（倍）
4cm
4cm
4cm　□cm
①「もとにする量」の図と数値をかく。
② 矢印と「倍」をかく。矢印はおよその傾斜でよい。
③「比べられる量」の図と数値（わからない場合は□）をかく。

昨日のタケノコから
今日のタケノコを見ると 3 倍

「にらめっこ図」の指導方法は，1991年に石原清貴氏によって考案されました。「もとにする量」と「比べられる量」が互いに「にらめっこ」しているのに例えて名付けられました。「もとにする量」「倍」「比べられる量」を「にらめっこ図」に表し，「もとにする量×倍=比べられる量」から答えを導き出します。この図の良さは，「もとにする量」と「比べられる量」が高さで比較されるため，２つの量の大きさが一目でわかることです。

1 「比べられる量」を求める

問題 昨日５cmだったタケノコが今日はその３倍になりました。タケノコは何cmになりましたか。

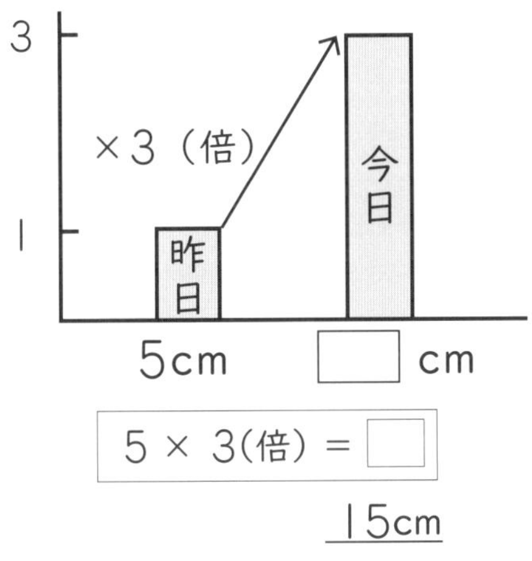

5 × 3(倍) = □

15cm

2 「倍」を求める

問題 体重が2kgだった子犬が，半年後4kgになりました。体重は何倍になりましたか。

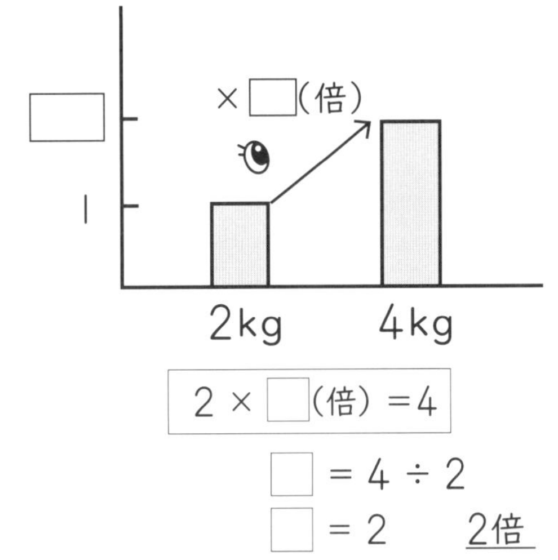

2 × □(倍) =4

□ = 4 ÷ 2

□ = 2　　2倍

3 「もとにする量」を求める

問題 ゆうとさんの体重は32kgで，弟の体重の４倍です。弟の体重は何kgですか。

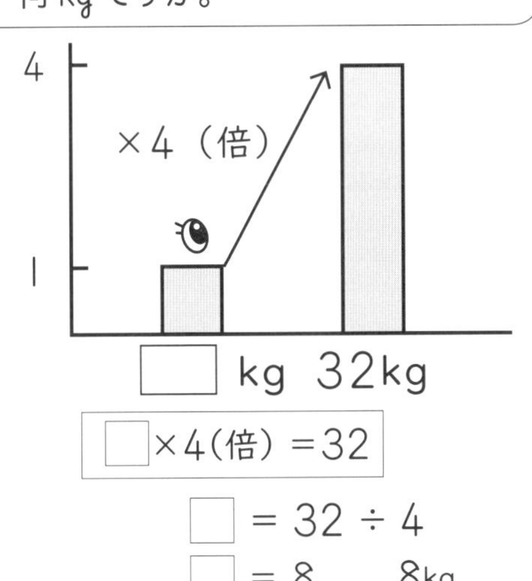

□×4(倍) =32

□ = 32 ÷ 4

□ = 8　　8kg

1～3のどの問題も，
にらめっこ図のとおりに
もとにする量×倍=比べられる量
の式にあてはめてから
計算しているよ。

拡大図と縮図

全授業時数 11 時間

◎ 学習にあたって ◎

<この単元で大切にしたいこと>

形も大きさも等しい関係が合同であり，大きさは等しくないが形は等しい関係が拡大・縮小です。最初は感覚的に「同じ形」から始まりますが，辺の長さや角度に目を向けて算数の舞台にのせていきます。「対応する辺の長さの比が等しい，対応する角の大きさが等しい」が拡大図・縮図の基本です。この基本を最後の縮図の利用までしっかりとおさえておくことが何より大切です。

<数学的見方考え方と操作活動>

この単元では作図をする学習が多くあります。方眼のます目を利用した作図，辺の長さや角度を測って白紙に行う作図，１つの点を中心とする作図，縮図の利用による作図です。どの作図においても，単に教えられるのではなく，合同な図形や対称な図形など既習をふりかえりながら，できるだけかき方を自分たちで考えて取り組めるようにします。その際には，拡大図と縮図での基本的な事項である「対応する辺の長さの比が等しい，対応する角の大きさが等しい」に目が向くようにすることが必要です。

<個別最適な学び・協働的な学びのために>

ここでの学習を確かなものにするポイントは３点あります。

１つは，見た印象で同じ形に見えるという直観的なことから対話をはじめ，辺の長さや角の大きさを数値化して拡大・縮小の意味がどの子も理解できるように，十分時間をとって話し合うところです。

２つ目は，拡大・縮小の理解を生かして各自で作図をするところです。

３つ目は，地図上での長さから実際の長さを求めたり，実際に測量をし縮図をかくことで木の高さを求めたりして本単元で学習したことを実生活の中で活用できるものにするところです。

これらの３点に時間をとり，自分たちで解決し，話し合いで交流できるようにしましょう。

◎ 評　価 ◎

知識および技能	拡大図・縮図の意味や性質を理解し，対応する辺の長さを求めたり，拡大図・縮図をかくことができる。
思考力，判断力，表現力等	拡大図・縮図の意味や性質をふまえて作図の方法を考え，表現することができる。 縮図から実際の長さの求め方を考えることができる。
主体的に学習に取り組む態度	拡大図・縮図を用いることのよさに気づき，拡大図や縮図をすすんでかいたり，生活の場面に適用して考えようとしている。

◎ 指導計画　11 時間 ◎

時	題	目標
1	拡大図・縮図の意味	形を変えないで大きくした図形を拡大図，小さくした図形を縮図ということがわかる。
2	対応する辺の長さ・角の大きさ	拡大図・縮図の性質（対応する角の大きさが等しく，対応する辺の長さの比が等しい）を理解することができる。
3	拡大図・縮図の作図（方眼を使って）	方眼のます目を使って，三角形と平行四辺形の，拡大図と縮図がかける。
4	拡大図・縮図の作図（白紙）①	辺の長さや角の大きさを用いて，拡大図や縮図をかくことができる。
5	拡大図・縮図の作図（白紙）②	辺の長さや角の大きさを用いて，拡大図や縮図をかくことができる。
6	拡大図・縮図の作図（1つの点を中心として）①	1つの点を中心として，三角形の拡大図や縮図をかくことができる。
7	拡大図・縮図の作図（1つの点を中心として）②	1つの点を中心として，四角形の拡大図・縮図をかくことができる。
8	縮図の利用（縮尺）	縮尺の意味を理解し，実際の長さを求めることができる。
9	縮図をかいて長さを求める①	直接測ることのできない長さを，縮図をかいて求める方法を知り，実際の長さを求めることができる。
10・11	縮図をかいて長さを求める②	実際に測量をし，縮図に表したものを使って，木の高さを求めることができる。

第1時
拡大図・縮図の意味

本時の目標　形を変えないで大きくした図形を拡大図，小さくした図形を縮図ということがわかる。

板書例

大きさはちがっても，同じ形

1 〈不思議な子どもまおちゃん〉

2 〈㋐と同じ形の四角形〉

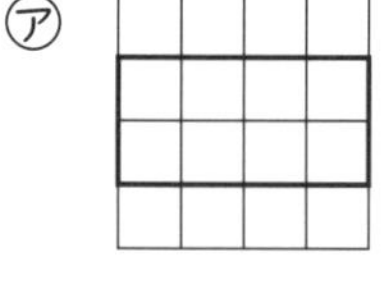

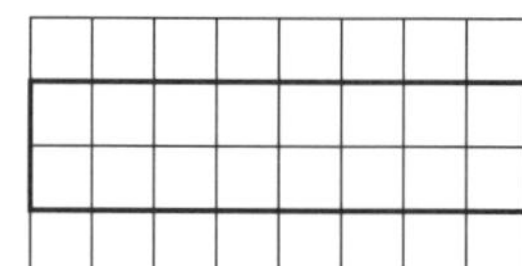

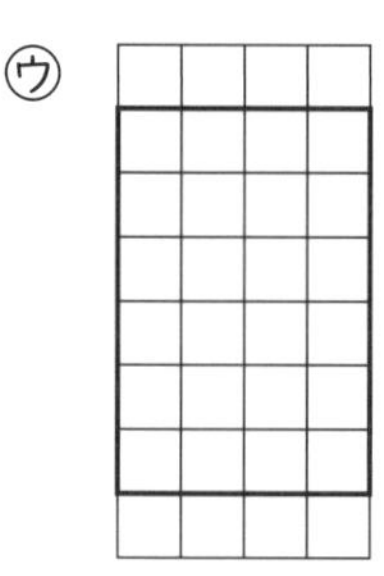

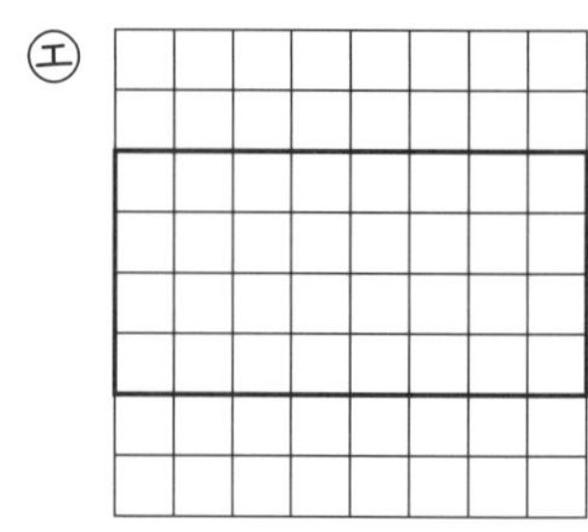

3 ㋐の拡大図 … ㋓　たても横も長さが2倍

㋐の縮図 …… ㋔　たても横も長さが $\frac{1}{2}$

POINT 紙芝居を見るところから導入し，興味をもって学習に入っていけるようにします。初めは，「同じ形に見える」「おやっ，

1 紙芝居「不思議な子どもまおちゃん」を見よう

『不思議な子どもまおちゃん』のお話①～④を読み，お話の絵を黒板に掲示する。

C　縦，横どちらかだけにのびると，もとの形と違う形になってしまう。

C　縦も横も同じ大きさで大きくなると，もとの形と同じ形になるね。

C　同じ形で小さくすることもできるね。

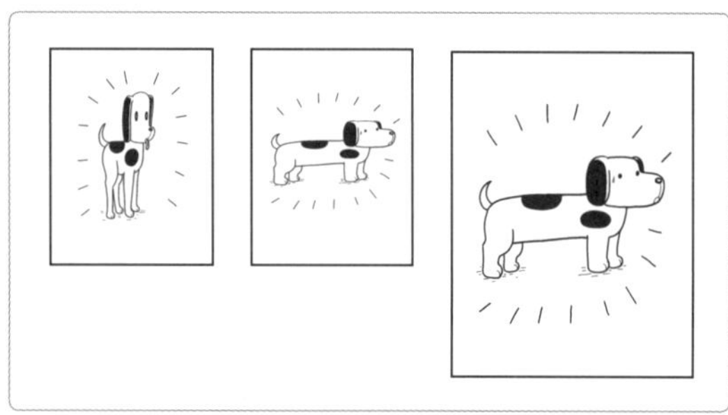

2 ㋐と同じ形はどれか，見つけよう

T　㋐の形をいろいろな大きさにした形㋑～㋔があります。㋐と㋑～㋔をそれぞれ比べてみましょう。

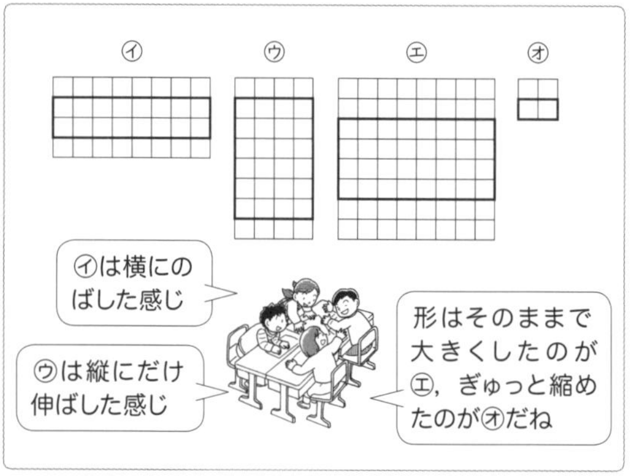

㋑
㋒
㋓
㋔
㋑は横にのばした感じ
㋒は縦にだけ伸ばした感じ
形はそのままで大きくしたのが㋓，ぎゅっと縮めたのが㋔だね

C　㋓と㋔が同じ形みたいだけど，同じ形ということを調べる方法があるのかな？

初めは直感的に見て気がついたことを発表し合うので良い。

準備物	QR 紙芝居「不思議な子どもまおちゃん」 QR 板書用図 QR ワークシート　QR ふりかえりシート QR 板書用絵	ICT	本単元では，タブレットを使って，子どもの手元で図形をドラッグしながら，拡大，縮小をしても形は変わらないことを実体験させながら学習を進めていきたい。

4 まとめ

ある図形を その形を変えないで，大きくすることを拡大するといい，小さくすることを縮小するという。
また，その図形をそれぞれ拡大図・縮図という。

〈㋐の三角形の拡大図と縮図はどれだろう？〉

㋐
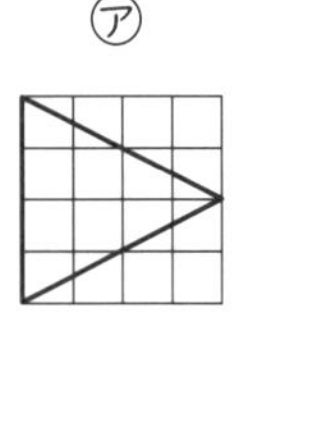
㋑
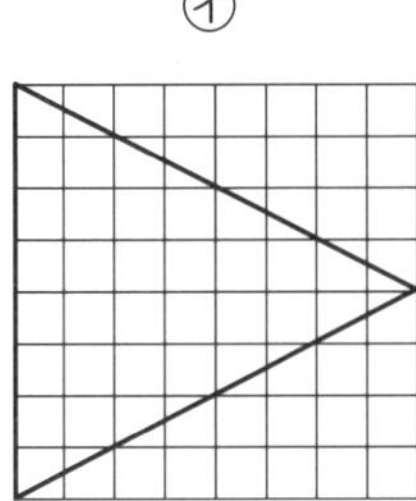
㋒
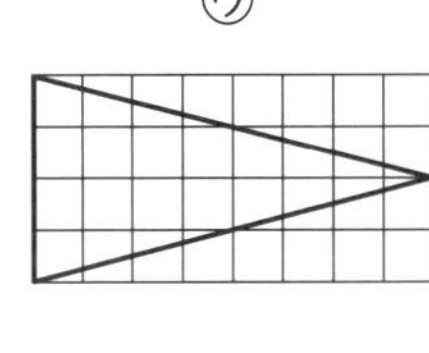
㋓
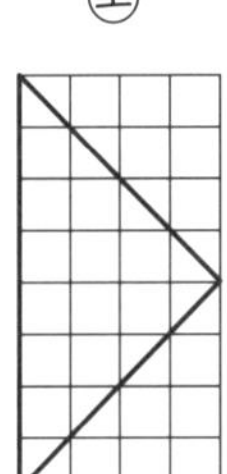
㋔

㋐ の拡大図 … ㋑　2 倍　　㋐ の縮図 … ㋔　$\frac{1}{2}$ 倍

なんか変だぞ」という直感を大切にしましょう。

3 同じ形の調べ方について話し合おう

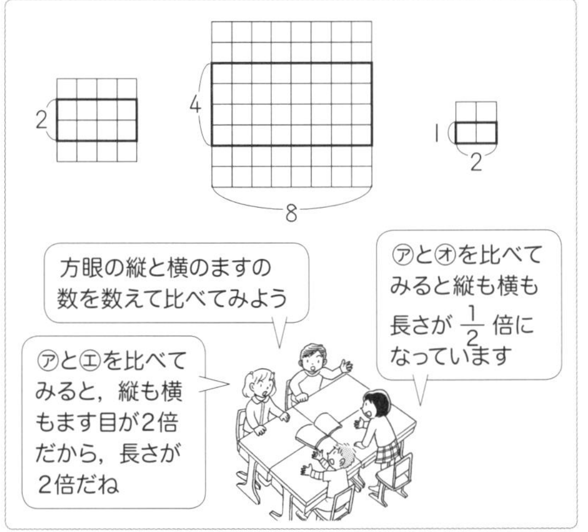
2
4
8
1
2
方眼の縦と横のますの数を数えて比べてみよう
㋐と㋔を比べてみると縦も横も長さが 1/2 倍になっています
㋐と㋓を比べてみると，縦も横もます目が2倍だから，長さが2倍だね

T　㋓は㋐の 2 倍の拡大図，㋔は㋐の $\frac{1}{2}$ の縮図といいます。もとの図形と比べてどうなっていますか。

C　拡大図や縮図は，もとの図からすると縦も横も同じ割合で大きくなったり，小さくなっています。

4 三角形の拡大図や縮図を見つけよう

T　ある図形を，その形を変えないで大きくすることを拡大するといい，小さくすることを縮小するといいます。

学習のまとめをする。

T　三角形の問題です。㋐の拡大図と縮図を見つけて，それぞれ㋐の何倍になっているかを調べましょう。

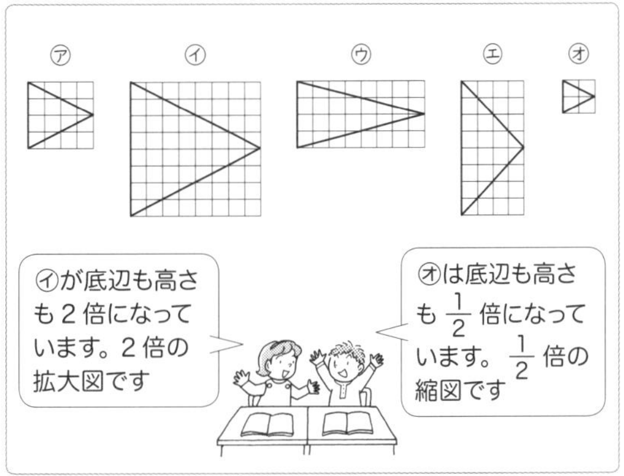
㋐
㋑
㋒
㋓
㋔
㋑が底辺も高さも 2 倍になっています。2 倍の拡大図です
㋔は底辺も高さも 1/2 倍になっています。1/2 倍の縮図です

第2時

対応する辺の長さ・角の大きさ

本時の目標
拡大図・縮図の性質（対応する角の大きさが等しく，対応する辺の長さの比が等しい）を理解することができる。

板書例

対応する辺の長さ・角の大きさを調べよう

1 〈三角形㋐と㋑を比べよう〉

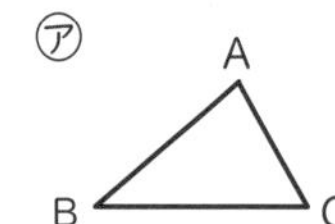

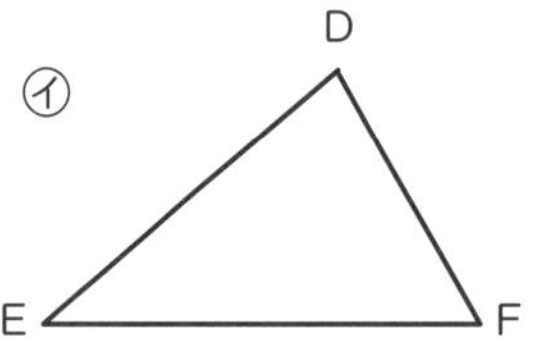

対応する辺　辺 AB と辺 DE
辺 BC と辺 EF
辺 CA と辺 FD

対応する角　角 A と角 D
角 B と角 E
角 C と角 F

2

	辺の長さ		
㋐	辺 AB	辺 BC	辺 CA
	4.4cm	3.3cm	5cm
㋑	辺 DE	辺 EF	辺 FD
	8.8cm	6.6cm	10cm

	角の大きさ		
㋐	角 A	角 B	角 C
	80°	40°	60°
㋑	角 D	角 E	角 F
	80°	40°	60°

対応する辺の長さはすべて 2 倍です。
㋐と㋑の辺の長さを比で表すと　1：2

対応する角の大きさは等しい。

POINT 拡大図や縮図の辺の長さや角の大きさについて，子どもたちの中にも予想していることがあるかもしれません。それを認め

1 同じ形の 2 つの三角形を比べる方法を考えよう

T　対応する辺の長さや対応する角度を測って比べてみましょう。対応する辺や角をいいましょう。

C　対応する辺は，辺 AB と辺 DE，辺 BC と辺 EF，辺 CA と辺 FD です。

C　対応する角は，角 A と角 D，角 B と角 E，角 C と角 F です。

図形の対応する辺については，対応の順に記号をいうように指導する。

2 表にまとめて気がついたことを書こう

T　対応する辺の長さと対応する角の大きさを比べて，分かったことを書いておきましょう。

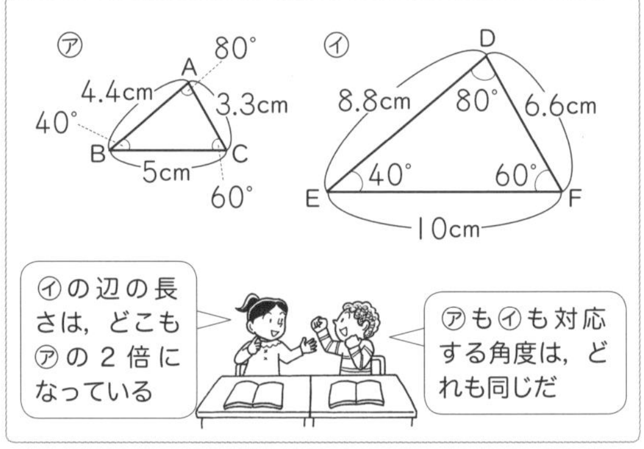

T　表にまとめて，分かったことを書いておきましょう。

C　対応する辺の長さはどこも 2 倍になっています。

C　㋑は㋐の 2 倍の拡大図です。

C　㋐は㋑の 1/2 の縮図です。

準備物

QR ワークシート
QR ふりかえりシート

ICT

タブレットを使って，同じ図形の拡大，縮小を何回も繰り返し行う。次第に，角度は変わらないことを理解していく。

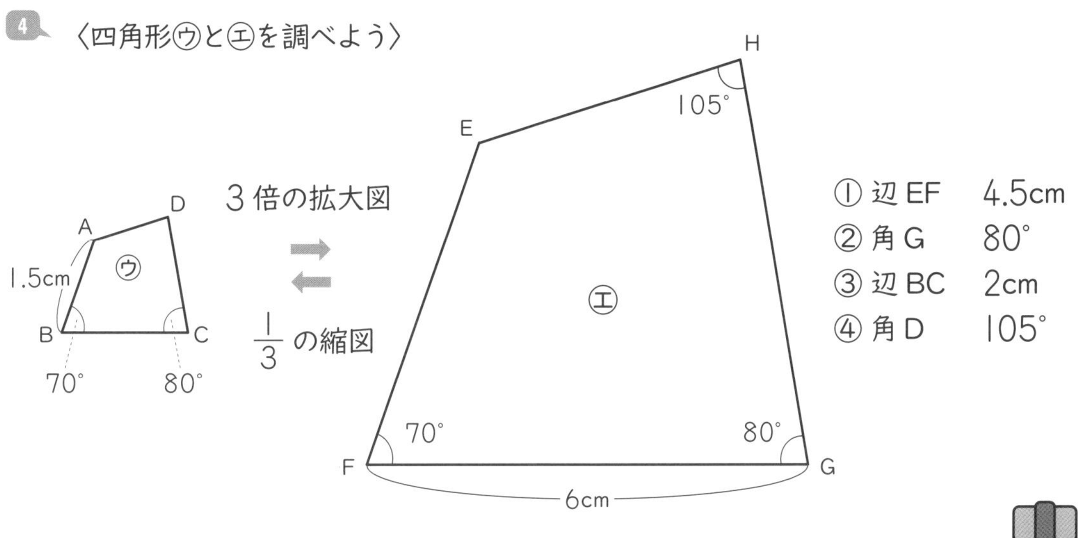

① 辺 EF　4.5cm

ながら，測定結果をまとめて拡大図と縮図の性質を確かにしましょう。

3 拡大図と縮図についてまとめよう

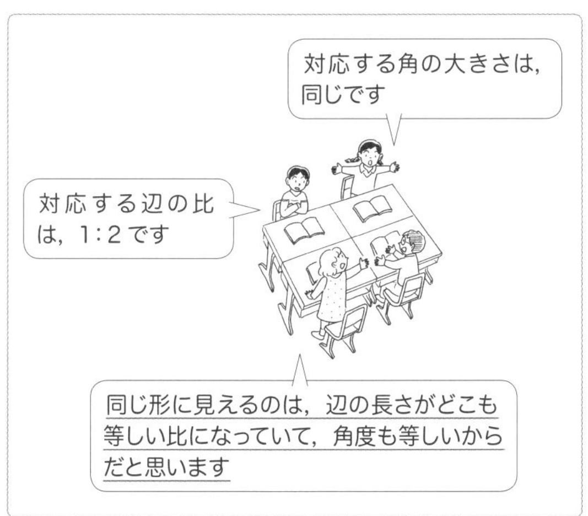

対応する角の大きさは，同じです
対応する辺の比は，1:2 です
同じ形に見えるのは，辺の長さがどこも等しい比になっていて，角度も等しいからだと思います

T　拡大図・縮図では，対応する角の大きさがそれぞれ等しく，対応する辺の長さの比も等しいです。

学習のまとめをする。

4 四角形でも同じことがいえるのか確かめよう

T　2つの四角形は同じ形です。㋓は㋒の何倍の拡大図になっていますか。㋒は㋓の何分の 1 の縮図になっていますか。測って調べましょう。

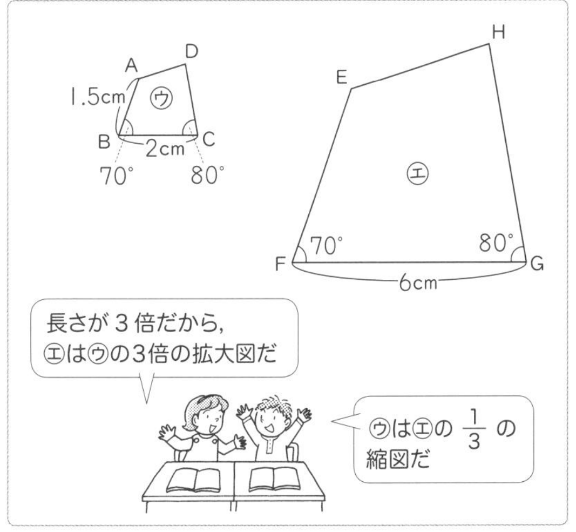

長さが 3 倍だから，㋓は㋒の3倍の拡大図だ

ふりかえりシートが活用できる。

第3時 拡大図と縮図の作図（方眼を使って）

本時の目標　方眼のます目を使って，三角形と平行四辺形の，拡大図と縮図がかける。

板書例

方眼を使って拡大図と縮図をかこう

＜三角形 ABC の 2 倍の拡大図と $\frac{1}{2}$ の縮図をかきましょう＞

1

A　4　B　2　6　C

辺ＢＣ＝6

2 倍の拡大図

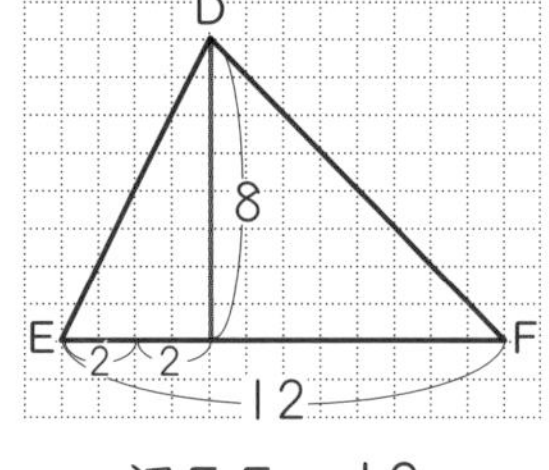

辺ＥＦ＝12

2

頂点Ｄは，頂点Ｅから（右に 4，上に 8）

$\frac{1}{2}$ の縮図

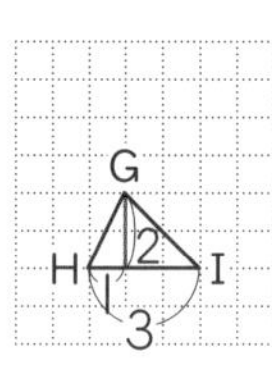

辺ＨＩ＝3

頂点Ｇは，頂点Ｈから（右に 1，上に 2）

POINT　方眼のマス目に拡大図や縮図をかく難しさは，「対応する角の大きさが等しい」ことを使わないで，マス目の数を使って

1　三角形 ABC の 2 倍の拡大図と $\frac{1}{2}$ の縮図のかき方を考えよう

方眼黒板を使って問題提示をする。

T　底辺 BC に対応する辺はどうすればいいですか。

C　2 倍の拡大図では 6 ますの 2 倍の 12 ますにします。

C　$\frac{1}{2}$ の縮図では，2 でわって 3 ますにします。

T　頂点 A に対応する点は，どうやって見つけたらよいでしょうか。

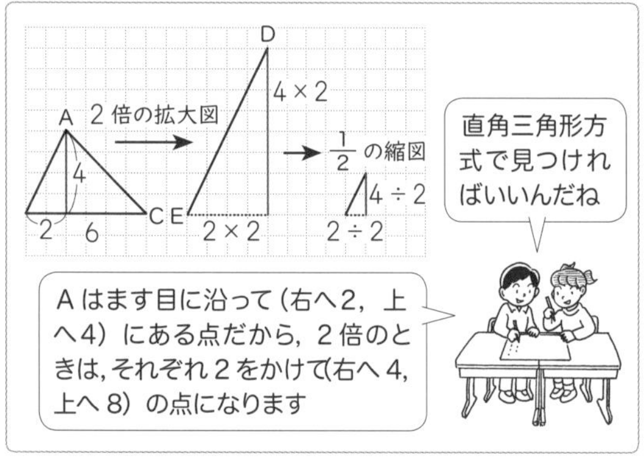

直角三角形方式で見つければいいんだね
A はます目に沿って（右へ 2，上へ 4）にある点だから，2 倍のときは，それぞれ 2 をかけて（右へ 4，上へ 8）の点になります

2　答えを確かめてから，かき方をまとめておこう

正確にかけているかどうか，パッと答え合わせができるように，透明シートに正解を印刷したものを数枚用意しておくと便利。答え合わせは，ペアでするといい。

T　拡大図や縮図を方眼を使ってかくのに，大切なことをまとめておきましょう。

底辺や高さは 2 倍の拡大図なら，目盛りも 2 倍にします
三角形のときは，頂点を決めてから，斜めの線をひきます
1／2の縮図なら，目盛りを1／2にします

各グループの発表を，全体でまとめる。
学習のまとめをする。

準備物	QR 板書用図　・方眼用紙　・定規 QR ワークシート　・解答用透明シート QR ふりかえりシート

ICT	かき方の手順を動画にして全員に共有しておく。個人作業が多いこの時間や宿題で，自分のペースで手順を確認しながら学習を進めることができる。

まとめ

・辺の長さは何倍（何分の１）で決まる。
・ななめの直線は，高さにあたる頂点を決めてからひく。

3 ＜平行四辺形の３倍の拡大図と $\frac{1}{2}$ の縮図＞

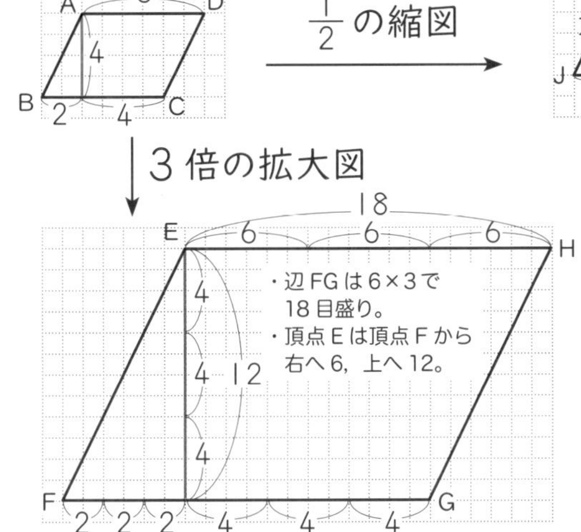

・辺 FG は 6×3 で 18 目盛り。
・頂点 E は頂点 F から右へ 6，上へ 12。

4 ＜自分でかきたい図を決めて，拡大図や縮図をかいてみよう＞

かくところでしょう。斜めの線の先にある頂点の位置を決めるところがポイントになります。

3 平行四辺形 ABCD の３倍の拡大図と $\frac{1}{2}$ の縮図をかいてみよう

T　三角形のかき方を参考にして，３倍の拡大図の平行四辺形 EFGH をかいてみましょう。どこの頂点が決まればかけそうですか。

C　頂点 A に対応した点を決めることが大切です。

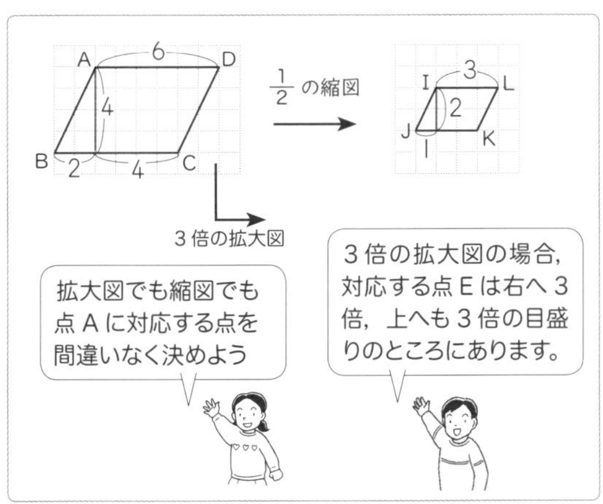

A 6 D
4
B 2 4 C
$\frac{1}{2}$ の縮図
I 3 L
2
J 1 K
３倍の拡大図
拡大図でも縮図でも点 A に対応する点を間違いなく決めよう
３倍の拡大図の場合，対応する点 E は右へ３倍，上へも３倍の目盛りのところにあります。

ここでも透明シートに正解を印刷したものを用意しておく。

4 自分で図を決めて，その拡大図（縮図）をかいてみよう

T　方眼紙に自分で好きな図をかき，その２倍か３倍の図をかいてみましょう。

授業時間内に仕上がらない場合は，自由課題にする。

児童の作品例

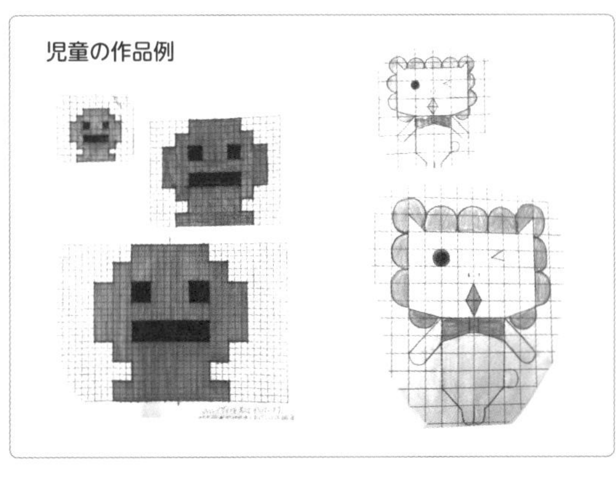

ふりかえりシートが活用できる。

第4時

拡大図と縮図の作図（白紙）①

本時の目標　辺の長さや角の大きさを用いて，拡大図や縮図をかくことができる。

板書例

白紙に拡大図と縮図をかこう

1 ＜合同と同じように3つのことがわかればかける？＞

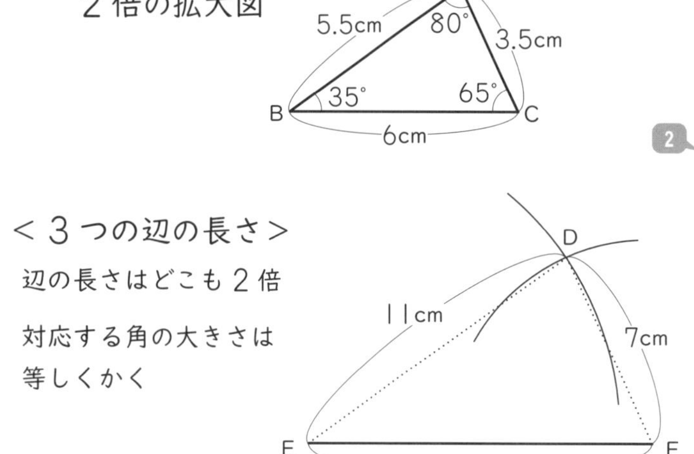

2 ① 6cm × 2倍
12cm の直線をひく。
② E からコンパスで
11cm（5.5cm × 2）の
長さをとる。
③ F から 7cm（3.5cm × 2）
の長さをとり，②との交点を
D とする。
④ 最後に ED と FD をつなぐ
直線をひく。

POINT 拡大図をかく手順を教師から一方的に教えるのではなく，拡大図をかくのに必要な情報はいくつあればいいのか，また

1 三角形 ABC の2倍の拡大図をかくためには何がわかればいいか考えよう

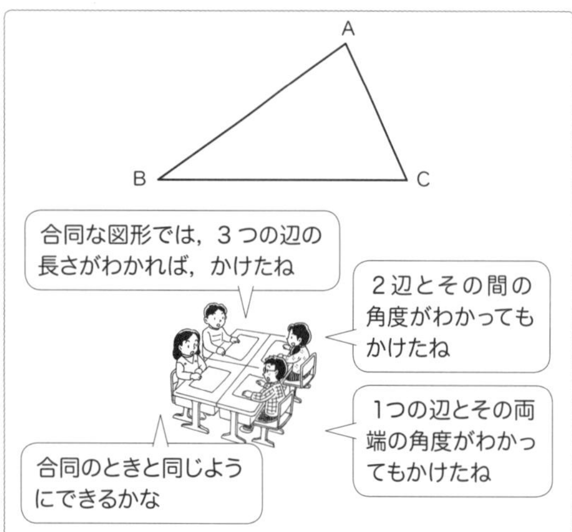

A
B
C
合同な図形では，3つの辺の長さがわかれば，かけたね
2辺とその間の角度がわかってもかけたね
1つの辺とその両端の角度がわかってもかけたね
合同のときと同じようにできるかな

T　どんな方法ならかけそうですか。

ここでは3つの辺の長さが多く支持されたことにする。

T　3つの辺の長さは，6cm，5.5cm，3.5cm です。2倍の拡大図をかいてみましょう。

2 作図の手順をノートに記録しておこう

T　かけたら，透明解答シートを重ねて正確にかけているかを確かめましょう。
そして，作図の手順をまとめておきましょう

（児童のノート例）

① まずはじめに 6cm を2倍にした 12cm をひきます。
② 次に，E からコンパスで 5.5cm を2倍にした半径 11cm の円をかき，長さをとります。
③ F から 3.5cm を2倍にした半径 7cm の円をかき，長さをとり，②との交点を D とします。
④ 最後に ED と FD を直線でつないでできあがりです。

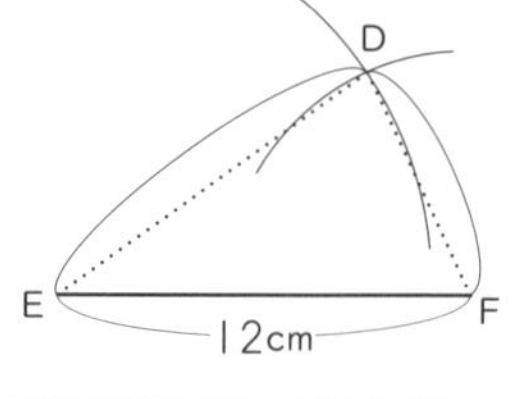

児童のノートからの発表をもとに，3辺の長さを使ったかき方を板書にまとめる。

準備物	QR 板書用図　・定規　・分度器 ・コンパス　・解答用透明シート QR ワークシート QR ふりかえりシート	ICT	作図の手順を書いたノートを1人ずつタブレットで撮影して，教師に送信し，全体で共有する。それを見ながら，皆の書き方の共通点を話し合う。

3 ＜2つの辺の長さとその間の角度＞

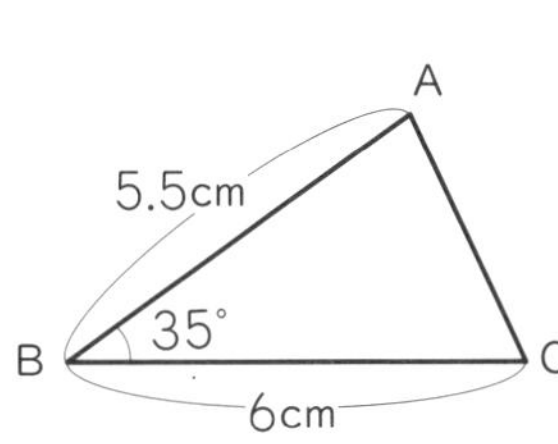

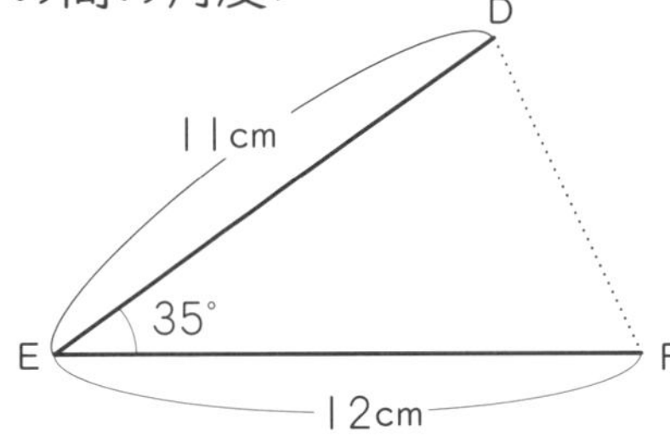

① 6cm × 2 = 12cm
12cm の直線をひく。
② 角Eを35°にして，
11cm（5.5cm × 2）の直線をひく。
③ 頂点Dがとれたので，
DFの直線をひく。

まとめ
・3つの辺の長さがわかれば，拡大図がかける。
・2つの辺の長さと，その間の角度がわかれば，拡大図がかける。

4 ＜2つの方法で縮図をかこう＞
・3つの辺の長さ
・2つの辺の長さと，その間の角度

それは，どんな情報が必要か考えるところから始めるようにしましょう。

3 2つの辺の長さとその間の角度でもかけたらノートにまとめておこう

T 〈2つの辺の長さとその間の角度〉が分かれば，かけるでしょうか。どこの辺と角度を使いますか。

C 辺ABと辺BCとその間の角Bです。

作図をする時間をとる。

T かけたら，解答シートを重ねて正確にかけているかを確かめましょう。そして，かく手順をノートにまとめておきましょう。

（児童のノート例）
① まずはじめに6cmを2倍にした12cmをひきます。
② 次に，角Eを分度器で35°にして，5.5cmの2倍の11cmの長さの直線をひいて辺EDとします。
③ 頂点Dがとれたので，最後にDFに直線をひいてできあがりです。

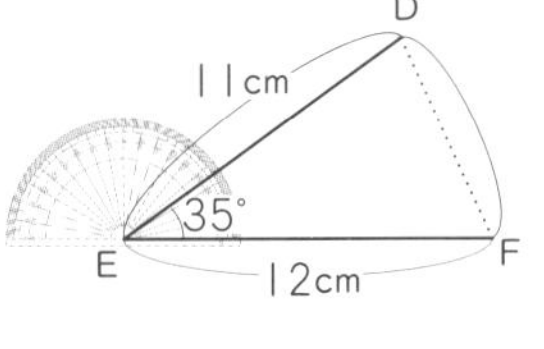

2辺の長さとその間の角度を使ったかき方をまとめる。

4 拡大図をかいた方法で縮図もかこう

T 〈3つの辺の長さ〉と〈2つの辺の長さとその間の角度〉で拡大図がかけることが分かりました。

その方法を使って$\frac{1}{2}$の縮図をかいてみましょう。

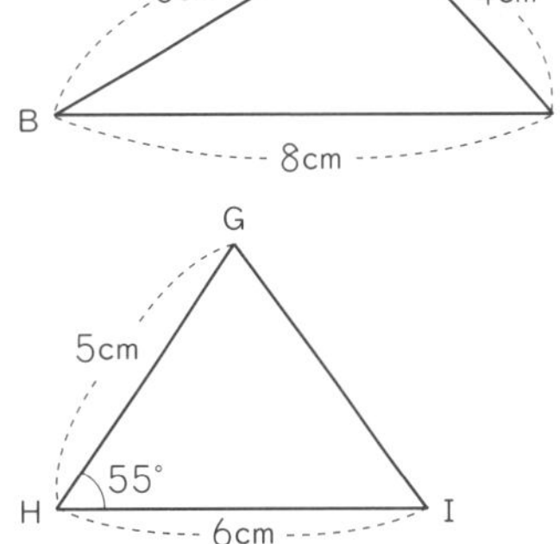

ここでも自分で答え合わせができて，進んで学習できるように解答シートを作っておく。

ふりかえりシートが活用できる。

第5時

拡大図と縮図の作図（白紙）②

本時の目標　辺の長さや角の大きさを用いて，拡大図や縮図をかくことができる。

板書例

白紙に拡大図と縮図をかこう

1 <１つの辺とその両はしの角>

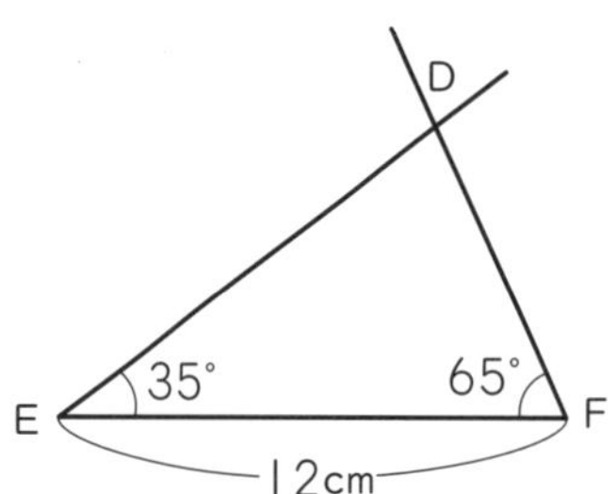

① 辺 EF　6cm × 2
　12cm の直線をひく
② 角 E　35°で直線をひく
③ 角 F　65°で直線をひく
④ ②と③でひいた 2 本の直線の
　交点を D とする

2 まとめ　三角形の拡大図や縮図がかける条件

① 3 つの辺の長さ
② 2 つの辺の長さとその間の角度
③ 1 つの辺の長さとその両はしの角度

POINT どんな情報を使って，どんな方法で拡大図や縮図をかけばいいのか，作図を通して理解できるようにします。間違った方法

1 〈1 つの辺とその両端の角〉の 3 つの情報でもかいて，まとめよう

T　本時は「1 つの辺と両端の角度」や「3 つの角度」でかいてみましょう。かけたらノートにまとめましょう。

（児童のノート例）
① まずはじめに 6cm を 2 倍した辺 EF（12cm）をひきます。

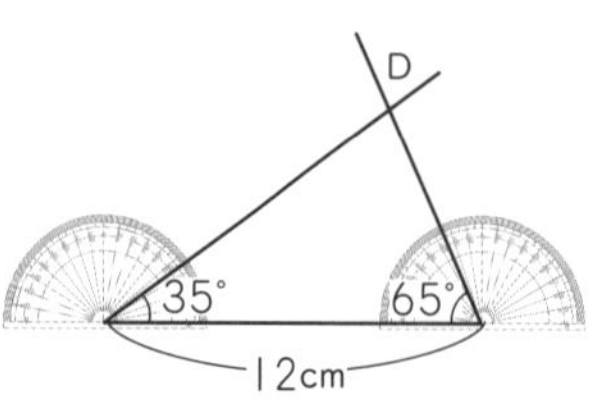

② 次に，角 E を分度器で 35° にして，直線をひきます。
③ 角 F を分度器で 65° にして，直線をひき，②の直線との交点を点 D とする。

子どもの発表をもとに，1 辺の長さとその両端の角度を使ったかき方をまとめる。

2 3 つの情報とは何か，まとめよう

〈3つの角度〉という意見も出ていました。これでかけそうですか？
1つの辺の長さが決まらないとできない
これでは，大きさが決められないよ

T　拡大図や縮図がかける条件をまとめましょう。
C　何倍か何分の 1 かが決まってないといけないね。
C　① 3 つの辺の長さがわかっていることです。
C　② 2 つの辺の長さと，その間の角度が分かっていることです。
C　③ 1 つの辺の長さと，その両端の角度が分かっていることです。

準備物	QR 板書用図　・定規　・分度器 ・コンパス　・解答用透明シート QR ワークシート QR ふりかえりシート

ICT	前時の子どものノートの画像を元に，話し合わせる。話し合いの結果，一つの辺とその両はしの角が分かればよいという条件を導きだす。

3 ＜四角形の２倍の拡大図に挑戦しよう＞

2つの三角形に分けてかく

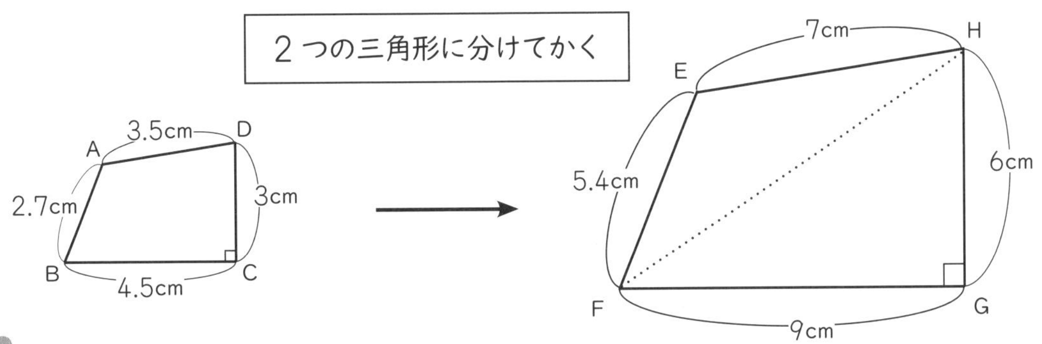

4 ① 4.5cm を２倍にして辺 FG をひく。

② 角 G を 90°にして，3cm を２倍にして辺 GH をひく。

③ コンパスを使って

頂点 F から 2.7cm の２倍の 5.4cm の長さをとる。

頂点 H から 3.5cm の２倍の 7cm の長さをとる。

交点を頂点 E とする。

④ 最後に辺 EF，辺 EH の直線をひく。

でもやってみることで理解が深まることもあります。

3 四角形の２倍の拡大図に挑戦しよう

T　四角形の２倍の拡大図をかきましょう。分かっているのは下のように４辺の長さと１つの角度です。どのようにすればかけると思いますか。

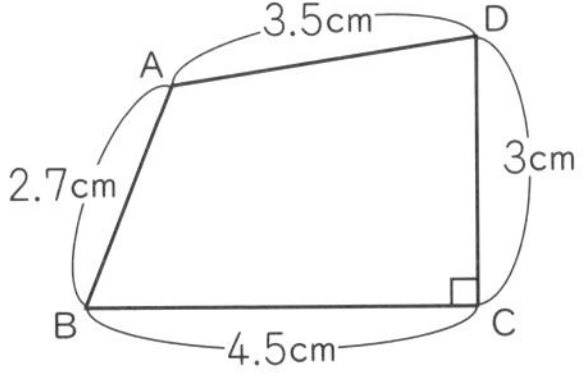

C　辺 BC と辺 CD の２辺とその間の角が分かるから，そこからかき始めたら何とかできそう。

C　9 cm（4.5cm × 2）と，6cm（3cm × 2）と，その間が直角で三角形がかける。

C　三角形に分けて考えたら，できそうだ。

合同な四角形をかくときに，子どもたちは三角形に分けてかくことを経験している。ある程度の見通しをもって取り組ませたい。

4 四角形の拡大図をかいた方法をまとめよう

T　かけたら，解答シートを重ねて正確にかけているかを確かめましょう。そして，かく方法をまとめておきましょう。

（児童のノート例）

① 4.5cm を２倍にした辺 FG の 9cm をひきます。

② 角 G を 90°にして，3cm の２倍の 6cm をひきます。

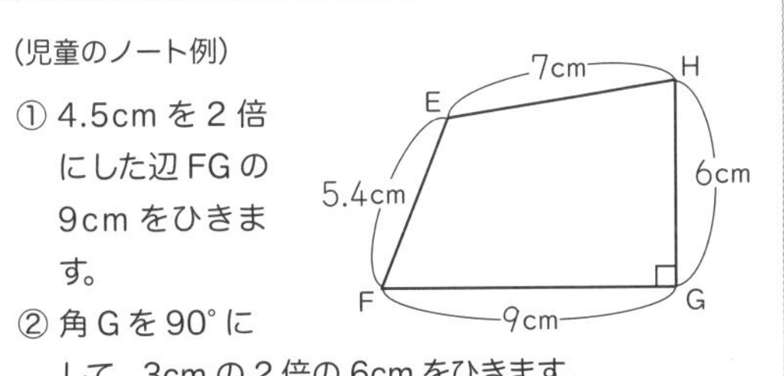

③ コンパスを使って頂点 F から 2.7cm の２倍の 5.4cm の長さをとり，頂点 H から 3.5cm の２倍の 7cm の長さをとり，交点を頂点 E とします。

④ 最後に辺 EF，辺 EH の辺をひいてできあがり。

ふりかえりシートが活用できる。

第6時 拡大図と縮図の作図（1つの点を中心として）①

本時の目標　1つの点を中心として，三角形の拡大図や縮図をかくことができる。

板書例

1つの点を中心にして拡大図や縮図をかこう

1 〈点Bを中心とした，三角形ABCの2倍の拡大図三角形DBE〉

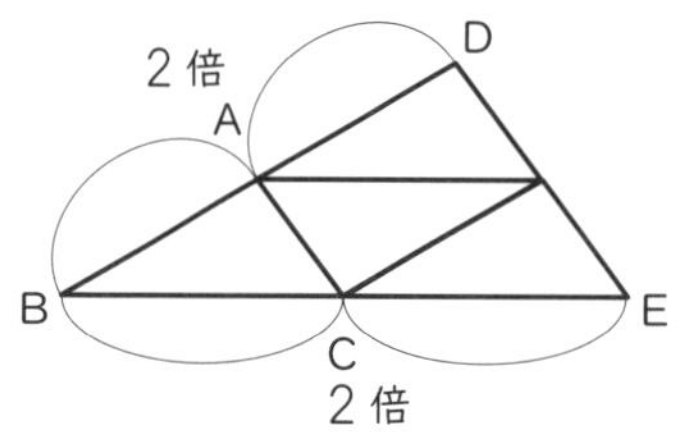

2 辺の長さを2倍にする
面積は4倍
対応する角は等しい

〈点Bを中心とした，三角形ABCの3倍の拡大図三角形FBG〉

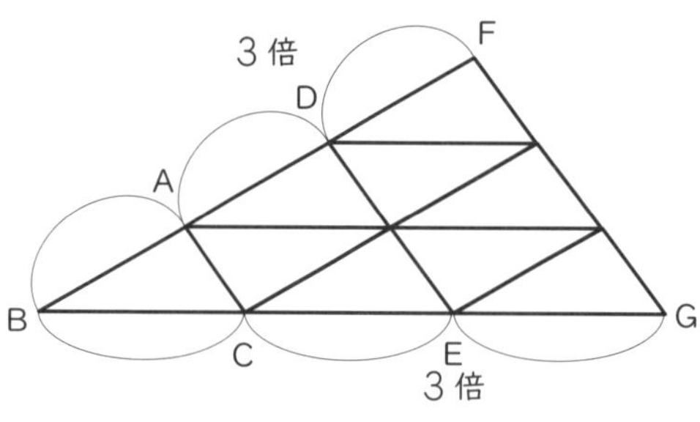

辺の長さを3倍にする
面積は9倍
対応する角は等しい

POINT 点Bを中心とすると，簡単に作図できることや，しきつめをしてみると拡大図になり分析してみることができる便利さや

1 頂点Bを中心にして，三角形ABCの拡大図三角形DBEをかいてみよう

ワークシートで学習できる。

T　点Bを中心にした2倍の拡大図をかきます。どうすれば，点Dや点Eの位置を決められますか。

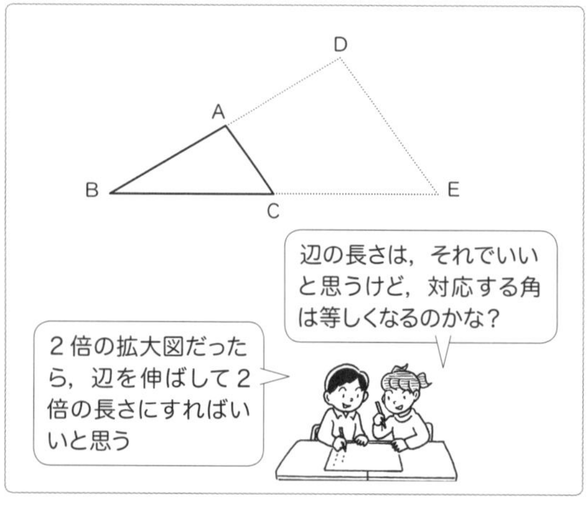

D
A
B
C
E
辺の長さは，それでいいと思うけど，対応する角は等しくなるのかな？
2倍の拡大図だったら，辺を伸ばして2倍の長さにすればいいと思う

T　2倍の拡大図がかけたら，3倍もかいてみよう。
C　こんなときは，コンパスを使えば便利ですね。

2 長さが2倍，3倍になると，面積は何倍になるか考えよう

T　2倍，3倍の拡大図ができましたね。面積は何倍になっていると思いますか。
C　2倍，3倍の拡大図なんだから，面積も2倍，3倍だと思う。
T　三角形ABCを三角形DBE，FBGにしきつめてみましょう。

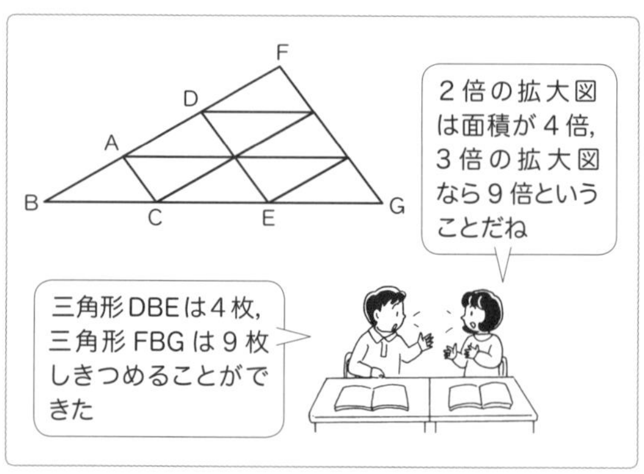

しきつめることで，対応する角が等しいこともわかる。

準備物	QR 板書用図　・定規　・分度器 ・コンパス　・解答用透明シート QR ワークシート QR ふりかえりシート

ICT	1つの点を中心にしての拡大図や縮図のかき方は，すぐに理解が難しい子もいる。教師がタブレットで図形を操作し，それを個人のタブレットで見ることができるようにし，理解を深める。

3 〈点Bを中心とした1.5倍の拡大図三角形DBEと $\frac{1}{3}$ の縮図三角形FBG〉

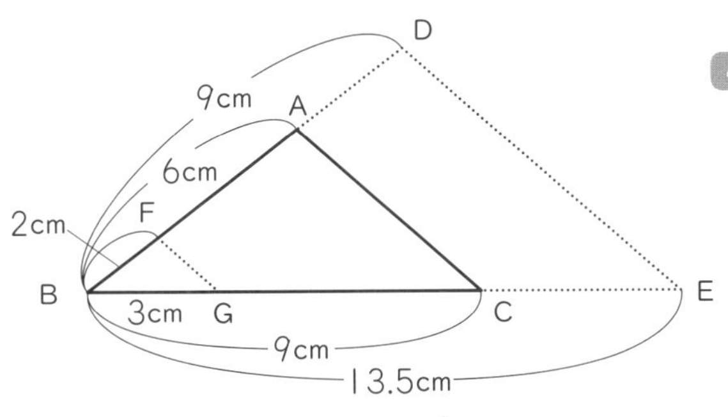

1.5倍の拡大図
辺DB　$6 \times 1.5 = 9$
辺EB　$9 \times 1.5 = 13.5$

$\frac{1}{3}$ の縮図
辺FB　$6 \times \frac{1}{3} = 2$
辺GB　$9 \times \frac{1}{3} = 3$

4 〈点Bを中心とした $\frac{1}{3}$ の縮図〉

① 辺AB 6cmを $\frac{1}{3}$ にして，
点Bから辺BF2cmをとる。

② 次に辺BCの9cmを $\frac{1}{3}$ にして，
点Bから辺BG3cmをとる。

③ 最後に①，②でとった点FとGを直線で結ぶ

まとめ　中心とする点からのびる辺を何倍か，または何分の1かにすれば，拡大図や縮図がかける。

面白さが味わえるようにします。

3 頂点Bを中心にして，1.5倍の拡大図と $\frac{1}{3}$ の縮図をかいてみよう

T　1.5倍の拡大図や $\frac{1}{3}$ の縮図は，どんな方法でかけるでしょうか。

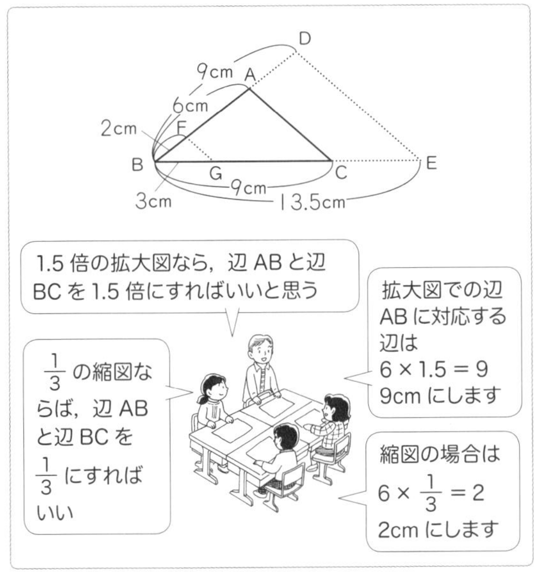

D
9cm
A
6cm
2cm
F
B
G
C
E
3cm
9cm
13.5cm
1.5倍の拡大図なら，辺ABと辺BCを1.5倍にすればいいと思う
拡大図での辺ABに対応する辺は
6×1.5＝9
9cmにします
1/3 の縮図ならば，辺ABと辺BCを 1/3 にすればいい
縮図の場合は
6× 1/3 ＝2
2cmにします

4 頂点Bを中心としたかき方を，まとめよう

T　この時間でかいたものから1つを選んで，そのかき方をノートにまとめておきましょう。

(児童のノート例)
三角形ABCの点Bを
中心とした $\frac{1}{3}$ の縮図

① 辺AB 6cmを $\frac{1}{3}$ にして，辺BFは
$6 \times \frac{1}{3} = 2$　2cmになります。
② 次に辺BCの9cmを $\frac{1}{3}$ にして，辺BGは
$9 \times \frac{1}{3} = 3$　3cmになります。
③ 最後に①，②でとった点を直線で結ぶと，三角形ABCの $\frac{1}{3}$ の縮図，三角形FBGができました。

ふりかえりシートが活用できる。

第7時
拡大図と縮図の作図（1つの点を中心として）②

本時の目標　1つの点を中心として，四角形の拡大図・縮図をかくことができる。

板書例

|つの点を中心にして四角形の拡大図や縮図をかこう

1 〈① 頂点Bを中心としてかく〉

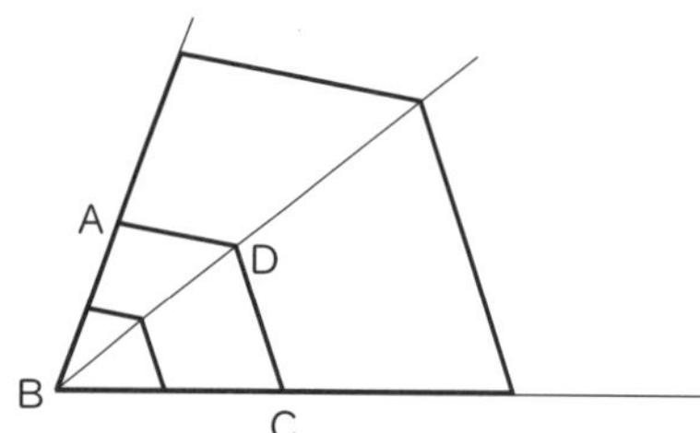

(1) 中心とする点Bから，頂点A，D，Cを通る直線をひく。

(2) 頂点A，D，Cまでの長さを2倍にする。
・・・2倍の拡大図

(3) 頂点A，D，Cまでの長さを$\frac{1}{2}$にする。
・・・$\frac{1}{2}$の縮図

2 〈しきつめをして面積や角度を調べる〉

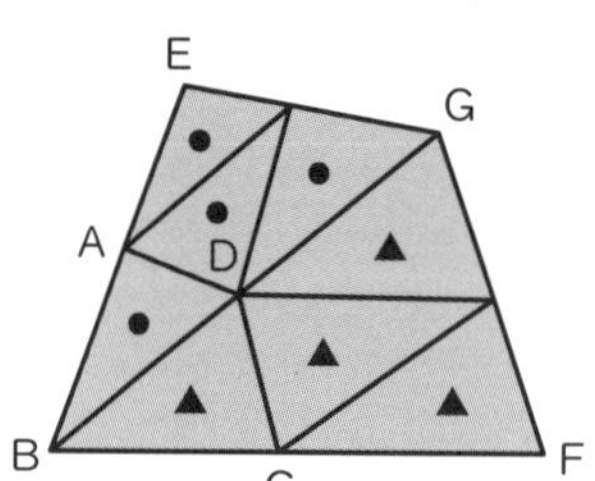

もとの四角形の2倍の拡大図では，面積は4倍になる。
対応する角度は等しい。

POINT　教科書には図形の1つの頂点を中心とした作図しかありませんが，中心とする点がどこにあっても作図できることを学習

1 四角形の1つの頂点を中心として，拡大図や縮図をかく方法を考えよう

T　四角形の点Bを中心にして，2倍の拡大図と$\frac{1}{2}$の縮図をかきます。かく方法を考えましょう。

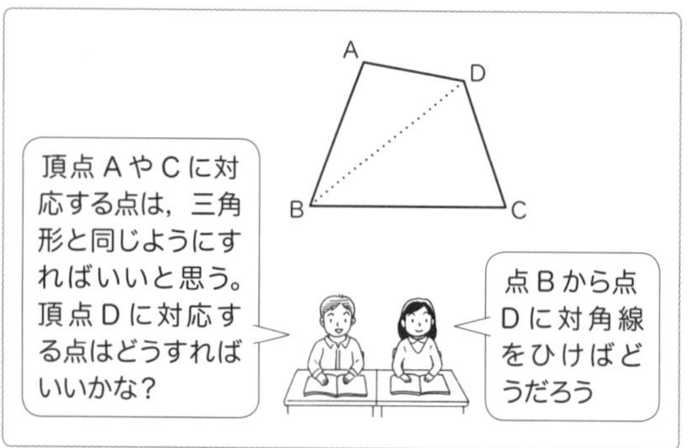

A
D
B
C
頂点AやCに対応する点は，三角形と同じようにすればいいと思う。頂点Dに対応する点はどうすればいいかな？
点Bから点Dに対角線をひけばどうだろう

C　対角線をひけば2つの三角形に分けて考えることができるから，かけそうだよ。

2 四角形の2倍の拡大図をかいて，わかったことを話し合おう

T　どのようにしたら，拡大図と縮図をかくことができましたか。

三角形に分ければ前の時間に使った方法でできるね
対応する角度も分度器で調べると等しかったよ

T　四角形を対角線で2つの三角形に分けてしきつめてみましょう。

C　三角形にすれば拡大図の中にしきつめができるね。

C　2倍の拡大図の面積は4倍だ。

C　対応する角が等しいことも，よくわかるね。

準備物	QR 板書用図　・定規　・分度器 ・コンパス　・解答用透明シート QR ワークシート QR ふりかえりシート

ICT	中心となる点が異なる拡大図，縮図をできるだけ多く用意しておき，子ども1人1人に送信しておく。それを見ながら好きな拡大図，縮図をかく練習をする。

3 〈② 中心点Oを図形の外にとる〉

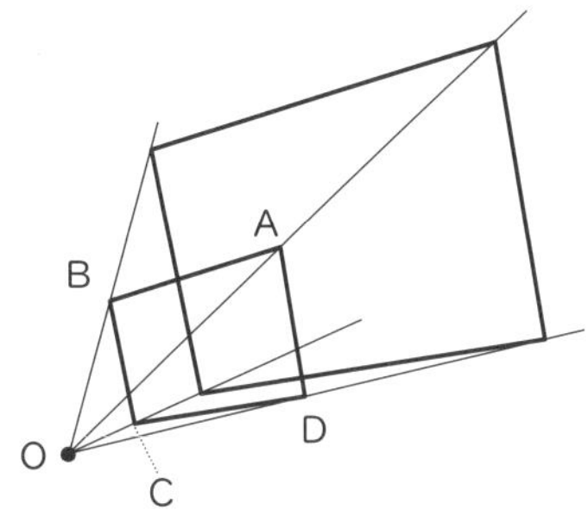

4 〈③ 中心点Oを図形の中にとる〉

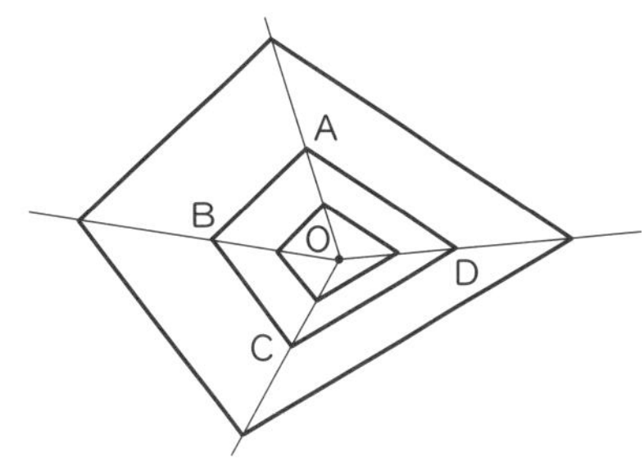

まとめ　中心となる点がどこにあっても，図形の頂点を通る直線をひけば，拡大図や縮図がかける。

することで，拡大図や縮図をかく幅が大きく広がります。

3 中心の点が四角形の外にある場合もかいてみよう

T　中心になる点を，四角形の外にとりましたよ。これでも拡大図や縮図がかけるでしょうか。

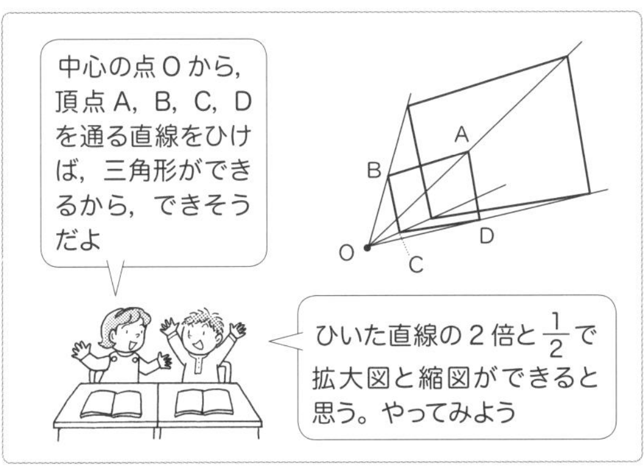

ひいた直線の2倍と$\frac{1}{2}$で拡大図と縮図ができると思う。やってみよう

これまでの学習から，中心となる点から四角形の頂点を通る直線をひけば作図できることに気がつく。この学習を通して，中心となる点をどこにでも自由に取れれば，拡大図や縮図がかけることが理解できる。

4 中心の点が四角形の中にある場合もかいてみよう

T　中心になる点を，四角形の中にとりましたよ。これでも拡大図や縮図がかけるでしょうか。

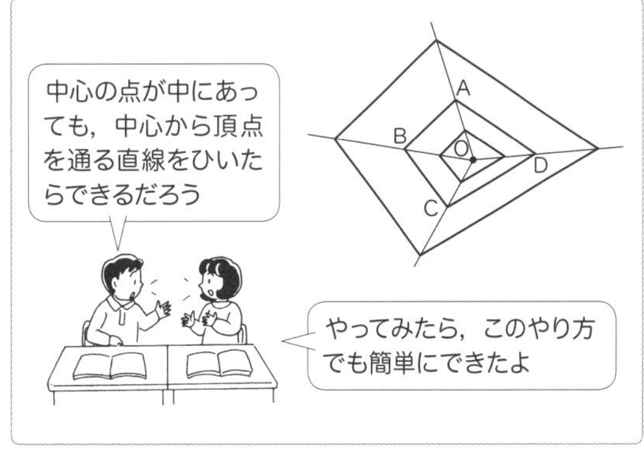

中心の点が中にあっても，中心から頂点を通る直線をひいたらできるだろう
やってみたら，このやり方でも簡単にできたよ
A
B
O
D
C

C　中心となる点がどこにあっても，図形の頂点を通る直線をひけば拡大図や縮図がかけるね。

展開3と展開4の学習活動は，どんな図形でも可能。子どもたちの実態に応じて図形を選択すると学習内容が広がる。

ふりかえりシートが活用できる。

第 8 時

縮図の利用（縮尺）

本時の目標　縮尺の意味を理解し，実際の長さを求めることができる。

板書例

縮図から，実際の長さを読み取ろう

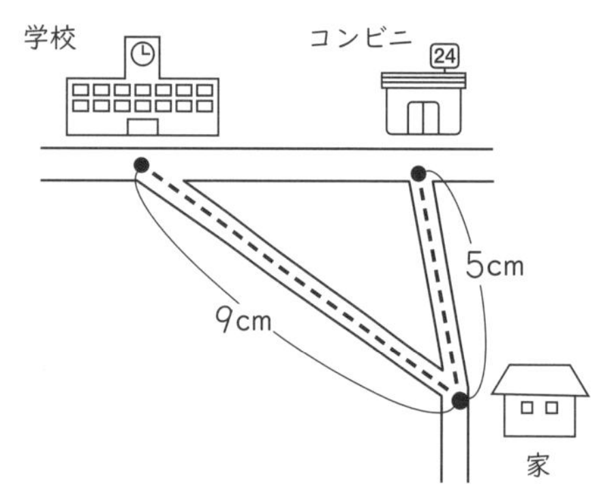

1 ①〈何分の1の地図か〉

500 m → 5 cm

500 m = 50000 cm

50000 cm × □ = 5 cm

□ = 5 cm ÷ 50000 cm

$□ = \frac{5}{50000}$

$□ = \frac{1}{10000}$ （1万分の1）

2 ②〈実際の距離を求める〉

9 cm × 10000 = 90000 cm

90000 cm = 900 m

まとめ

実際の長さを縮めた割合を縮尺という。

縮尺の表し方　㋐ $\frac{1}{10000}$　㋑ 1：10000　㋒ 0　100　200　300 m（1 cm）

POINT　長さの単位関係がとても重要です。ですから，式に単位をつけて表すようにしましょう。

1 地図は実際の長さの何分の1になっているのか考えよう

T　家からコンビニまでの距離は 500m です。地図では，実際の距離の何分の 1 で表されていますか。

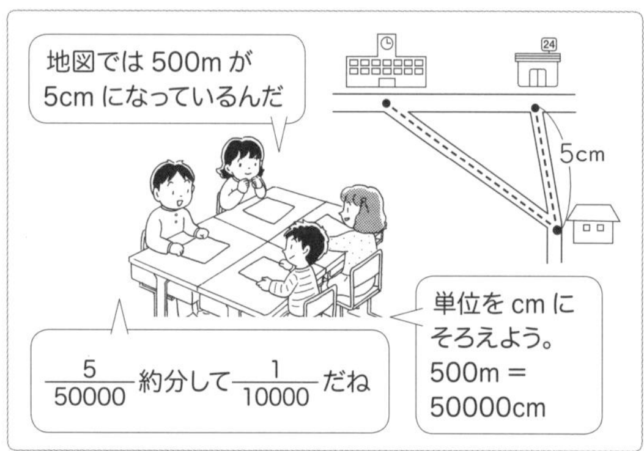

地図では 500m が 5cm になっているんだ
5cm
$\frac{5}{50000}$ 約分して $\frac{1}{10000}$ だね
単位を cm にそろえよう。500m = 50000cm

T　この地図は $\frac{1}{10000}$ の地図です。地図で実際の長さを縮めた割合のことを縮尺といいます。縮尺の表し方には他に次のようなものがあります。

㋑ 1:10000　㋒

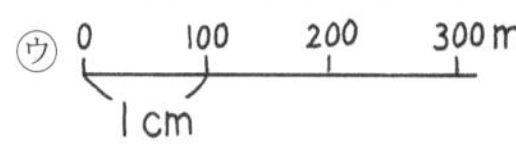

2 自宅から学校までの距離を求めよう

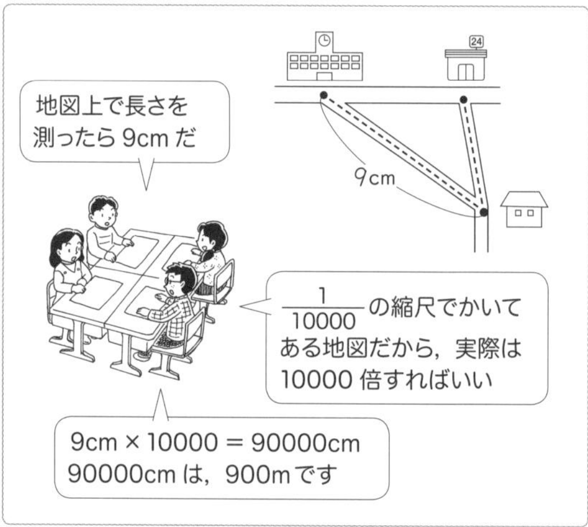

地図上で長さを測ったら 9cm だ
24
9cm
$\frac{1}{10000}$ の縮尺でかいてある地図だから，実際は 10000 倍すればいい
9cm × 10000 = 90000cm
90000cm は，900m です

T　家からコンビニの前を通って学校へ行く道は 12cm です。実際の道のりはどれだけになりますか。

C　12cm × 10000 = 120000cm

120000cm = 1200m = 1km200m

準備物
- QR 板書用地図　・定規
- QR ワークシート
- QR ふりかえりシート

ICT
校区や住んでいる市町村など，子どもに身近な地域の地図を用意し，タブレットで共有しておく。好きな場所を選んで，実際の長さを読み取る練習をする。

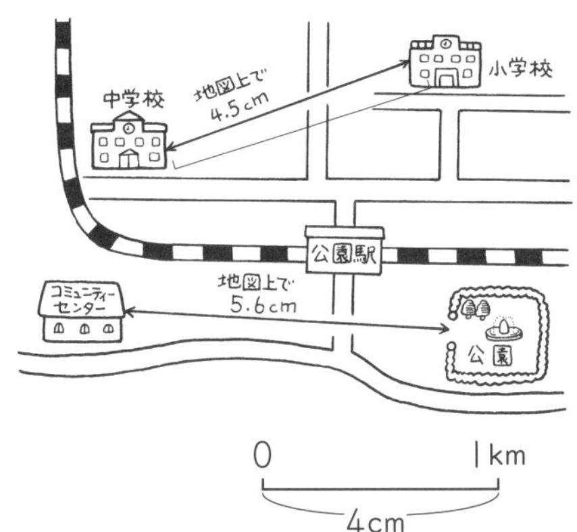

3 〈縮尺を求める〉

1 km → 4 cm

1 km = 1000 m = 100000 cm

4 : 100000 = 1 : 25000

$\frac{1}{25000}$ の地図

4 〈実際の長さを求める〉

地図上の長さ× 25000

㋐ 小学校から中学校までの距離

4.5 cm × 25000 = 112500 cm

112500 cm = 1125 m

= 1 km 125 m

㋑ コミュニティセンターから公園までの距離

5.6 cm × 25000 = 140000 cm

140000 cm = 1400 m

= 1 km 400 m

3 校区の地図の縮尺を求めよう

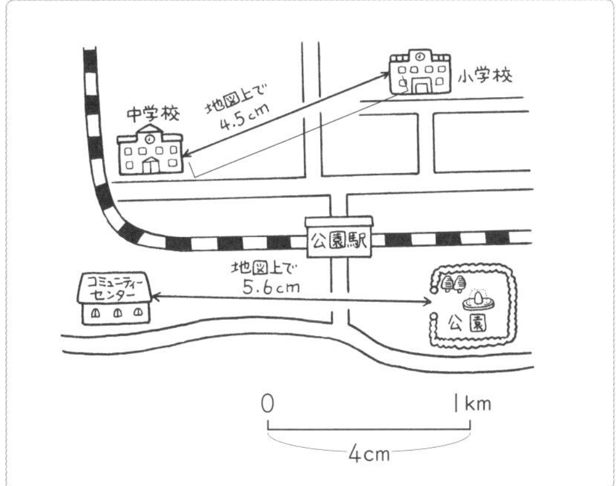

C　1 km（100000cm）が 4 cm だから
4 ：100000 = 1 ：25000 になるね。

C　1 ：25000 の縮尺で表している地図だから，$\frac{1}{25000}$ だね。

4 校区の地図から実際の距離を求めよう

T　次の実際の距離を求めましょう。
㋐ 小学校から中学校までの距離
㋑ コミュニティセンターから公園までの距離

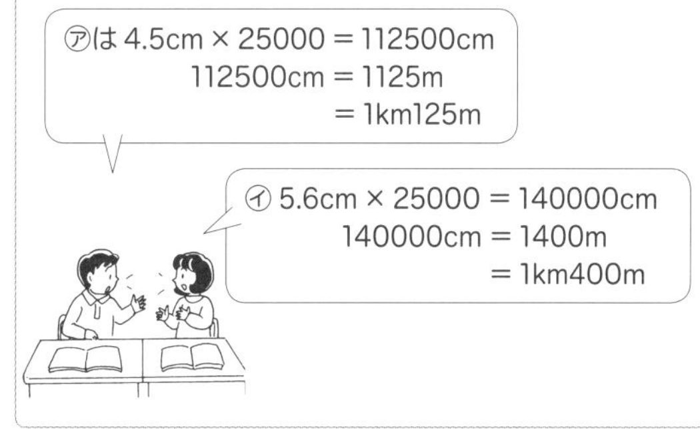

これまでの学習に比べ，本時では，縮尺が一度に大きくなるので，難しさを感じる子もいる。校区内の地図であれば，少しでも実感をもって距離や縮尺をとらえることができる。また，できるだけシンプルな地図を使うと，縮尺と距離を焦点化して学習することができる。

ふりかえりシートが活用できる。

第 9 時

縮図をかいて長さを求める①

本時の目標　直接測ることのできない長さを，縮図をかいて求める方法を知り，実際の長さを求めることができる。

板書例

縮図をかいて，実際の長さを求めよう

1 ①〈ビルの高さを求めよう〉

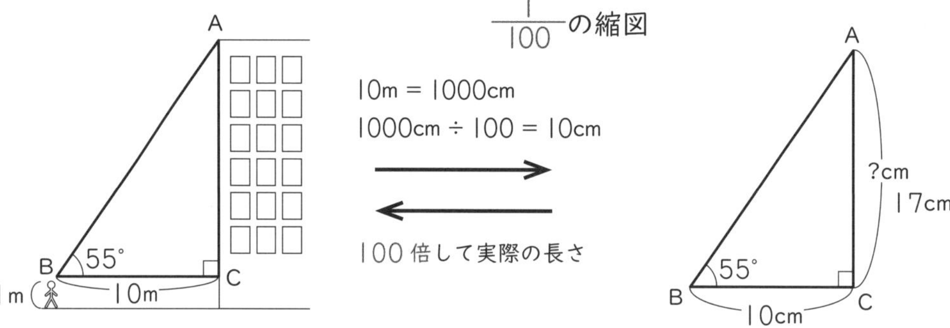

2 17cm × 100 = 1700cm　1700cm = 17m

見ている人の目までの高さをたす

17m + 1m = 18m

ビルの高さ　約 18m

POINT 拡大図・縮図では，常に対応する辺の比は等しく，対応する角は等しいという基本に戻って考えることができるようにしま

1 ビルの縮図をかいてみよう

T　ビルの高さをどうやって測ればいいと思いますか。ビルの高さを求めるために，まずは，$\frac{1}{100}$ の縮図をかいてみましょう。

① BC の長さ 10m を $\frac{1}{100}$ にした直線をひく。

② 角 B を 55°にして直線をひく。

③ 角 C を直角にして直線をひき，②の直線との交点を A とする。

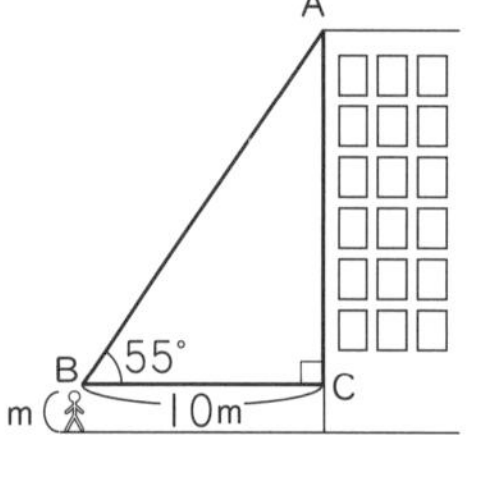

前時に縮図から距離を求める学習をしているが，縮図を利用して本当に高さを求めることができるのか，疑問に思っている子もいる。

2 縮図から，実際のビルの高さを求めよう

T　ビルの高さの辺 AC は何 cm になっていますか。

C　16.9cm です。

C　17cm です。

T　少しずつ違うけど，約 17cm ということにして次へ進みましょう。

T　ビルの高さの求め方を話し合いましょう。

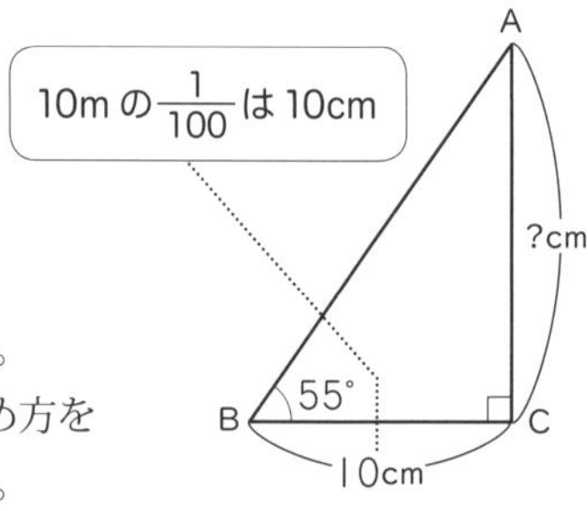

$\frac{1}{100}$ の縮図だから 100 倍にすればいいです。
17cm × 100 = 1700cm
1700cm = 17m

17m にこのビルを見ている人の目までの高さをたします。
17m + 1m = 18m

準備物
- QR 板書用地図　・定規
- QR ワークシート
- QR ふりかえりシート

ICT
練習として，色々な縮図を用意しておく。イラストでも写真でもよい。好きな縮図を選んで，実際の長さを出し，どのように出したのかタブレットを使って説明し合う。

3 4 ②〈川はばを求めよう〉

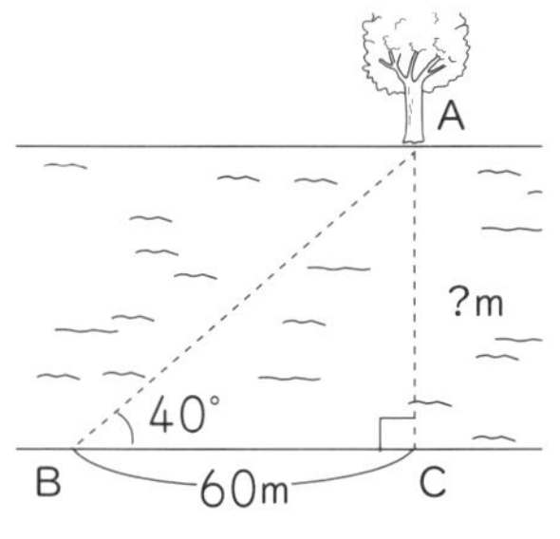

$\frac{1}{1000}$ の縮図

60m = 6000cm
6000cm ÷ 1000 = 6cm

1000 倍すると実際の長さ

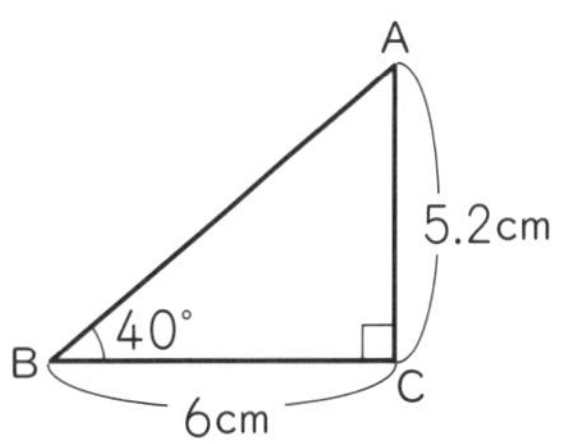

5.2cm × 1000 = 5200cm
5200cm = 52m
川はば　約 52m

まとめ
・縮図での長さの求め方…　縮尺を決めて縮図をかく。
・縮図での長さを測り，もとの長さにもどすと求められる。

しょう。

3 川幅を求めるための縮図をかいてみよう

T　川幅の長さを川を渡らないで，縮図をかいて求めてみます。何分の 1 の縮図をかけばいいですか。

C　60m は 6cm にするのがいいです。

C　60m ＝ 6000cm

C　6 : 6000 ＝ 1 : 1000

T　川幅の求め方を話し合いましょう。

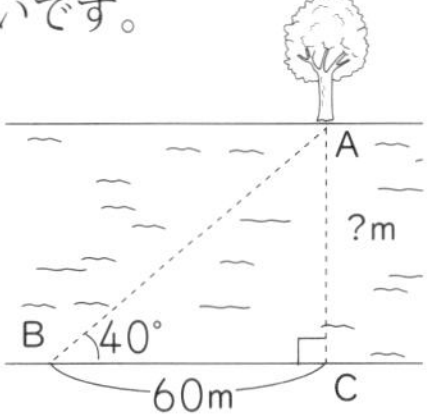

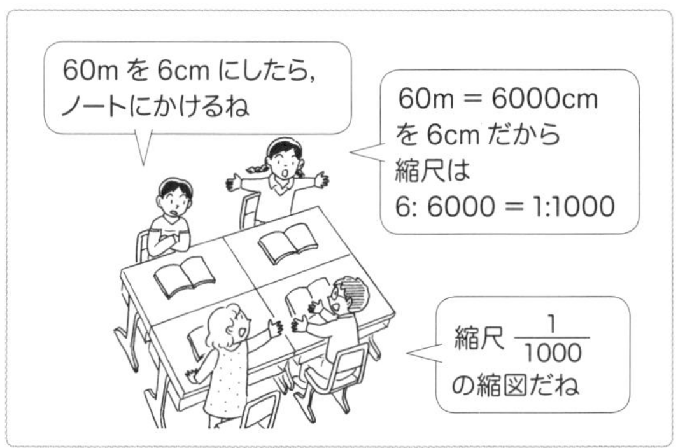

4 縮図から実際の川幅を求めよう

T　$\frac{1}{1000}$ の縮図がかけたら，川幅を求めてみよう。縮図の川幅を測るところから始めましょう。

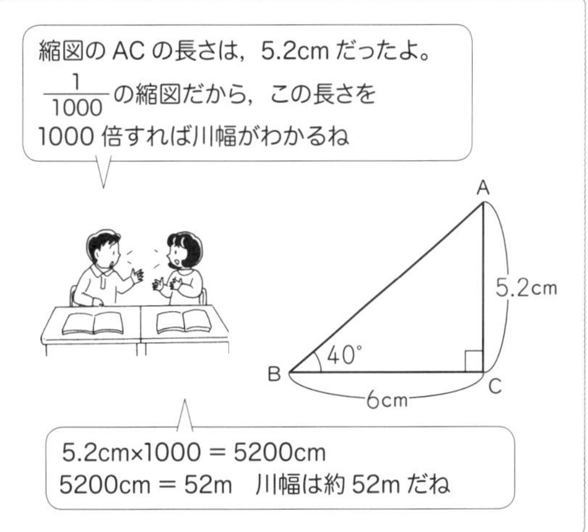

ふりかえりシートが活用できる。

第10・11時 縮図をかいて長さを求める②

本時の目標　実際に測量をし，縮図に表したものを使って，木の高さを求めることができる。

板書例

縮図をかいて，校庭のいちばん高い木の高さを求めよう

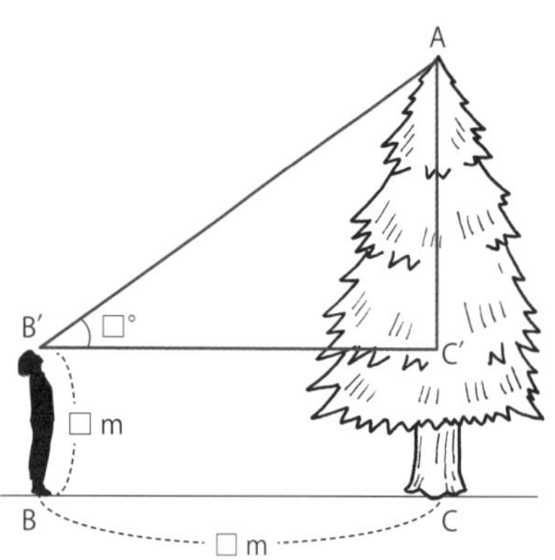

1 2 〈学習活動の流れ〉

① 校庭で測量する（グループ活動）

ア 木からの長さを測る。
イ 木のてっぺんが見えた角度を測る。
　角度測り器
ウ 角度測り器を使った人の目までの高さを測る。

② 縮図をかいて木の高さを求める
（個人活動）

ワークシートを仕上げる。

③ 学習をふりかえり，調べた結果を発表したり，感想を交流する

POINT 実際に校庭に出て測量するグループ活動などは，面倒なことのように思われますが，実際にやってみることで理解の深さが

1 学習活動の流れをつかもう

T グループで，校庭にあるいちばん高い木の高さを縮図をかいて求める活動をします。その活動の流れを説明します。

① グループで校庭に出て測量する。
　ア 巻尺で木から測量する人までの長さを測る。
　イ 角度測り器で，木のてっぺんが見える角度を測る

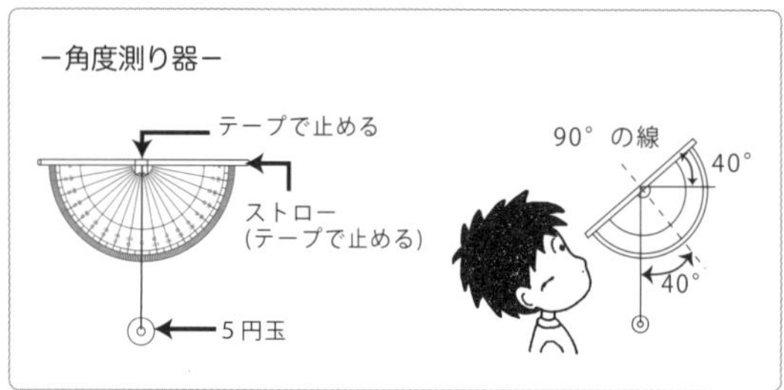

　ウ 角度測り器を使った人の目までの高さを測る。
② 教室に戻り，ワークシートに縮図をかいて木の高さを求める。活動をしての感想をまとめる。

2 グループで協力して，校庭で測量しよう

校庭へ出て測量する。
ア 巻尺で BC の長さを測る。
イ 角度測り器を使い，B' 地点から木のてっぺん A を見たときの角度を測る。
ウ 人の目までの高さを測る。
　測った長さや角度を記録する。

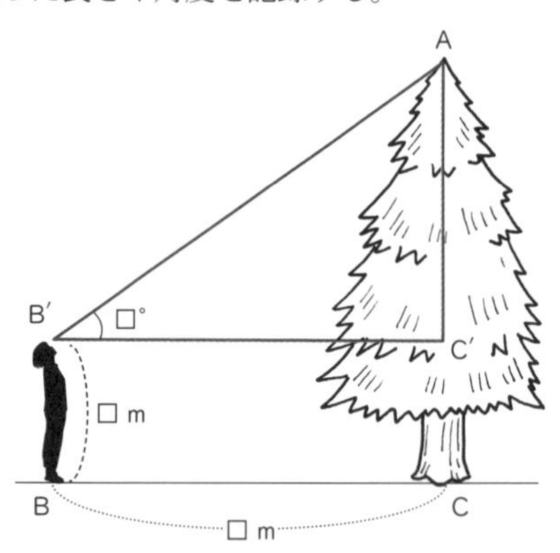

巻尺で長さを測ることも実際にやってみることが大切です。

準備物	QR 板書用イラスト，図 ・角度測り器　　・メジャー QR ワークシート QR ふりかえりシート

ICT	実際に外で学習している様子をタブレットを使って教師が撮影したり，友達同士で撮影をしたりする。協力して学習している様子を残すことで，学級経営にも活かすことができる。

3 〈ワークシート例〉

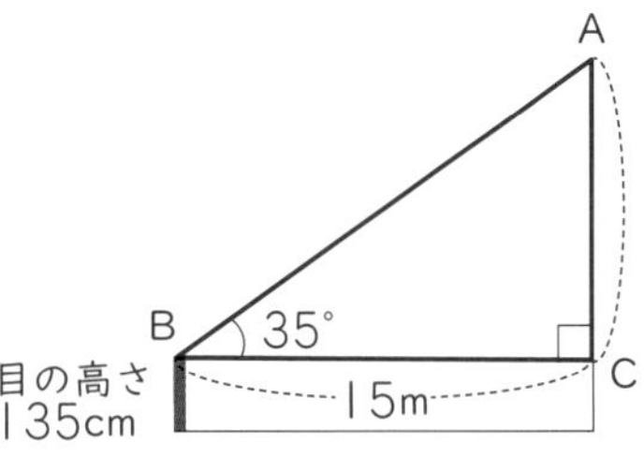

$\frac{1}{100}$ の縮図

BC15m → 15cm

AC の長さ　8.4cm

8.4cm × 100 = 840cm

目の高さをたす

840cm + 135cm = 975cm

975cm = 9.75m

木の高さ　約 9.8m

4 〈感想例〉

縮図を使う意味が，やってみることでよくわかった。

縮図は便利だなあと思った。

登ることができない木の高さを調べられるから，縮図はすごい。

家の近所にある高い木も調べてみたい。

変わってきます。本単元のまとめの意味でも，思い出に残る学習になります。

3 測量してきたことをもとに，縮図をかいて木の高さを求めよう

記録をもとに，各個人でワークシートに縮図をかいて実際の高さを求める。

ワークシート例

学校でいちばん高いヒマラヤスギの高さ

$\frac{1}{100}$ の縮図

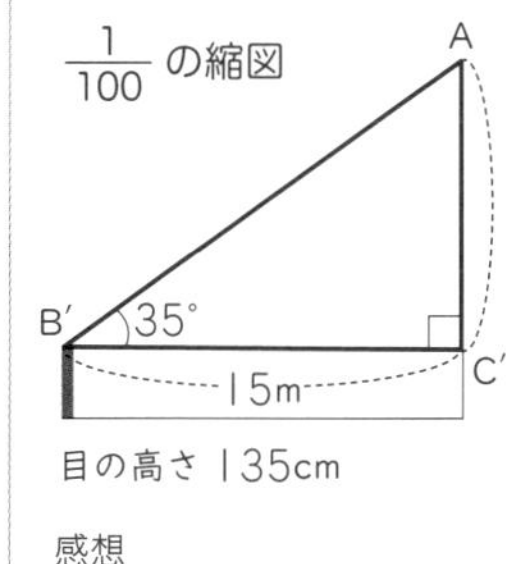

感想

名前

15 m → 15 cm

AC の長さ　8.4 cm

8.4 cm×100 = 840 cm

目の高さをたす

840 cm + 135 cm = 975 cm

975 cm = 9.75 m

木の高さ　約 9.8 m

ワークシートは，台紙に貼って掲示する。
このワークシートは本単元の仕上げにもなる。

4 活動をふりかえり，成果や感想を交流しよう

T　縮図からどのようにして実際の木の高さを求めたのか発表しましょう。

ワークシートを提示して発表する。
角度の取り方の微妙な誤差で，縮図上での AC の長さは変わるので，それを知らせておく。

T　感想を発表しましょう。

（発表例）

- 実際に測量するところからやって，縮図を書いて長さを求める意味がよく分かりました。問題を解くのとは全然違いました。
- 登ることができない木の高さでも，高さを求めることができるから，縮図は便利だなあと思いました。
- 縮図がこんなに使えるなんてすごいです。
- 家の近所に高い木があるので，その木を調べてみたいと思いました。

ふりかえりシートが活用できる。

第１時・第３時　ワークシート

ワークシート

拡大図と縮図　第１時　　拡大図・縮図とは

名前

（1）㋐の形を，いろいろな大きさにした形㋑～㋔があります。
㋐と同じ形はどれでしょう。

㋐

㋑

㋒

㋓

㋔

（2）㋐の三角形の拡大図と縮図はどれでしょうか。
また，何倍になっているかを調べましょう。

㋐

㋑

㋒

㋓

㋔

拡大図　□　□倍

縮図　□　□倍

ワークシート

拡大図と縮図　第３時　　方眼を使って，拡大図と縮図をかこう

名前

（1）三角形ABCの２倍の拡大図（三角形ＤＥＦ）と $\frac{1}{2}$ の縮図（三角形ＧＨＩ）をかきましょう。

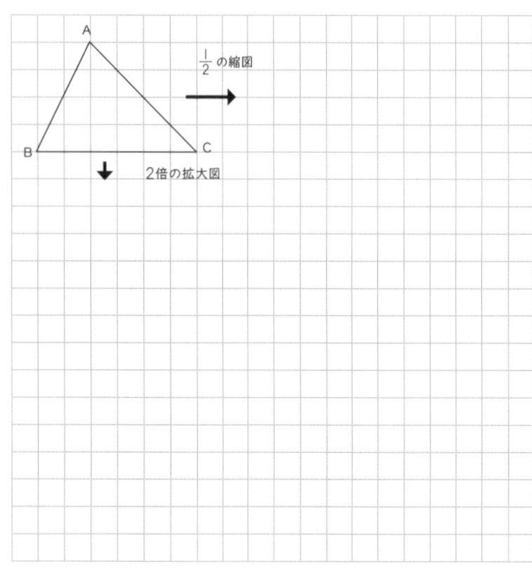

（2）平行四辺形ABCDの３倍の拡大図（平行四辺形EFGH）と $\frac{1}{2}$ の縮図（平行四辺形IJKL）をかきましょう。

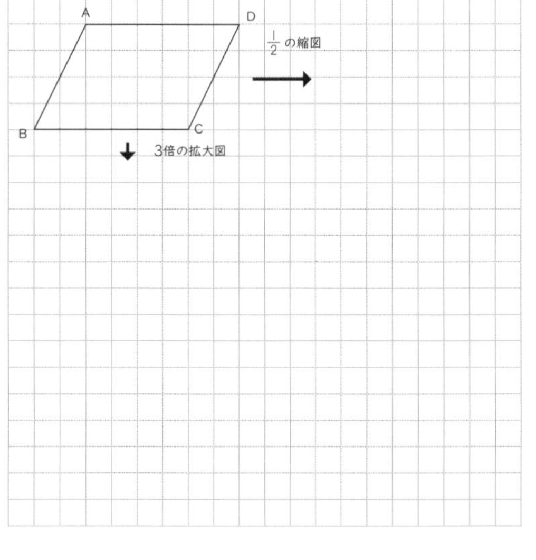

第２時・第４時　ふりかえりシート

ふりかえりシート

拡大図と縮図　　第２時

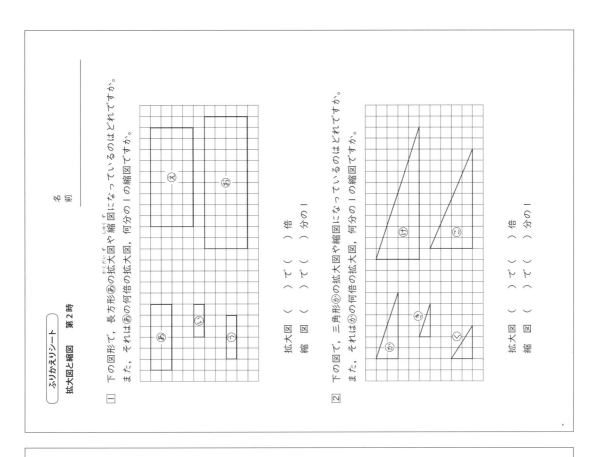

名前＿＿＿＿＿＿＿＿

1　下の図形で，長方形あの拡大図や縮図になっているのはどれですか。
また，それはあの何倍の拡大図，何分の１の縮図ですか。

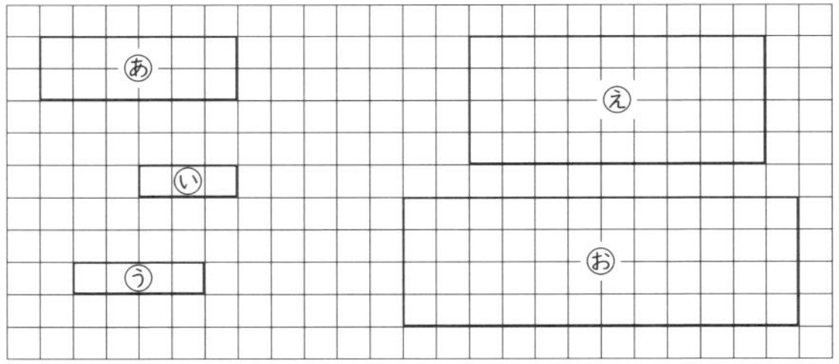

あ　い　う　え　お

拡大図　（　　）で（　　）倍
縮　図　（　　）で（　　）分の１

2　下の図で，三角形かの拡大図や縮図になっているのはどれですか。
また，それはかの何倍の拡大図，何分の１の縮図ですか。

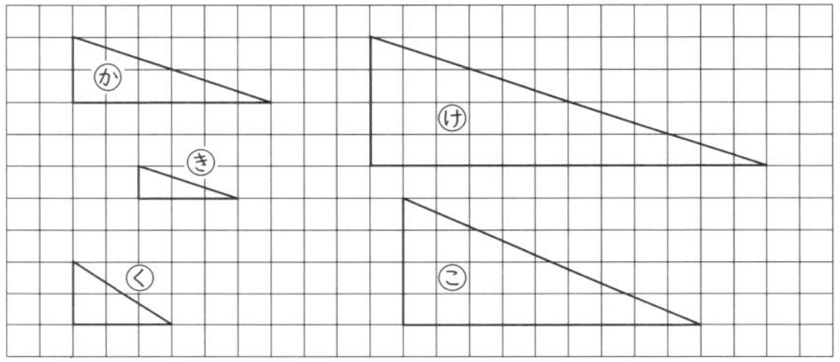

か　き　く　け　こ

拡大図　（　　）で（　　）倍
縮　図　（　　）で（　　）分の１

ふりかえりシート

拡大図と縮図　　第４時

名前＿＿＿＿＿＿＿＿

1　三角形 ABC の$\frac{1}{2}$倍の縮図三角形 DEF を，３つの辺の長さを使ってかきましょう。

A　B　C　6cm　6cm　8cm　E

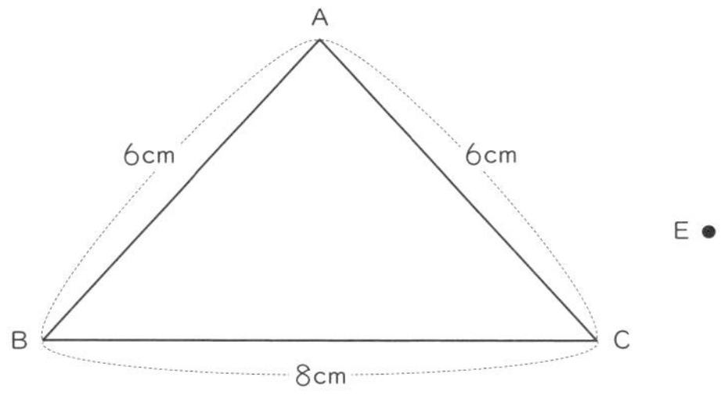

2　三角形 ABC の２倍の拡大図三角形 DEF を，２辺とその間の角を使ってかきましょう。

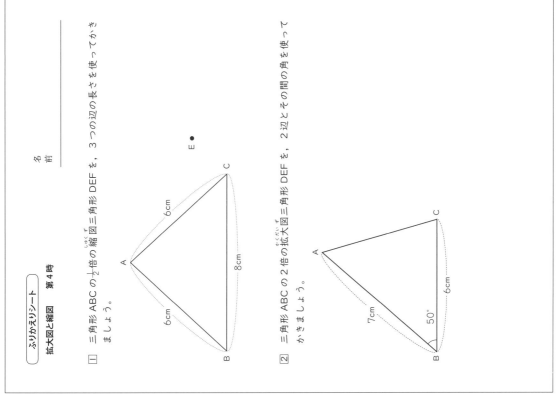

A　B　C　7cm　6cm　50°

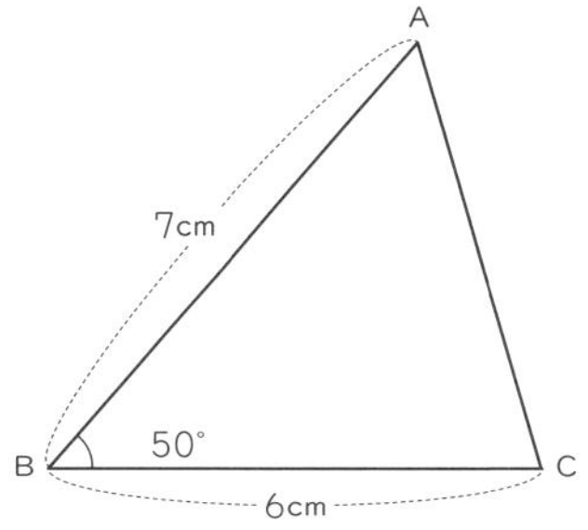

第8時　ワークシート

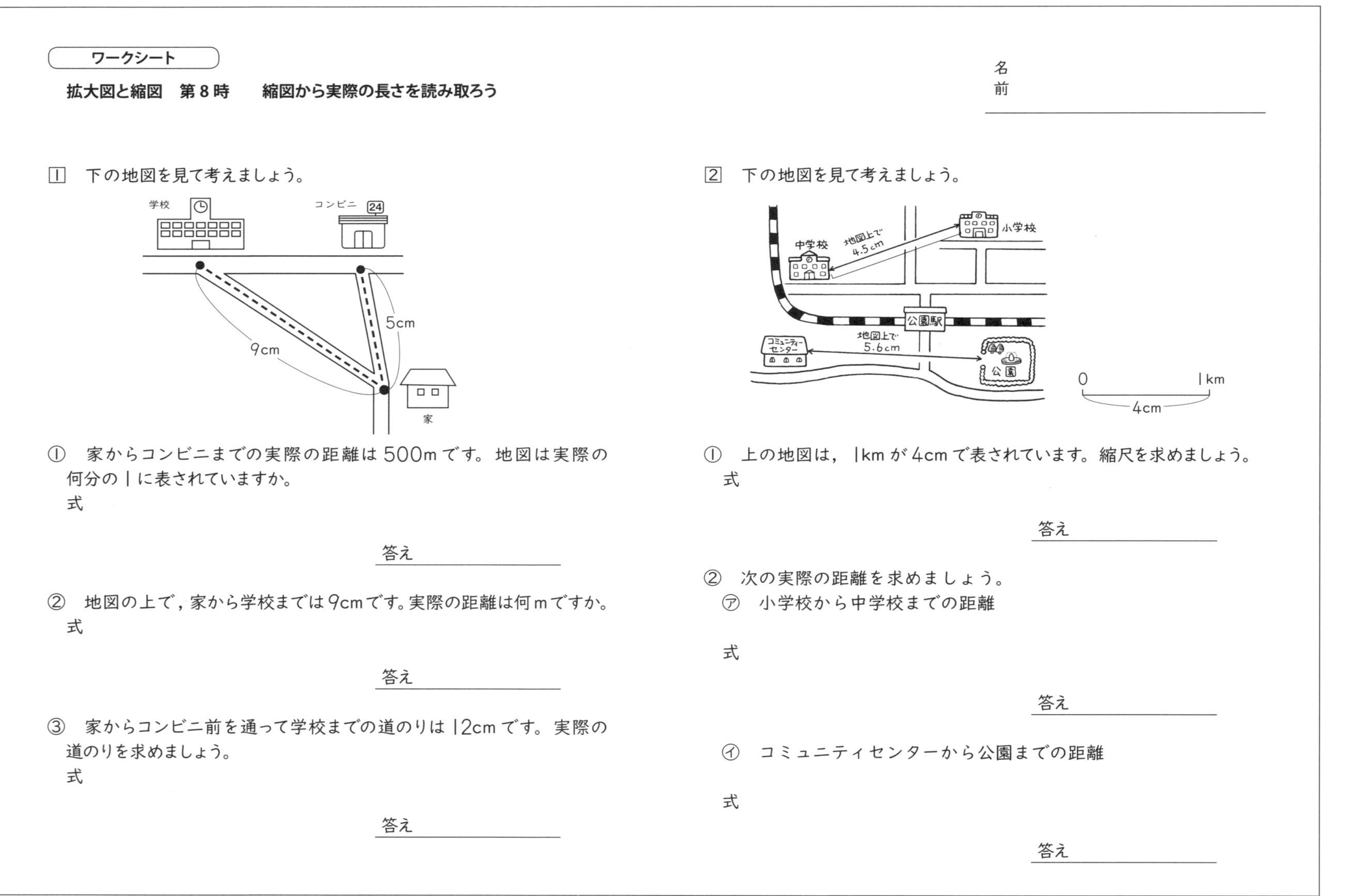

ワークシート

拡大図と縮図　第8時　　縮図から実際の長さを読み取ろう

名前 ＿＿＿＿＿＿＿＿

1　下の地図を見て考えましょう。

① 家からコンビニまでの実際の距離は500mです。地図は実際の何分の1に表されていますか。

式

答え ＿＿＿＿＿＿

② 地図の上で，家から学校までは9cmです。実際の距離は何mですか。

式

答え ＿＿＿＿＿＿

③ 家からコンビニ前を通って学校までの道のりは12cmです。実際の道のりを求めましょう。

式

答え ＿＿＿＿＿＿

2　下の地図を見て考えましょう。

① 上の地図は，1kmが4cmで表されています。縮尺を求めましょう。

式

答え ＿＿＿＿＿＿

② 次の実際の距離を求めましょう。

㋐ 小学校から中学校までの距離

式

答え ＿＿＿＿＿＿

㋑ コミュニティセンターから公園までの距離

式

答え ＿＿＿＿＿＿

第7時・第8時　ふりかえりシート

ふりかえりシート

拡大図と縮図　第7時

名前

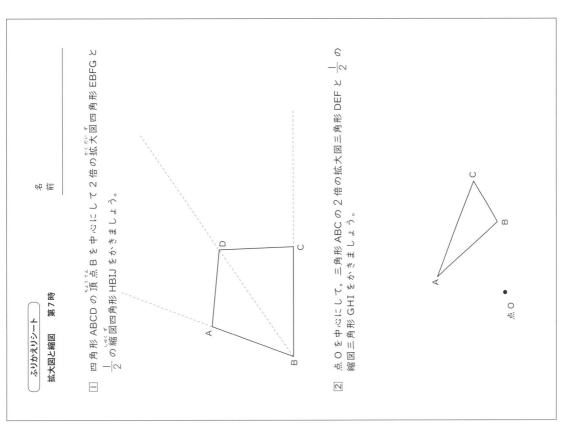

1　四角形ABCDの頂点Bを中心にして2倍の拡大図四角形EBFGと$\frac{1}{2}$の縮図四角形HBIJをかきましょう。

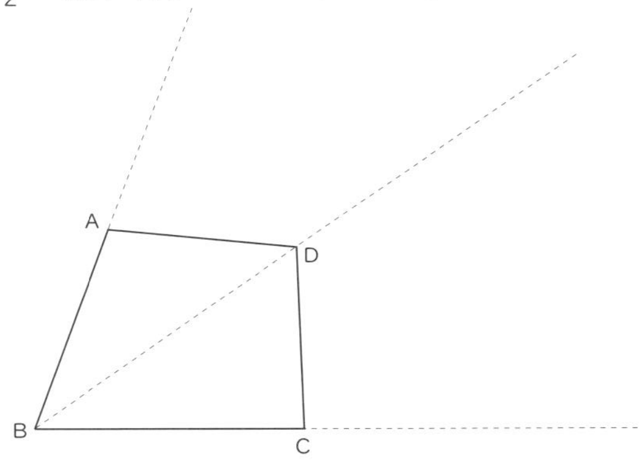

A
D
B
C

2　点Oを中心にして，三角形ABCの2倍の拡大図三角形DEFと$\frac{1}{2}$の縮図三角形GHIをかきましょう。

A
C
B
点O

ふりかえりシート

拡大図と縮図　第8時

名前

1　下の地図は，$\frac{1}{1000}$の縮尺でかかれた地図です。

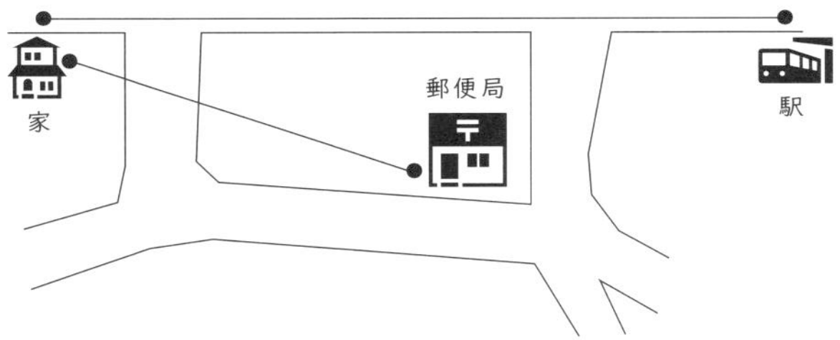

家
郵便局
駅

① 地図の上で，家から駅までの道のりは何cmですか。

答え

② 何倍すれば，実際の道のりを求めることができますか。

答え

③ 家から駅までの実際の道のりを求めましょう。

式

答え

④ 地図の上で，家から郵便局までは何cmですか。（直線の長さ）

答え

⑤ 家から郵便局までの実際のきょりを求めましょう。

式

答え

ワークシート

拡大図と縮図　第9時　　縮図をかいて実際の長さを求めよう

名前

1 縮図をかいてビルの高さを求めましょう。

① $\frac{1}{100}$ の縮図をかきましょう。

A
B
55°
C
1m
10m

B　C

② 縮図での AC の長さは何 cm ですか。

答え

③ 実際のビルの高さを求めましょう。
式

答え

2 縮図をかいて川はばを求めましょう。

① $\frac{1}{1000}$ の縮図をかきましょう。

A
?m
40°
B
60m
C

B　C

② 縮図での AC の長さは何 cm ですか。

答え

③ 実際の川はばの長さを求めましょう。
式

答え

ふりかえりシート

拡大図と縮図　　第 10・11 時

名前

● 右の図を $\frac{1}{100}$ の縮尺（しゅくしゃく）で縮図（しゅくず）をかいて木の高さを求めましょう。

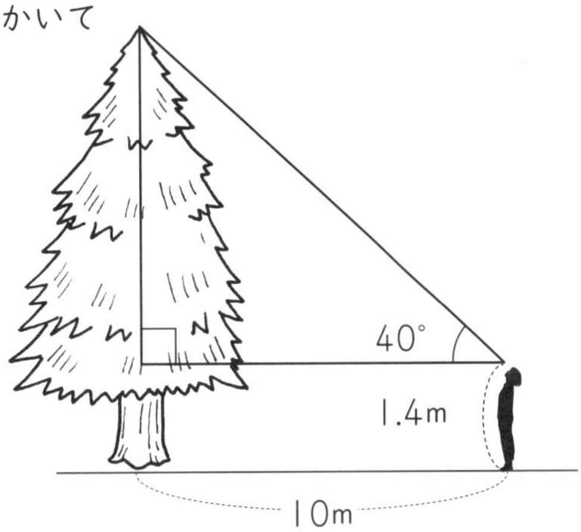

40°
1.4m
10m

縮図

式

答え

円の面積

全授業時数８時間

◎ 学習にあたって ◎

<この単元で大切にしたいこと>

円の面積を求めるために人類は，大変な苦労をしてきました。子どももこれまで学習した面積は，四角形と三角形の直線で囲まれた図形でしたから等積変形ができましたが，円の面積は簡単に等積変形できないことを味わうことになります。

まずは，正方形に置き換えることはできないかと考えます。正方形に内接する円をかいたり，円に内接する正方形をかいて，円の面積と正方形の面積を比べると，すると，円の半径を１辺とする正方形の面積の３倍よりも少し広いことに気がつきます。次に，より詳しく調べてみるために，1cm^2 ますの何個分かで表します。その後，円の中心から半径で細かく等分したものを敷き詰めると長方形になることを知るのです。限りなく細かく等分したものの敷き詰めをイメージすると，円の面積が分かります。

このように「円の面積＝半径×半径× 3.14」の公式を，人類が手に入れた歴史的な過程を経験できるようにします。円の面積の公式が理解できると，それまで全く考えられなかった円を含む複合図形の面積を求める問題も，パズル感覚でできるようになる子どももいることでしょう。４年生から学習してきた面積の保存性や加法性の概念の小学校における到達点が，この「円の面積」なのです。

<数学的見方考え方と操作活動>

円を平行四辺形や長方形に等積変形する操作活動を通して，円の面積を求めます。円の面積を長方形に等積変形をして求めたことから，長方形の縦や横の長さは円のどの長さに該当するのかを考えます。そこから，公式に行き着く過程でも数学的見方・考え方を培うことができます。さらには，円を含む複合図形の面積を求める活動でも，数学的考え方が必要です。また，図形の求積可能な要素に着目し面積の保存性や加法性を活用しながら問題解決をしていくときにも数学的考え方を活用した操作活動をしていくことになります。

<個別最適な学び・協働的な学びのために>

この単元では，操作活動を通して得られた円の面積の求め方を説明する機会が多くあります。円の等積変形では，多様な考え方を説明し合うことで学びが深まります。円の面積の公式を導き出していく過程でも，式を構成していく過程でも，子ども間での話し合いを大切にしましょう。さらに，「ひもでできた円からも同じ公式が導き出せるだろうか」と問うことで，面積の公式の学びが，さらに深まります。複合図形の求積でも，多様な考え方を交流することで学びが一層深まります。

◎ 評　価 ◎

知識および技能	円の面積の求め方を知り，円の面積の公式を用いて，円や円を含む複合図形などの面積を求めることができる。
思考力，判断力，表現力等	円などの面積の求め方を，既習の図形の面積の求め方を基にして考え，図や式や言葉で表現することができる。
主体的に学習に取り組む態度	円の面積を，単位面積や既習の図形の面積の求め方を基にして，求めようとしている。

◎ 指導計画　8 時間 ◎

時	題	目標
1	円のおよその面積　①（正方形）	今までに習った図形の面積の求め方から円のおよその面積を予測し，求め方を考えることができる。
2	円のおよその面積　②（方眼を使って）	方眼を使って円のおよその面積を求めることができる。
3	円の等積変形	円を 16 等分して並べ替えた図を用いて，円を既習の図形に等積変形し，円の面積を求めることができる。
4	円の面積の公式　①	円の面積を求める公式を考えることができる。
5	円の面積の公式　②	ひもを使った円の等積変形から円の面積を求める公式を考えることができる。
6・7	工夫して面積を求める	多様な方法で，円を含む複合図形の面積の求め方を考えることができる。
8	円の半径と面積の関係	円の半径と，円周の長さや円の面積との関係を調べることができる。

第1時

円のおよその面積①（正方形）

本時の目標　今までに習った図形の面積の求め方から円のおよその面積を予測し，求め方を考えることができる。

板書例

円の面積は約何 cm²

1

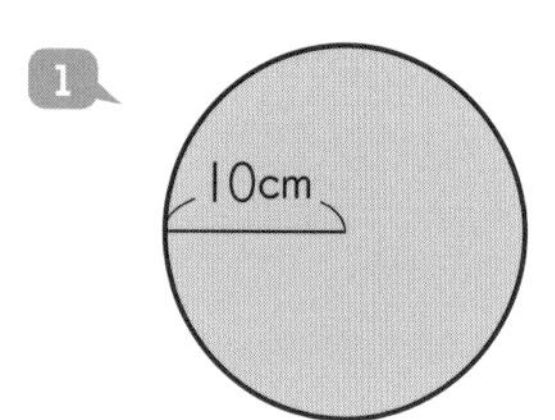

正方形　長方形　平行四辺形　ひし形　台形

2

<正方形を使って考えてみよう>

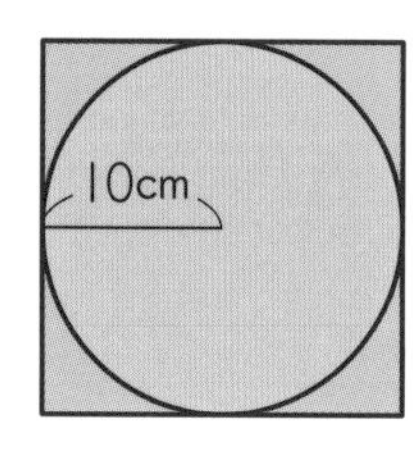

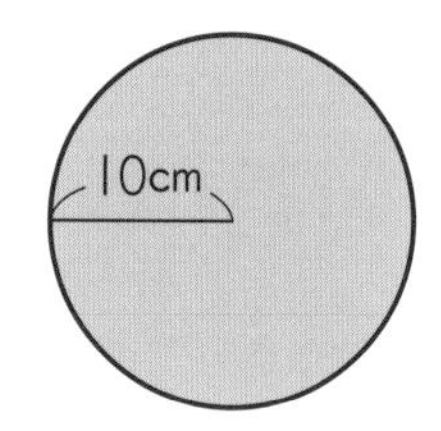

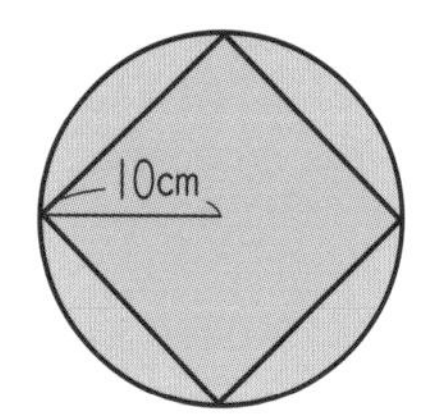

$20 \times 20 = 400$　400cm²　＞　円の面積　＞　$20 \times 20 \div 2 = 200$　200cm²

POINT　円の面積を求めるために，過去の数学者がやったように正方形を使っておよその面積を求めていき，面積の予想をたてる

1　円の面積を，円に近い形と比べてみよう

T　今までに三角形や四角形の面積を求める学習をしました。新しい形の面積を求める時には，既習の形にして求めてきました。円でも近い形と比べることから始めてみましょう。どんな形で考えますか。

正方形
長方形
平行四辺形
ひし形
台形
円は直線に囲まれた形じゃないけど，近いのは正方形かな
正方形の角を削っていくと円になるね

T　まず，半径が 10cm の円を正方形の面積と比べて約何 cm² か予想を立ててみましょう。

2　2つの正方形の面積と比べてみよう

T　円全体が入る正方形の面積と比べてみましょう。

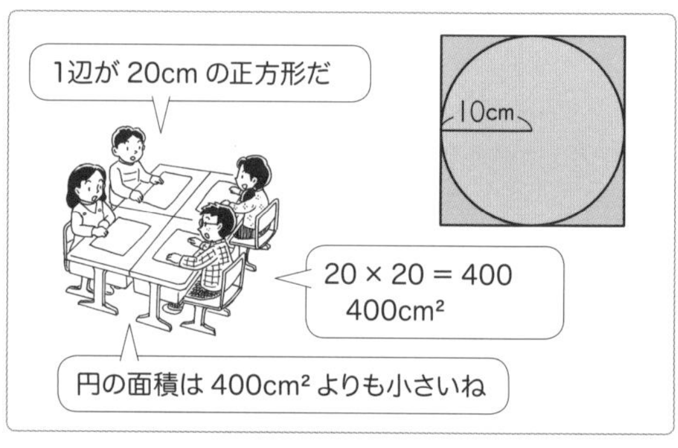

1辺が 20cm の正方形だ
10cm
20 × 20 = 400
400cm²
円の面積は 400cm² よりも小さいね

T　円に入る正方形の面積と比べてみましょう。

C　ひし形とみて，
$20 \times 20 \div 2 = 200$cm²。

C　円の面積は 200cm² よりも大きい。

C　<u>円の面積は 200cm² よりも大きくて，400cm² よりも小さい</u>。

準備物

QR 板書用図
QR ふりかえりシート

ICT

既習の図形の求積を，タブレットを使ってフラッシュカードのように提示し，確認させるとよい。円の求積の目安は，タブレットも良いが，折り紙も効果がある。

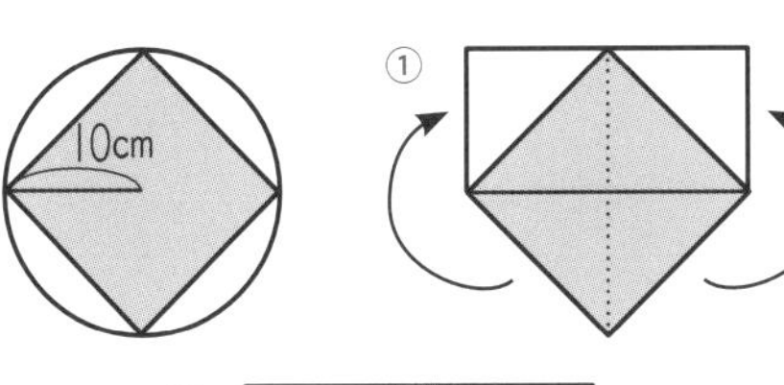

円の面積は
1辺が10cmの正方形2つ分よりも大きい。

円の面積は，この間にある。

②
10cm

円の面積は
1辺が10cmの正方形4つ分よりも小さい。

まとめ　円の面積は，1辺が10cmの正方形の3個分ぐらいだろう。

4　1cmのます目を使って調べてみよう。

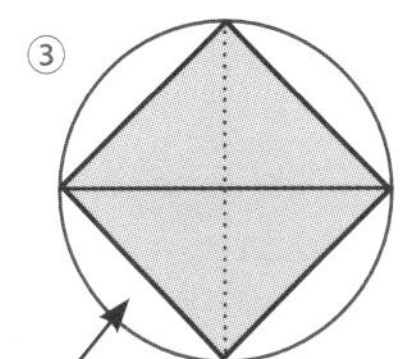

ことができるようにしましょう。

3 半径を1辺とする正方形の約何倍ぐらいが円の面積になるか考えよう

T　200cm² の正方形の形を変えると，1辺が10cmの正方形の何個分ですか。

C　2個分になります。

T　400cm² の正方形は1辺が10cmの正方形の何個分ですか。

C　4個分です。

T　では，円の面積は1辺が10cmの正方形の何個分ぐらいだと思いますか。

①
20cm

②

3個分ぐらいかな
だとしたら，円の面積は，約300cm² ぐらいかな

4 予想した面積の調べ方を考えよう

③
正方形の面積は分かるから，矢印のところの面積が分かれば円の面積を求めることができるね
1cm² が何個あるかを調べてみたらどうかな
ぴったり1cm² にならない場合はどうしよう？

T　次の時間には1cm² のます目を使って面積を求めてみましょう。

ふりかえりシートを活用して既習面積を求める学習ができる。

第2時 円のおよその面積②（方眼を使って）

本時の目標　方眼を使って円のおよその面積を求めることができる。

板書例

方眼を使って円の面積を求めよう

1　$\frac{1}{4}$ の面積を求める。
求めた面積を 4 倍する。

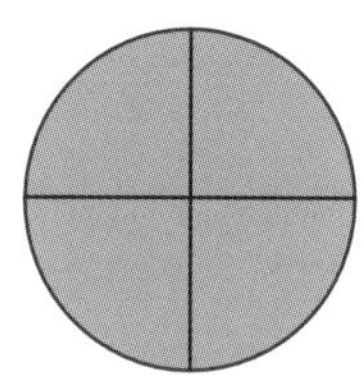

2　<三角形とそれ以外の面積に分けて求めた>

㋐の三角形

10 × 10 ÷ 2 = 50

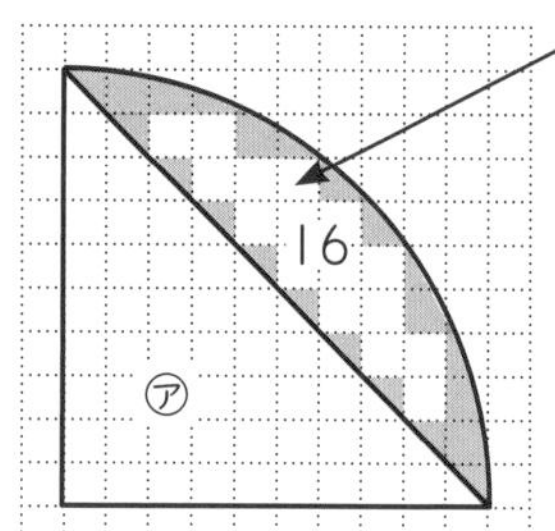

1cm² が 16 個
はんぱな部分はすべて $\frac{1}{2}$ cm² と考える
$\frac{1}{2}$ の ◣ が合わせて 23 個
23 ÷ 2 = 11.5

50 + 16 + 11.5 = 77.5
77.5 × 4 = 310

約 310 cm²

POINT　どの子も，方眼のます目を使って自分なりに面積が求めることができるように，時間を保障しましょう。

1 方眼を使った円の面積の求め方を考えよう

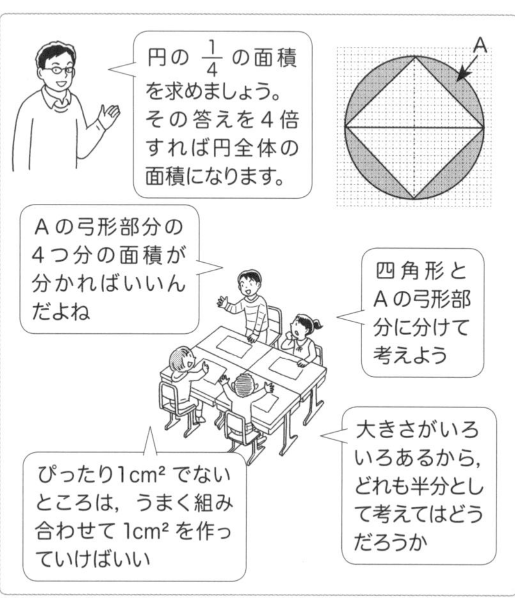

円の $\frac{1}{4}$ の面積を求めましょう。その答えを 4 倍すれば円全体の面積になります。
A
Aの弓形部分の4つ分の面積が分かればいいんだよね
四角形とAの弓形部分に分けて考えよう
ぴったり1cm² でないところは，うまく組み合わせて 1cm² を作っていけばいい
大きさがいろいろあるから，どれも半分として考えてはどうだろうか

全員の子どもたちができるように操作する時間を十分にとる。

2 三角形とそれ以外の弓形の部分を分けて求めた考え方を話し合おう

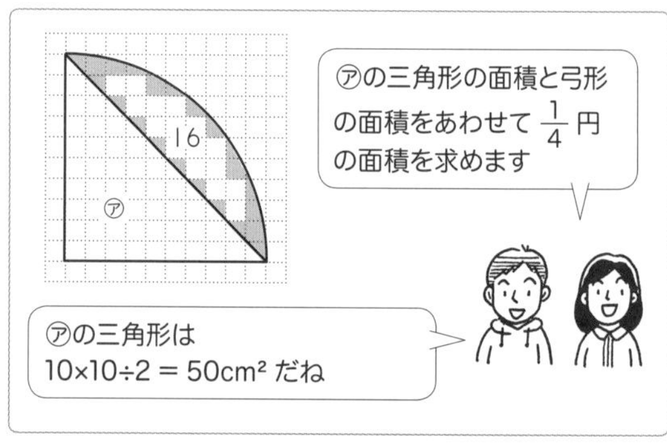

16
㋐
㋐の三角形の面積と弓形の面積をあわせて $\frac{1}{4}$ 円の面積を求めます
㋐の三角形は 10×10÷2 = 50cm² だね

C　弓形の中に□の 1cm² が 16 個　16cm²

C　弓形の中に $\frac{1}{2}$ の ◣ が大小合わせて 23 個だから，23 ÷ 2 = 11.5　11.5cm²

C　全部合わせると　50 + 16 + 11.5 = 77.5 これの 4 倍だから 77.5 × 4 = 312　約 310cm²

準備物	QR 板書用図 QR ワークシート QR ふりかえりシート	ICT	方眼用紙を書いたシートを子どものタブレットに送信しておく。そのシートに，求積したい扇型の図形を重ねられるようにしておくと，考えやすくなる。

3 <いくつかの四角形とそれ以外の面積に分けて求めた>

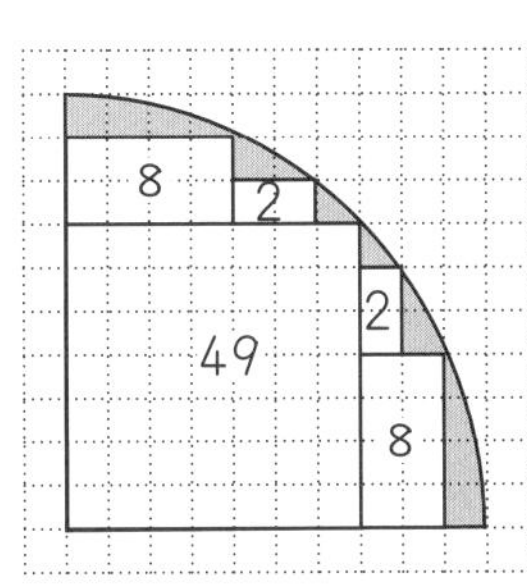

四角形は，

8 × 2 = 16　2 × 2 = 4

49 + 16 + 4 = 69

$\frac{1}{2}$ の ◺ が 17 個　　17 ÷ 2 = 8.5

全部合わせる　　69 + 8.5 = 77.5

4 倍する　　77.5 × 4 = 310

約 310 cm^2

4 まとめ

・方眼を使って，およその面積を求めることができる。

・円を三角形のように分けて，面積は求められないか？

3 四角形とそれ以外を分けて求めた考え方を話し合おう

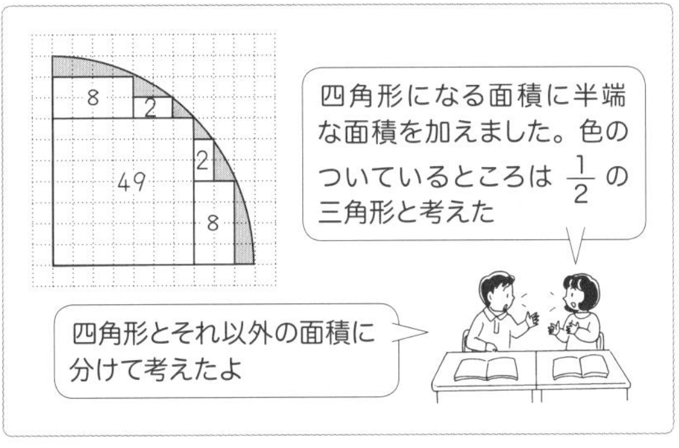

8
2
49
2
8
四角形になる面積に半端な面積を加えました。色のついているところは 1/2 の三角形と考えた
四角形とそれ以外の面積に分けて考えたよ

C　四角形は，49 ＋ 16 ＋ 4 ＝ 69　69 cm^2

C　$\frac{1}{2}$ の ◺ 17 個だから，17 ÷ 2 ＝ 8.5　　8.5 cm^2

全部合わせると　69 ＋ 8.5 ＝ 77.5

これの 4 倍だから　77.5 × 4 ＝ 310　　約 310 cm^2

多様な意見があるといい。求めた面積が少々違っていても，工夫して考えたことを認め合えるようにする。

4 円を面積が求められる形にする方法を考えよう

こんなに切れば三角形みたいだよ
これでは，底辺が直線ではないから三角形とは言えないよ
じゃあ，もっと細かくしていけばどう？　細かく切ればほとんど直線だよ

子どもから上記のような意見が出ない場合は，教師の方から話題に出して，次の時間につなげる。

ふりかえりシートを活用して既習面積を求める学習ができる。

第3時
円の等積変形

本時の目標
円を16等分して並べ替えた図を用いて，円を既習の図形に等積変形し，円の面積を求めることができる。

板書例

円の形を変えて円の面積を求めよう

1

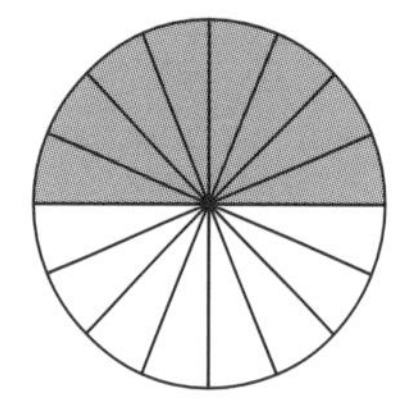

16等分した1つを三角形として考える

2 ＜平行四辺形に変形＞

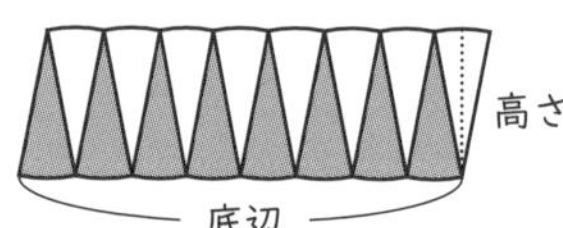

底辺は円周の半分
20 × 3.14 ÷ 2 = 31.4
高さは10cm
31.4 × 10 = 314

314cm^2

＜三角形に変形＞

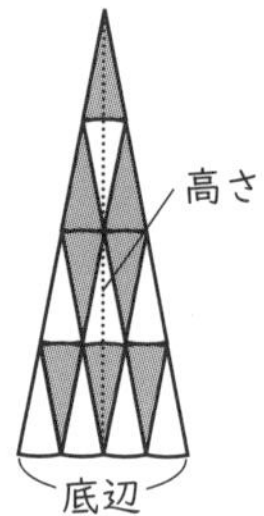

底辺は円周の$\frac{1}{4}$
20 × 3.14 ÷ 4 = 15.7
高さは半径の4つ分40cm。
三角形の公式にあてはめて
15.7 × 40 ÷ 2 = 314

314cm^2

POINT 全員の子どもたちが16等分した円をはさみで切り，台紙の上で既習の面積が求められる形に直すことができ，面積が

1 16等分した円を面積が求められる形に並び変えてみよう

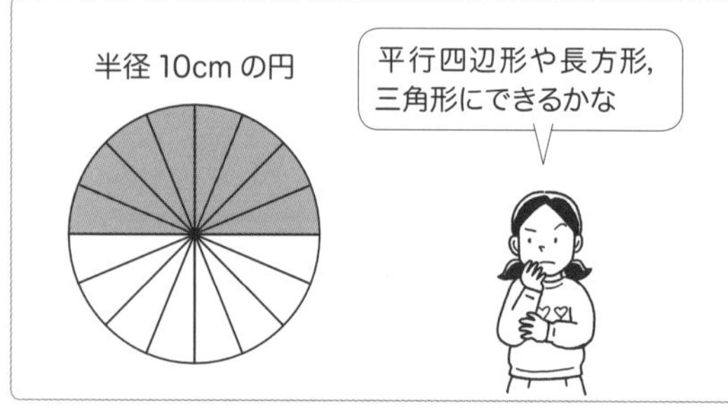

半径10cmの円
平行四辺形や長方形，三角形にできるかな

16等分した円を画用紙に印刷したものと，台紙（ワークシート）を配布する。

T 切り離した1つ1つは三角形だと考えてやってみましょう。できた図形は台紙にはりましょう。

円を変形する楽しさを味わわせることが大切。ヒントや子ども間の交流も取り入れて，全員が自分なりに等積変形ができるように時間を十分に取る。（動画も参考にできる）

2 並べ変えた図形の面積を式を立てて求めて，発表しよう

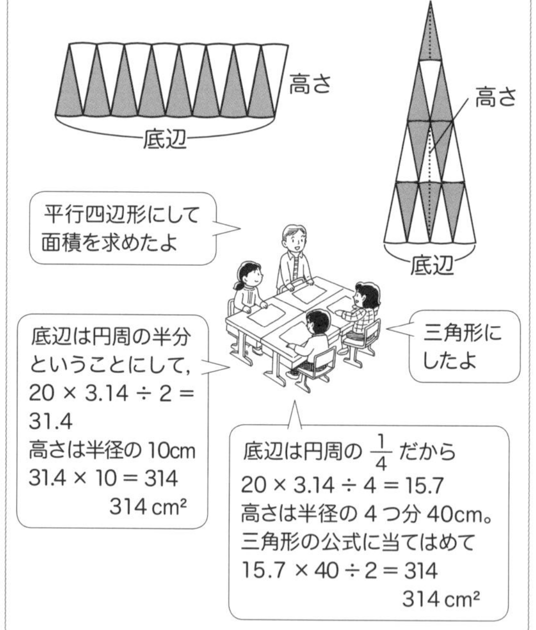

準備物	・半径 10cm の円　・はさみ　・板書用図 QR ワークシート　QR ふりかえりシート QR 動画「円を 16 等分して平行四辺形をつくる」 QR 動画「円の面積の求め方」	ICT	円を 16 等分した扇型の図形を子どものタブレットに送信しておく。それを使って，円の求積を考え，タブレットのシートにまとめていき，全員で共有しながら確認する。

3 ＜2 段の平行四辺形に変形＞

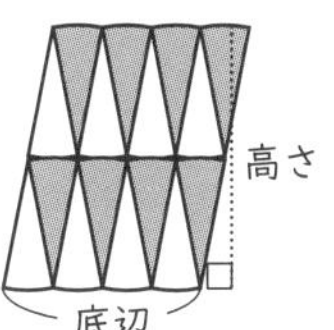

底辺は円周の$\frac{1}{4}$

20 × 3.14 ÷ 4 = 15.7

高さは半径の 2 つ分 20cm。

平行四辺形の公式にあてはめて

15.7 × 20 = 314

314cm^2

＜台形に変形＞

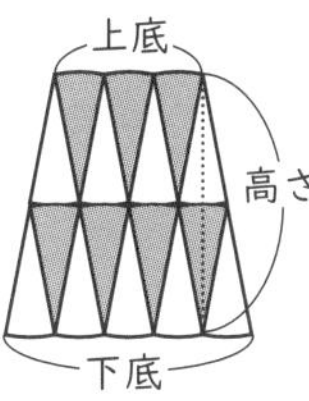

（上底＋下底）は円周の半分

20 × 3.14 ÷ 2 = 31.4

高さは半径の 2 つ分 20cm。

台形の公式にあてはめて

31.4 × 20 ÷ 2 = 314

314cm^2

＜ひし形に変形＞

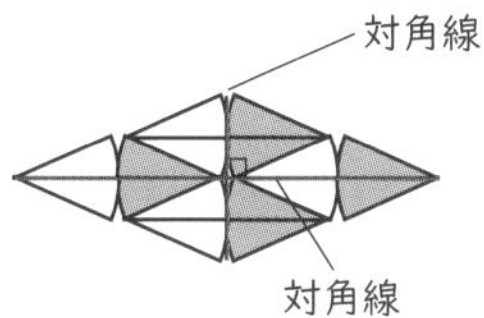

対角線の縦は円周の$\frac{1}{4}$，

対角線の横は半径の 4 つ分

15.7 × 40 ÷ 2 = 314

314cm^2

4 これまでのまとめ

正方形の面積と比べる ⇒ 半径×半径の正方形の 3 倍ぐらい ⇒ 1cm² ますを使う ⇒ 円の形を変えて求める

求められるように，時間を十分にとるようにしましょう。

3 工夫した面積の求め方を紹介しよう

下記のような平行四辺形，ひし形，台形の等積変形をしている子どもがいるかもしれない。発表の機会が持てるようにしたい。

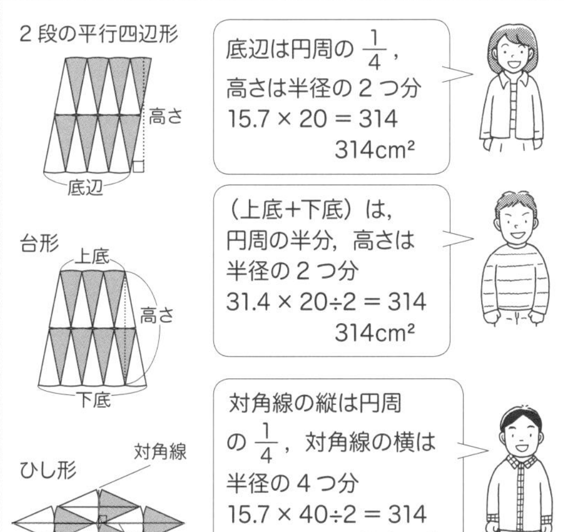

4 これまでの学習をふりかえろう

T　これまでの学習で，円の面積をどのように求めてきたかを振り返って，ノートに書きましょう。

正方形の面積と比べてみて，200cm² から 400cm² の間とわかりました
そして，半径×半径の正方形の面積（100cm²）の 3 倍ぐらいだと考えました
1cm² ますを使って面積を求めました
円を 16 等分したものを三角形と見立てて形を変え，面積を求めてみました

T　学習しての感想もノートに書きましょう。

ふりかえりシートが活用できる。

第4時 円の面積の公式①

本時の目標　円の面積を求める公式を考えることができる。

板書例

円の面積を求める公式を考えよう

1

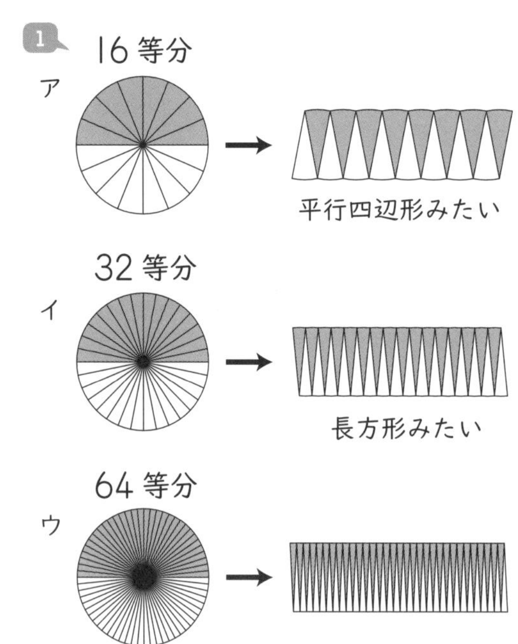

2 <長方形の面積を求める公式>

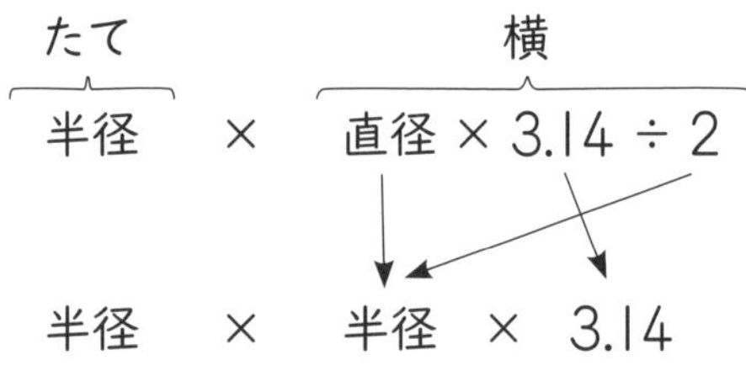

〈円の面積を求める公式〉

POINT 円をもっと，もっと細かく分割していくと，かなり正確な円の面積になることを，映像を通して納得できるようにしま

1 ア〜ウの平行四辺形の面積を比べよう

まず，前時に使った 16 等分した円と，それをならべかえた図を提示する。

次に，32 等分した円と，それを並び替えた図を掲示する。

T　どんな形になっていますか。

C　底辺が直線になって，ほぼ平行四辺形といえる。

さらに，64 等分した円の場合も提示する。（動画を見る）

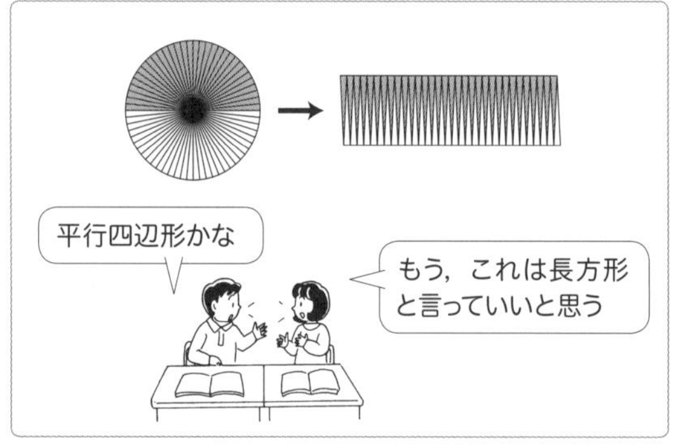

平行四辺形かな
もう，これは長方形
と言っていいと思う

T　では，もっと細かくしてみましょう。

（128 等分した円を提示する。）

2 円を細かく分割して並び替えた長方形で，円の面積の求め方を考えよう

長方形の縦の
長さは，円の
半径だね
長方形の横の
長さは，円周の
半分の長さだね

T　円周の半分を言葉の式で言いましょう。

C　直径× 3.14 ÷ 2

T　長方形の面積の公式 「縦×横」 から，円の面積の公式を考えましょう。

C　縦を置き換えると，半径。横は直径× 3.14 ÷ 2

C　縦×横は，半径×直径× 3.14 ÷ 2

C　直径÷ 2 は半径だから，半径×半径× 3.14

準備物

・板書用図
QR ふりかえりシート（資料）
QR 動画「円を 64 等分して長方形つくり」
QR ふりかえりシート

ICT

前時までの学習内容をタブレットを使って，再起できるようにしておく。公式を求めるには，前時までの内容を活かすことが大切なので，前時までの板書を共有しておくとよい。

3 <三角形の面積>

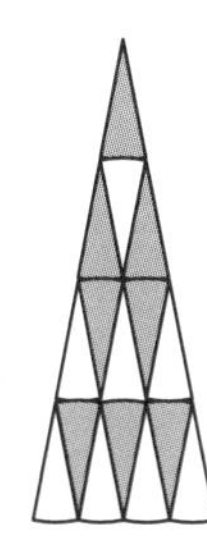

底辺 × 高さ ÷ 2

円周÷4 × 半径×4 ÷2

= 直径× 3.14 ÷ 4 ×半径× 4 ÷ 2

= 直径× 3.14 ×半径 ÷ 2

= 半径 × 半径 × 3.14 …〈円の面積〉

まとめ 円の面積を求める公式＝半径×半径× 3.14

4 半径 5cm の円

5 × 5 × 3.14 = 78.5

78.5cm²

直径 16cm の円

16 ÷ 2 = 8

8 × 8 × 3.14 = 200.96

200.96cm²

しょう。式の変形で公式をつくる過程でも，納得できるように，考える時間を十分にとりましょう。

3 円を変形した三角形からも，円の面積を求める公式はできるか考えよう

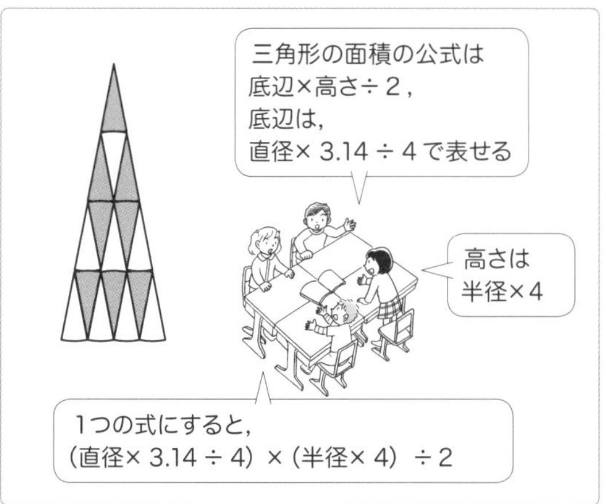

三角形の面積の公式は
底辺×高さ÷２，
底辺は，
直径× 3.14 ÷ 4 で表せる
高さは
半径×4
1つの式にすると，
（直径× 3.14 ÷ 4）×（半径× 4） ÷ 2

C 「÷ 4」と「× 4」は消し合うね。

C 直径÷ 2 で半径になる。

C まとめると，やっぱり 半径×半径× 3.14 だ。

他の等積変形でも同じように「半径×半径× 3.14」になることを確認する。

学習のまとめをする。

4 公式を使って円の面積を求めよう

T 半径 5cm の円と直径 16cm の円の面積を求めましょう。

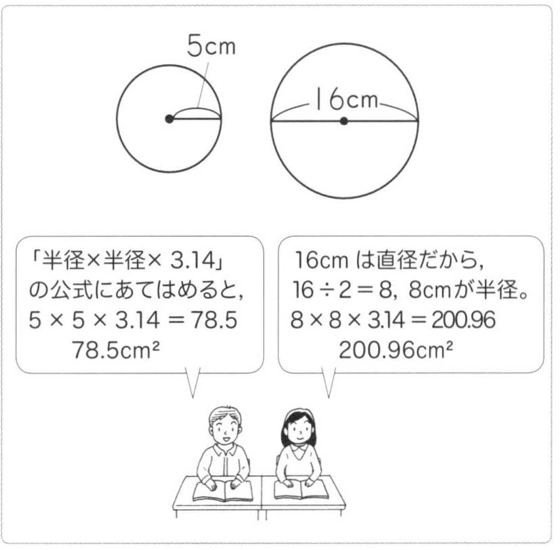

5cm
16cm
「半径×半径× 3.14」
の公式にあてはめると，
5 × 5 × 3.14 = 78.5
78.5cm²
16cm は直径だから，
16 ÷ 2 = 8，8cmが半径。
8 × 8 × 3.14 = 200.96
200.96cm²

ふりかえりシートが活用できる。

第5時

円の面積の公式②

本時の目標　ひもを使った円の等積変形から円の面積を求める公式を考えることができる。

板書例

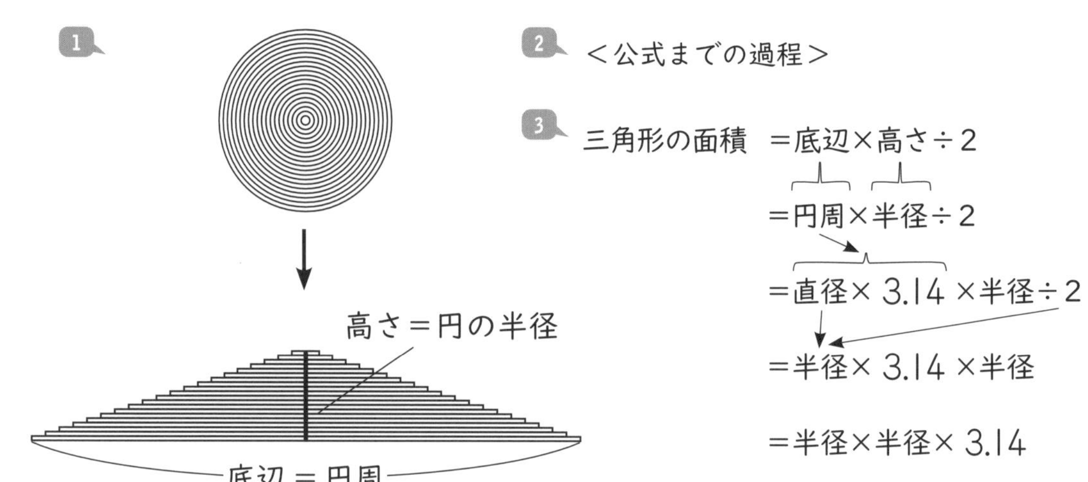

POINT 教科書にもコラム的に扱ってあるものがあります。ひもを使うという面白さにふれて，これで円の面積を求める公式が

1 ひもで作った円を半径で切り開いてみよう

T　半径で切って1本1本切り開いて行くと，どんな形になると思いますか。

予想を立てたら，1本1本開いていく。

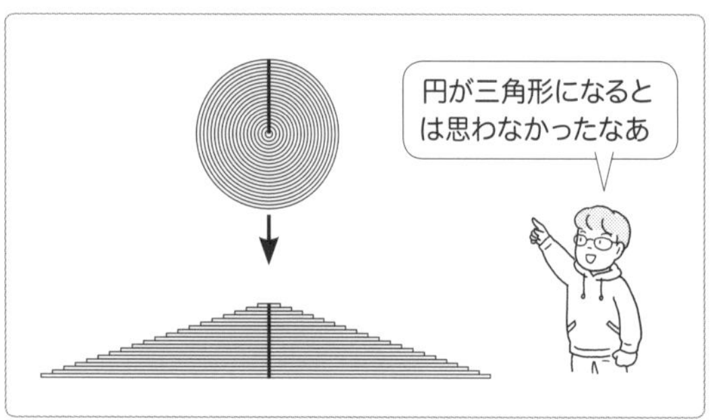

円が三角形になるとは思わなかったなあ

T　この変形からも，円の面積を求める公式は，半径×半径× 3.14 になることを説明しましょう。

教師が実演してもいいが，時間があれば子ども一人一人がひもで円を作り，三角形にするまでの活動も体験させたい。

2 円の面積の公式「半径×半径× 3.14」になることを説明しよう

高さ
底辺
底辺が円周，高さが半径になってるね
底辺×高さ÷2の底辺を円周に置き換えると，円周×半径÷2になるよ

上の図まで変形すると，前時の式の変形のときと同じになる。

ある程度考えがまとまってきたら，グループ内で話し合いの機会をもって，全体の話し合いに備えるようにさせたい。

（動画も参考として活用できる。）

準備物
・板書用図
QR ワークシート
QR ふりかえりシート

ICT
実際に紐で提示しながらの活動は難しい。事前に画像や動画を作成しておき，教師用タブレットを使って全体提示をしながら説明をすると良い。

まとめ

方法はちがっても円の面積を求める公式は同じ
円の面積＝半径×半径× 3.14

4

①

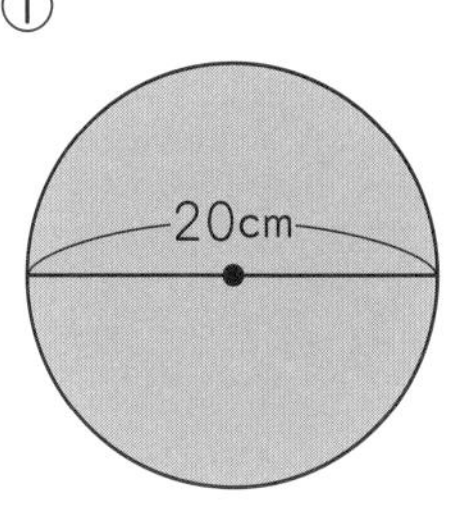

20 ÷ 2 = 10
10 × 10 × 3.14
314cm²

②

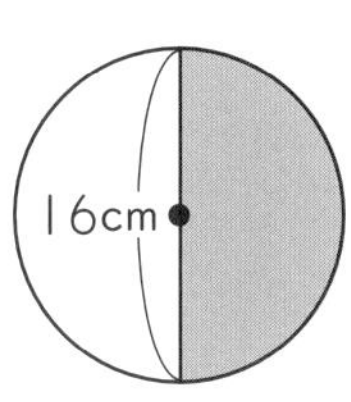

16 ÷ 2 = 8
8 × 8 × 3.14 ÷ 2
100.48cm²

③

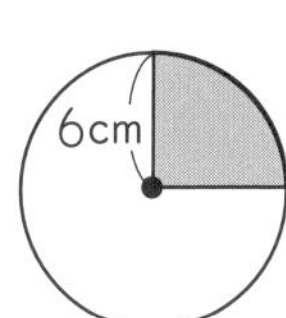

6 × 6 × 3.14 ÷ 4
28.26cm²

ストンと納得できる子もいます。

3 公式になる考え方を話し合おう

①②③の順で発表できるようにしたい。

① 三角形の面積を求める公式は，
底辺 × 高さ ÷ 2 だから
↓ ↓ ↓
円周 × 半径 ÷ 2 まず，こう置き換えます。
↓
直径 × 3.14 × 半径 ÷ 2

② 直径÷ 2 は 半径だから，
半径 × 3.14 × 半径 になります。

③ 並び変えると『半径 × 半径 × 3.14』になります。

公式までの式の変形は，子どもたちの話し合いに任せる。
学級の実態にもよるが，何人かが交代で発表したり，質問したりしているうちに，「わかった」という声が聞こえてくる。
全体の話し合いの後で，もう一度グループなどでの話し合いの機会をつくると理解が深くなる。

学習のまとめをする。

4 公式が活用できるように練習しよう

T 色のついた部分の面積を求めましょう。

① 直径 20cm の円　② 直径 16cm の半円

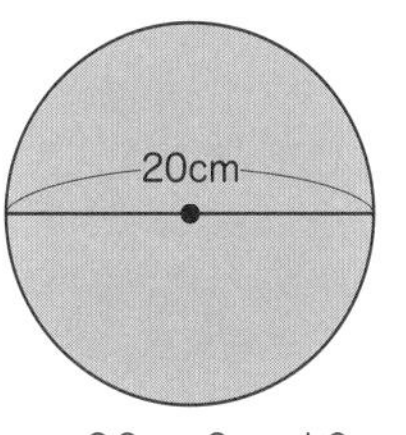

20 ÷ 2 = 10
10 × 10 × 3.14
314 cm²

16 ÷ 2 = 8
8 × 8 × 3.14 ÷ 2
100.48 cm²

③ 半径 6cm の 1/4 の円

6 × 6 × 3.14 ÷ 4
28.26 cm²

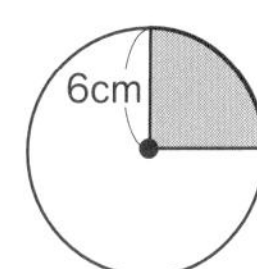

学習のまとめをする。

ふりかえりシートが活用できる。

第 6・7 時

工夫して面積を求める

本時の目標

多様な方法で，円を含む複合図形の面積の求め方を考えることができる。

板書例

工夫して面積を求めよう

1 (1)

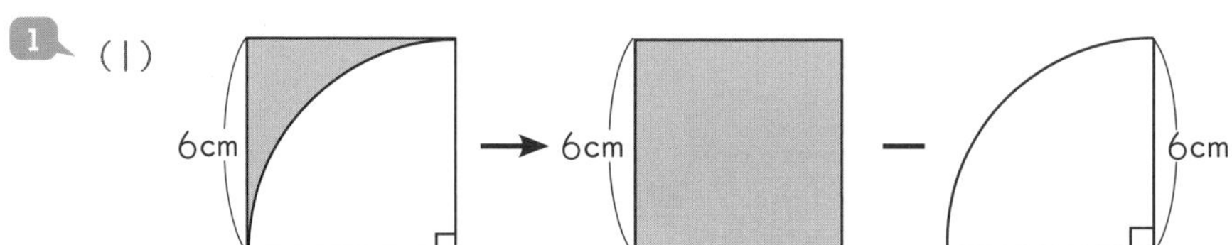

$6 \times 6 = 36$ … 正方形の面積

$6 \times 6 \times 3.14 \div 4 = 28.26$ … $\frac{1}{4}$の円の面積

$36 - 28.26 = 7.74$

答え 7.74cm²

2 (2)

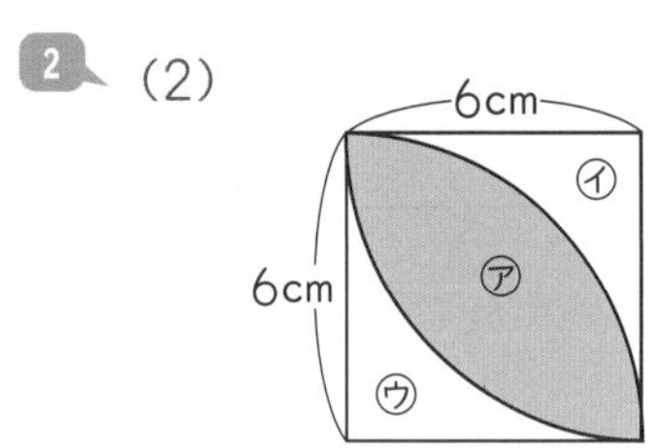

どんな工夫ができるか考えよう

POINT どの子も解決に向けて考えることができるように，面積を求めるためのパーツを板書用と個別指導用に準備しておくといい

1 色のついた部分の面積を求めよう

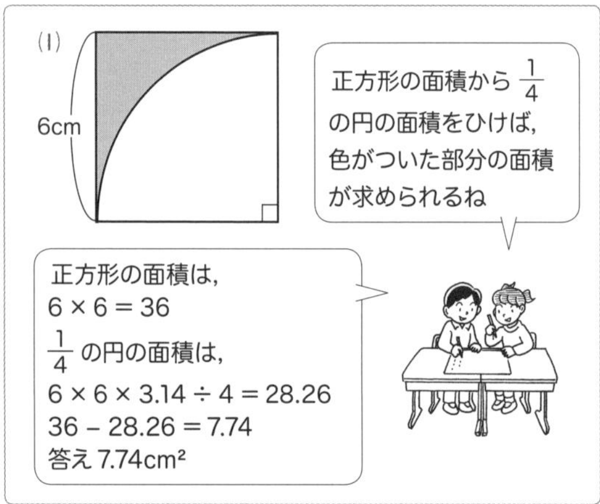

(1)
6cm
正方形の面積から $\frac{1}{4}$ の円の面積をひけば，色がついた部分の面積が求められるね
正方形の面積は，
6 × 6 = 36
$\frac{1}{4}$ の円の面積は，
6 × 6 × 3.14 ÷ 4 = 28.26
36 − 28.26 = 7.74
答え 7.74cm²

色のついた正方形の上に，白い $\frac{1}{4}$ の円をおく様子を見せると立式に取りかかれる子もいる。

また，右図のように，全円で考えて，それを ÷ 4 にして求める方法を考える子がいることも考えられる。

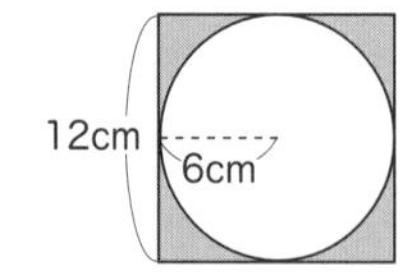

2 色のついた部分の面積の求め方を考えよう

T (2)を解決するには，どんな方法があるでしょうか。

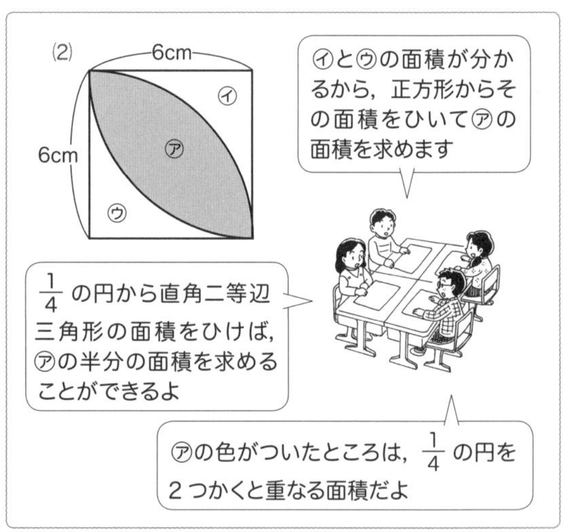

(2)
6cm
6cm
㋐
㋑
㋒
㋑と㋒の面積が分かるから，正方形からその面積をひいて㋐の面積を求めます
$\frac{1}{4}$ の円から直角二等辺三角形の面積をひけば，㋐の半分の面積を求めることができるよ
㋐の色がついたところは，$\frac{1}{4}$ の円を 2 つかくと重なる面積だよ

ここでも，正方形，$\frac{1}{4}$ の円，直角二等辺三角形の 3 つを別々にしたパーツを用意しておいて，重ね合わせて見ることができるようにしておく。（動画も参考にできる）

準備物
QR 板書用図　QR ワークシート
QR 面積のパーツ図　QR ふりかえりシート
QR 動画「工夫して面積を求めよう」

ICT
それぞれの問題の解き方をタブレットのシートかノートにまとめさせる。ノートならタブレットで撮影し，子ども全員に共有し，話し合いで活用させる。

3 <Aの考え方>

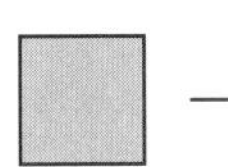
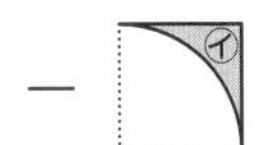
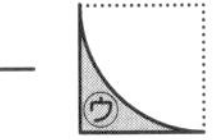
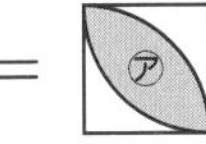

6 × 6 = 36 … 正方形の面積
6 × 6 − 6 × 6 × 3.14 ÷ 4 = 7.74　㋑㋒
7.74 × 2 = 15.48 … 白い部分の面積2つ分
36 − (7.74 × 2) = 20.52　答え　20.52cm²

<Bの考え方>

←この2つ分

6 × 6 × 3.14 ÷ 4 − 6 × 6 ÷ 2 = 10.26
10.26 × 2 = 20.52
答え　20.52cm²

<Cの考え方>

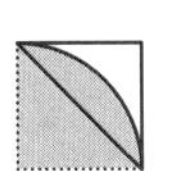
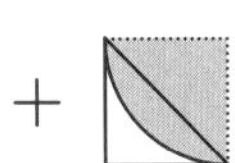
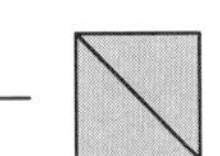
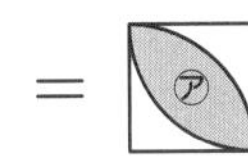

6 × 6 × 3.14 ÷ 4 × 2 = 56.52
6 × 6 = 36
56.52 − 36 = 20.52　答え　20.52cm²

4 <いろいろな問題に挑戦しよう>

(1)
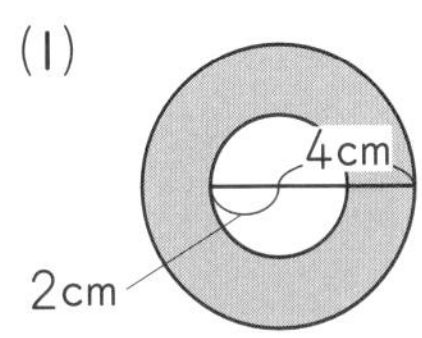

(2)
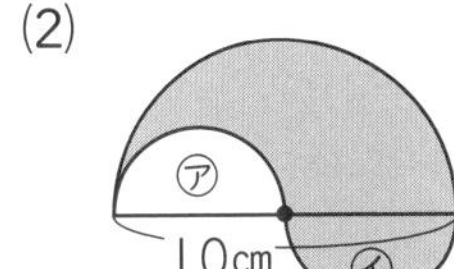

(3)
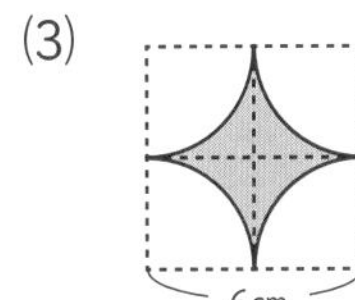

でしょう。（QRコードから印刷できる）

3 どんな工夫をして面積を求めたのか発表しよう

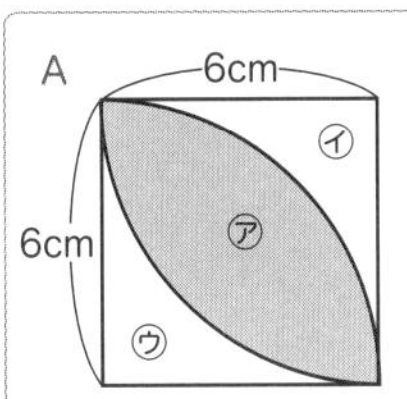

正方形から㋑と㋒の面積をひいて㋐の面積を求める方法をしてみました。
36 − (7.74 × 2) = 20.52

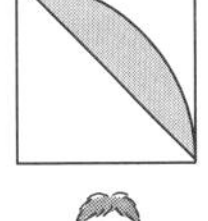

右の図のように $\frac{1}{4}$ の円の面積から直角二等辺三角形の面積をひいて，それを2倍しました。
6×6×3.14÷4−6×6÷2＝10.26
10.26×2＝20.52

$\frac{1}{4}$ の円の2つ分の面積は，正方形の面積よりも㋐の面積の分だけ広いと考えて求めました。

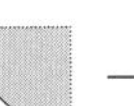

4 いろんな問題に挑戦しよう

(1)
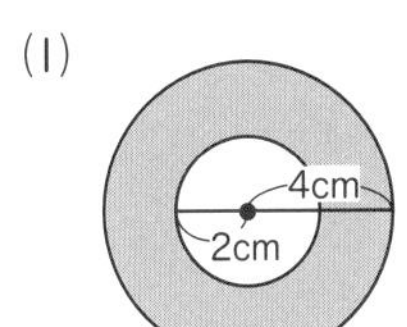

C　半径4cmの円から半径2cmの円の面積をひきます。
（大きな円）－（小さな円）
50.26 － 12.56 ＝ 37.68
37.68cm²

(2)
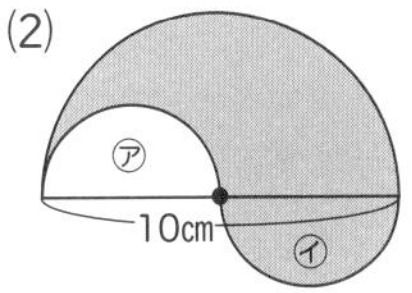

C　㋑を㋐にもっていけば半円になります。
5 × 5 × 3.14 ÷ 2 ＝ 39.25
39.25cm²（動画参照）

(3)
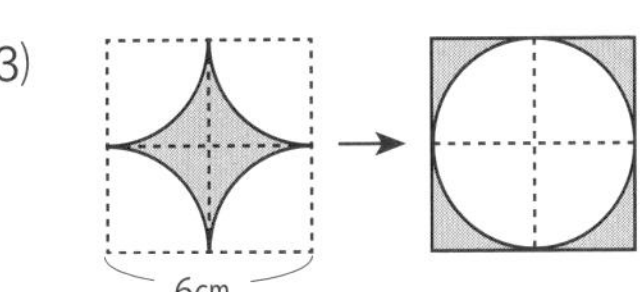

C　移動すれば左図のようになります。
6 × 6 － 3 × 3 × 3.14 ＝ 7.74　7.74cm²

ふりかえりシートが活用できる。

第8時 円の半径と面積の関係

本時の目標　円の半径と，円周の長さや円の面積との関係を調べることができる。

板書例

半径と円周の長さ，半径と円の面積の関係

1

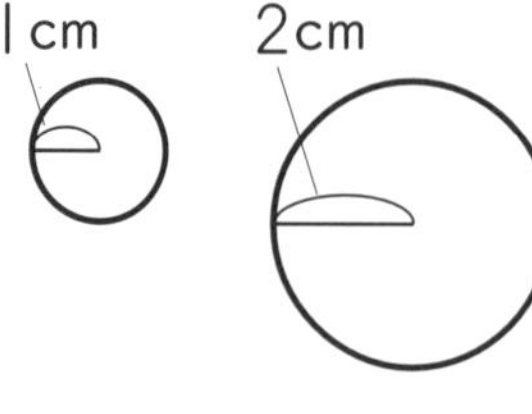

3cm

予想
半径と円周の長さ
　比例する　比例しない
半径と円の面積
　比例する　比例しない

2

半径(cm)	1	2	3	4	5	6
円周(cm)	6.28	12.56	18.84	25.12	31.4	37.68
面積(cm^2)	3.14	12.56	28.26	50.24	78.5	113.04

POINT 発展的な内容になりますが，単元のまとめや比例のところで同類の問題が入っている教科書もあります。予想を出し

1 円の半径と円周，またはその面積は比例しているか調べよう

ワークシートが活用できる。

T　2つの量の変化を調べて，どのように変化していたら比例しているといえますか。

C　一方の数が2倍，3倍になるともう一方の数も2倍，3倍になるとき，2つの量は比例しています。

T　半径と円周が比例しているか。半径と面積が比例しているか。予想を立ててから調べてみましょう

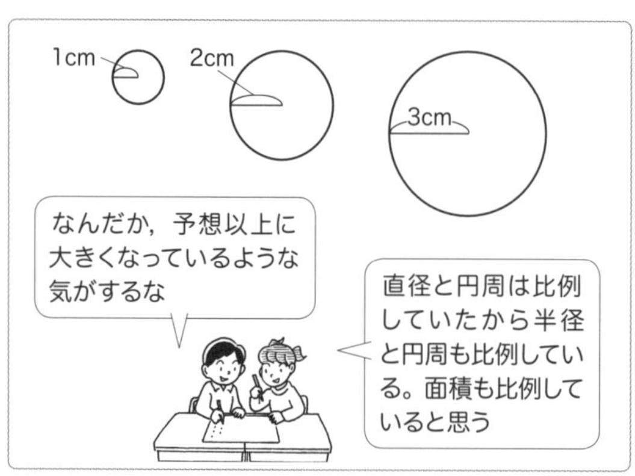

1cm
2cm
3cm
なんだか，予想以上に大きくなっているような気がするな
直径と円周は比例していたから半径と円周も比例している。面積も比例していると思う

2 半径1cmから6cmまでの円周と面積を計算して表にしよう

T　どのようにして調べますか。

C　半径1cmから順に計算して，表にまとめたらいいと思います。

半径(cm)	1	2	3	4	5	6
円周(cm)	6.28				31.4	
面積(cm^2)	3.14				78.5	

半径が2倍，3倍になると円周も2倍，3倍になってるようだな

面積の方は，ちょっとちがうように思うな

準備物	・板書用図 QR ワークシート QR ふりかえりシート	ICT	研究レポートは，調べたことをタブレットのシートにまとめ，教師に送信して，全員で共有しながら説明すると効果的に話し合いができる。

3 まとめ

半径の長さと円周の長さは，比例している。
半径の長さと円の面積は，比例していない。

4 <研究レポート>　調べてまとめてみよう

半径 3cmと半径 4cmの 2 つの円の面積の和は，
半径何cmの円の面積と等しいでしょうか。

予想　次のどの半径の円と同じになるだろう？

5cm　6cm　7cm　8cm　9cm

調べ方や調べてわかったこと

合ってから調べる活動に入ることで意欲的に学習できます。

3 調べた結果を話し合って，まとめよう

T　半径が 2 倍，3 倍になると，円周の長さと面積はどう変化していますか。

半径が 2 倍のとき，面積は 4 倍でした
半径が 3 倍のとき，面積は 9 倍になっています
半径が 2 倍，3 倍になると，円周も 2 倍，3 倍の長さになっています

T　円の半径と比例していますか。
C　円の半径と円周は比例しています。
C　円の半径と面積は比例していません。
C　円の面積は，半径が 2 倍，3 倍，4 倍になると，面積は 2 × 2 で 4 倍，3 × 3 で 9 倍，4 × 4 で 16 倍になっています。

4 (研究レポート) 2 つの円の面積の和はどうなるか，予想して調べてみよう

T　半径 3cm と半径 4cm の 2 つの円の面積の和は，半径何 cm の円の面積と等しいでしょうか。予想を立ててみましょう。

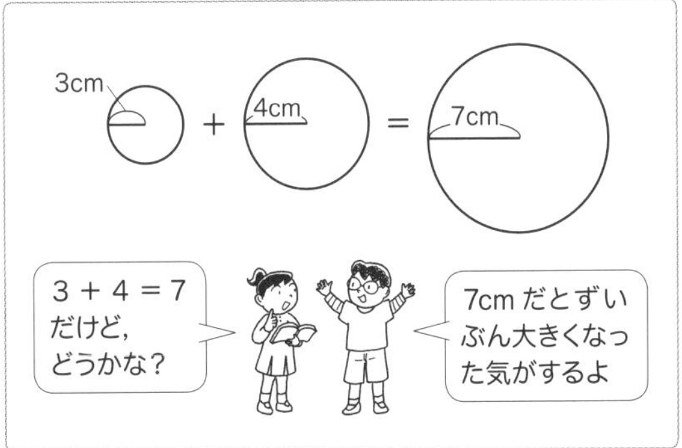

3cm
+
4cm
=
7cm
3 + 4 = 7 だけど，どうかな？
7cm だとずいぶん大きくなった気がするよ

T　計算をして確かめてみましょう。確かめたら，ノートに自分でまとめてみましょう。

半径が 3：4：5 になっているときのみ，この計算は成り立ちます。
ふりかえりシートが活用できる。

第1時・第2時　ふりかえりシート

ふりかえりシート

円の面積　第1時

名前

● これまでに習った図形の面積を求めましょう。

(1)

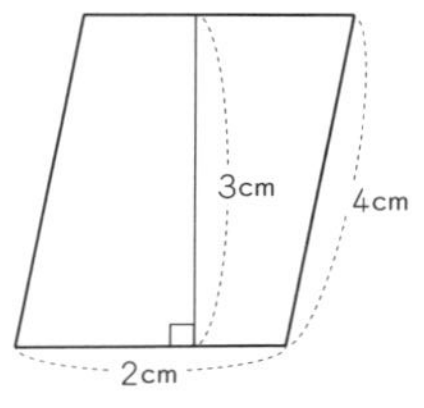

3cm
4cm
2cm

式

答え

(2)

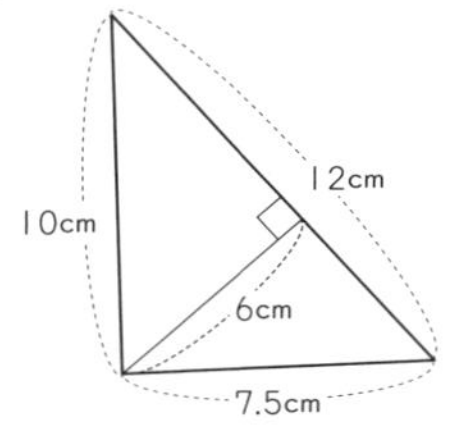

12cm
10cm
6cm
7.5cm

式

答え

(3)

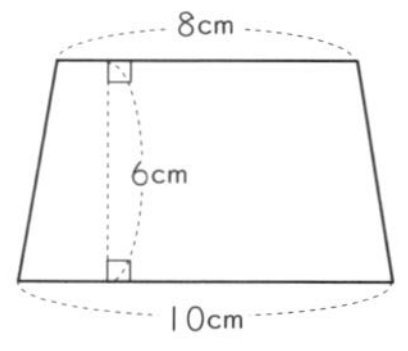

8cm
6cm
10cm

式

答え

(4)

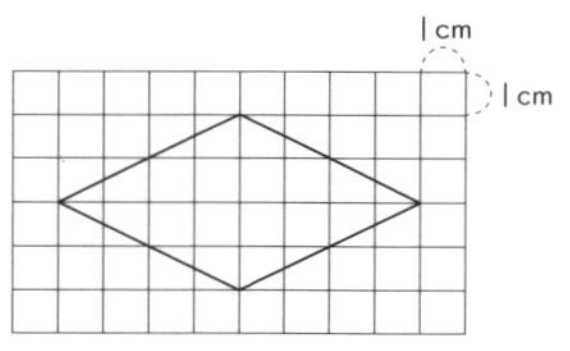

1cm
1cm

式

答え

ふりかえりシート

円の面積　第2時

名前

● これまでに習った図形の面積を求めましょう。

(1)

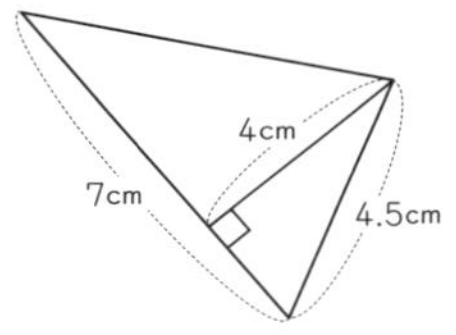

4cm
7cm
4.5cm

式

答え

(2)

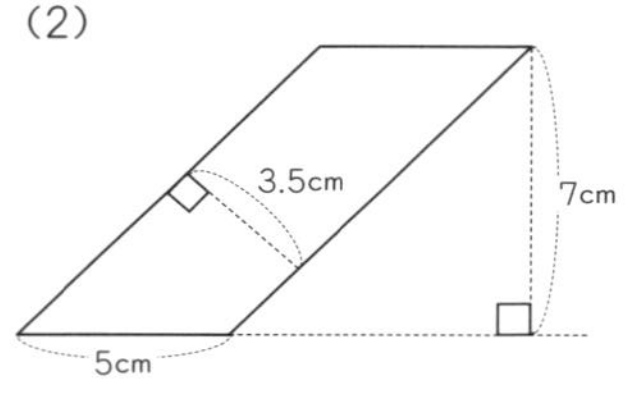

3.5cm
7cm
5cm

式

答え

(3)

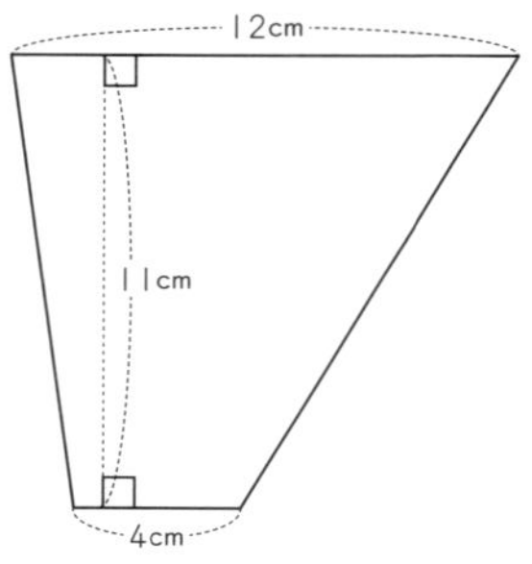

12cm
11cm
4cm

式

答え

(4)

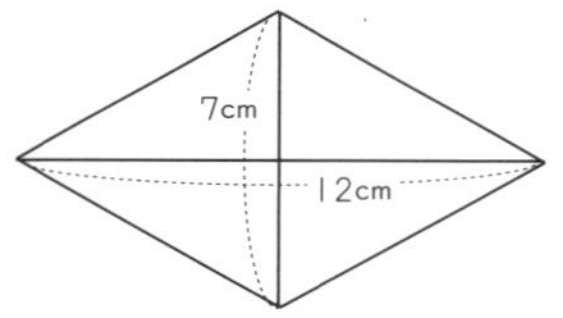

7cm
12cm

式

答え

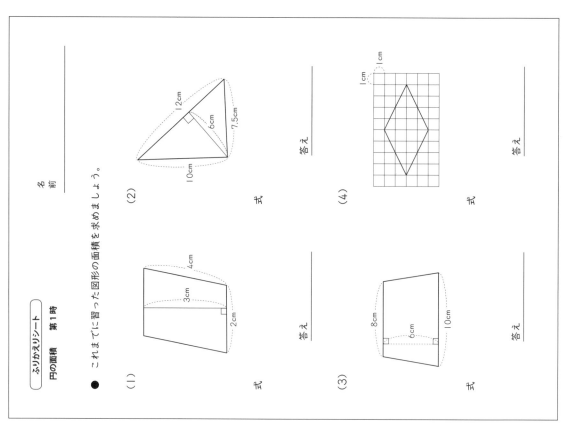

第2時　ワークシート

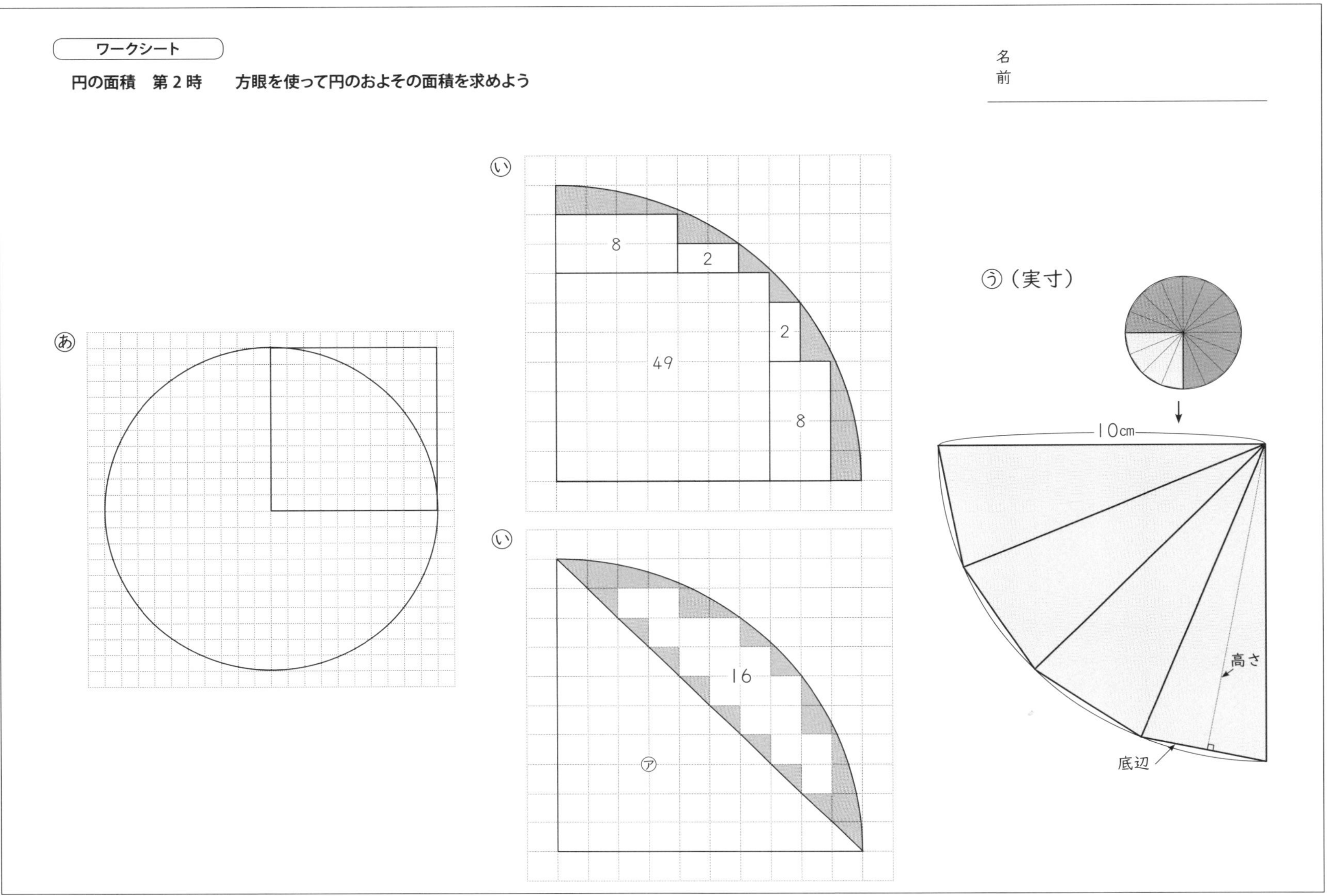
ワークシート
円の面積　第2時
方眼を使って円のおよその面積を求めよう
名前
あ
い
8
2
49
2
8
い
16
ア
う（実寸）
10cm
高さ
底辺

第4時・第5時　ワークシート

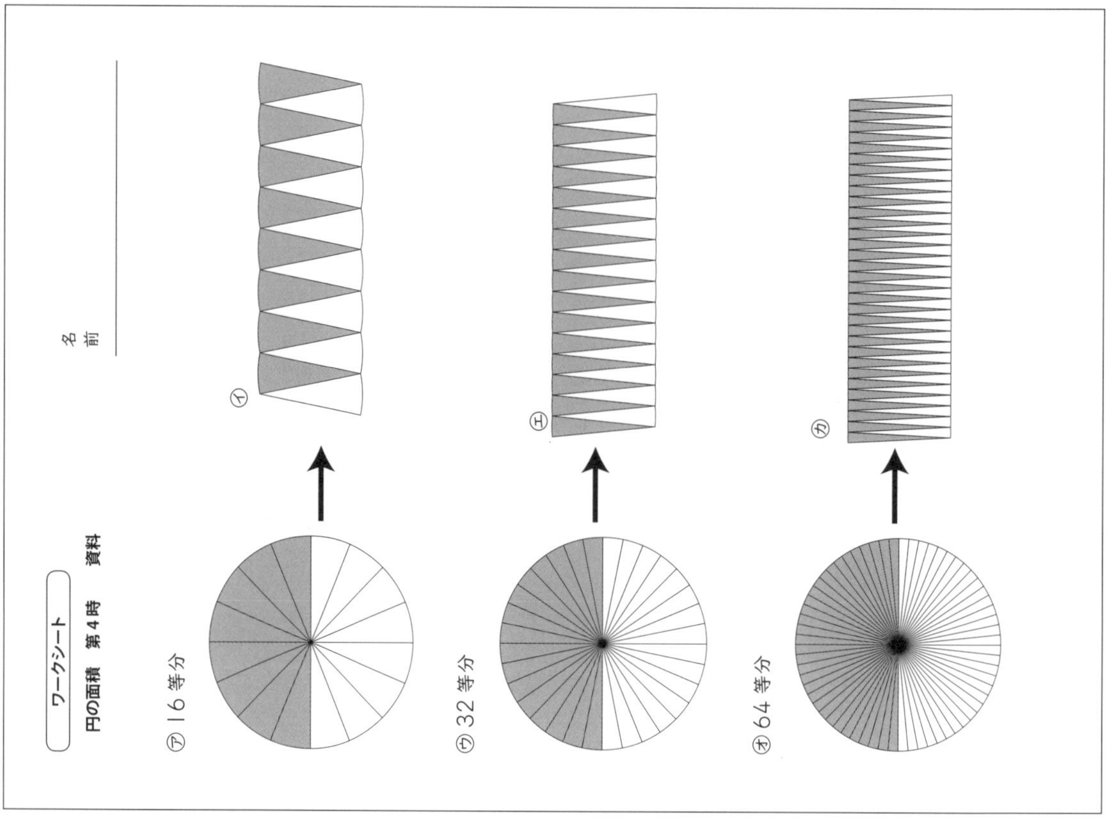

ワークシート

円の面積　第4時　資料

名前

㋐ 16等分

㋑

㋒ 32等分

㋓

㋔ 64等分

㋕

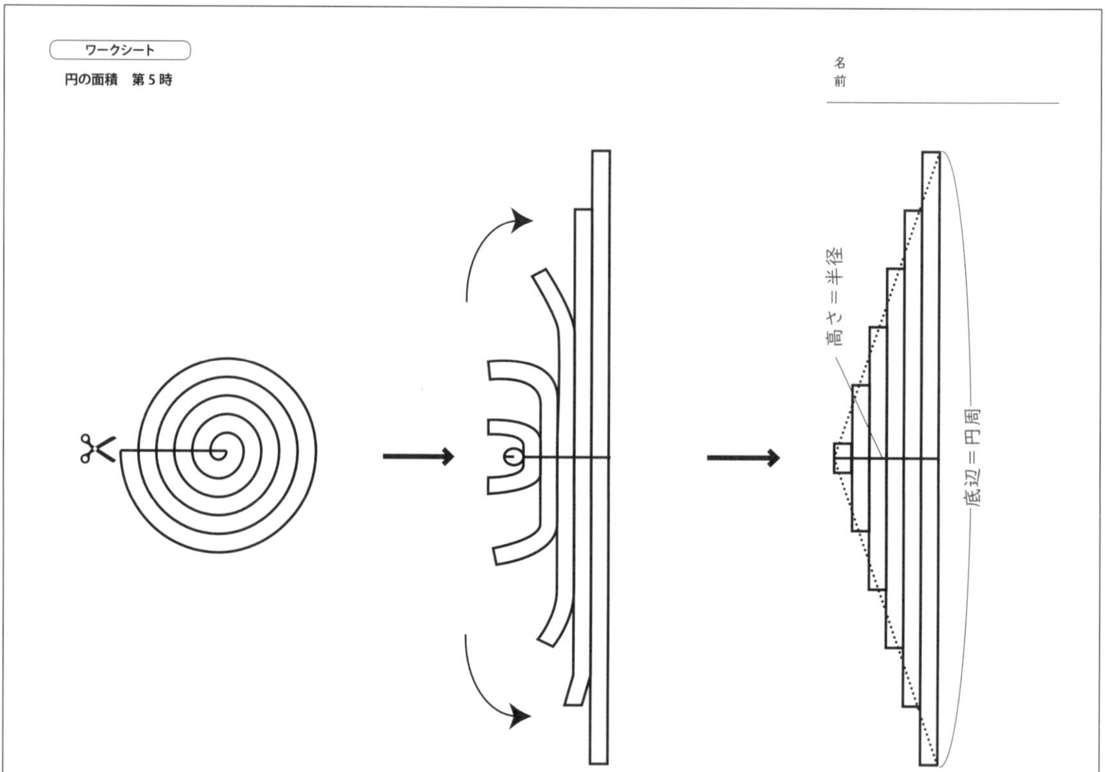

ワークシート

円の面積　第5時

名前

高さ＝半径

底辺＝円周

第４時・第８時　ふりかえりシート

ふりかえりシート

円の面積　第４時

名前

● 半径 10cm の円の面積を求めます。下の図のように円を 64 等分してならべかえて考えましょう。

10cm

64 等分

ならびかえる

㋐

(1) 円を 64 等分してならべかえた㋐の形は，長方形に近い形になっています。この長方形のたての長さは，何 cm ですか。

答え

(2) ㋐の長方形の横の長さは，円周の半分の長さです。何 cm ですか。

式

答え

(3) ㋐の長方形のたての長さと横の長さから，面積を求めましょう。

式

答え

(4) 円の面積の公式にあてはめて，上の円の面積を求めましょう。

式

答え

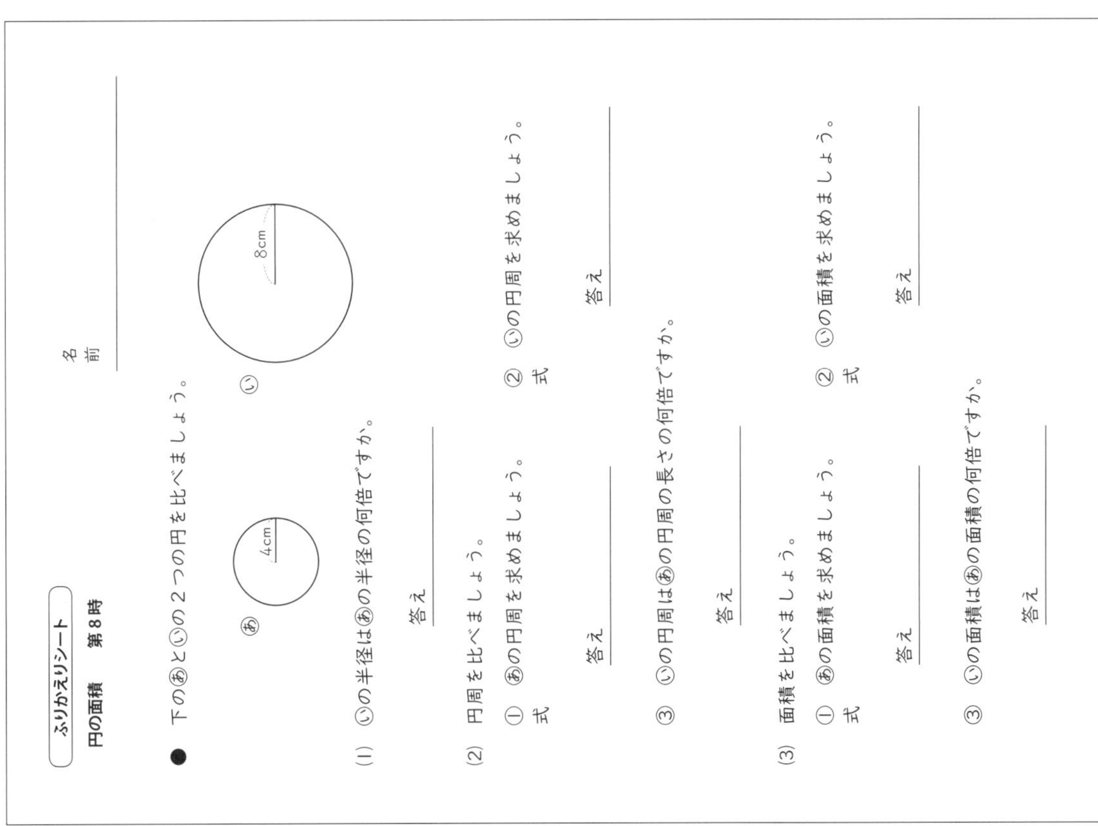

ふりかえりシート

円の面積　第８時

名前

● 下の(あ)と(い)の２つの円を比べましょう。

(あ) 4cm

(い) 8cm

(1) (い)の半径は(あ)の半径の何倍ですか。

答え

(2) 円周を比べましょう。

① (あ)の円周を求めましょう。

式

答え

② (い)の円周を求めましょう。

式

答え

③ (い)の円周は(あ)の円周の長さの何倍ですか。

答え

(3) 面積を比べましょう。

① (あ)の面積を求めましょう。

式

答え

② (い)の面積を求めましょう。

式

答え

③ (い)の面積は(あ)の面積の何倍ですか。

答え

第６時・第７時　ワークシート

ワークシート

円の面積　第６・７時

名前

（１）

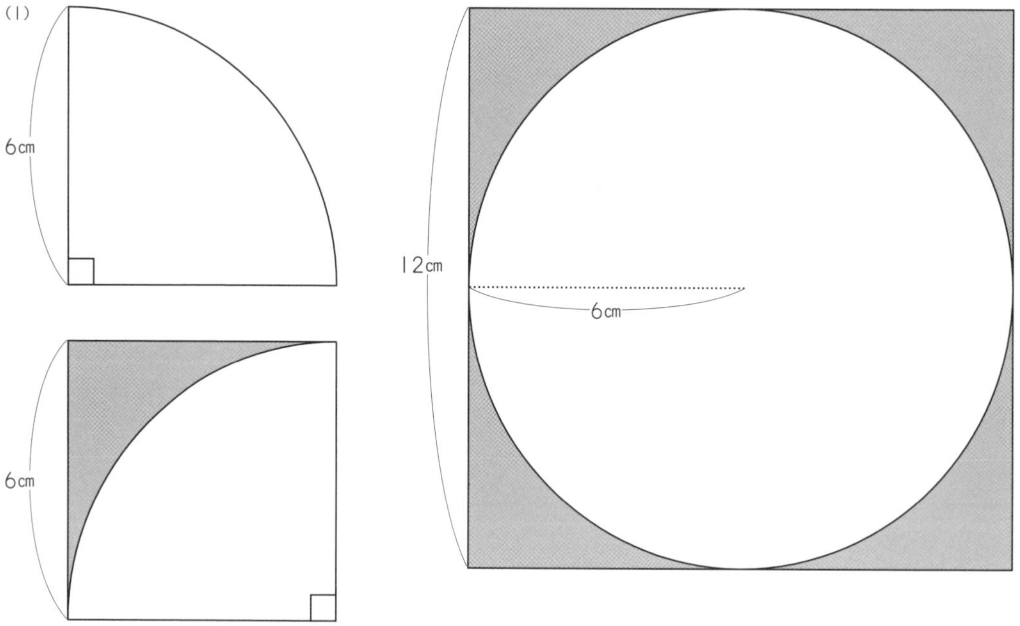

6cm

6cm

12cm

6cm

ワークシート

円の面積　第６・７時　　工夫して色のついた部分の面積を求めよう

名前

（１）

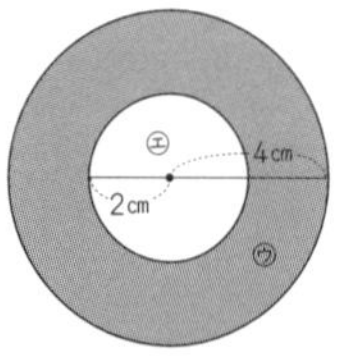

㋓ 4cm 2cm ㋒

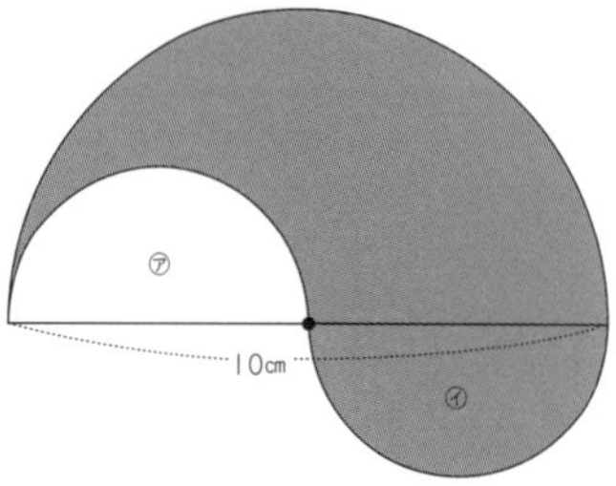

式

答え

（３）

6cm

6cm

式

答え

（２）

㋐ 10cm ㋑

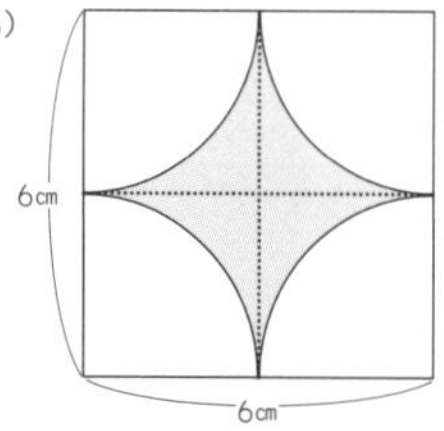

式

答え

第６時・第７時　ワークシート

ワークシート

円の面積　第６・７時　ⓘを２つの円にわけた図

名前

ⓤ

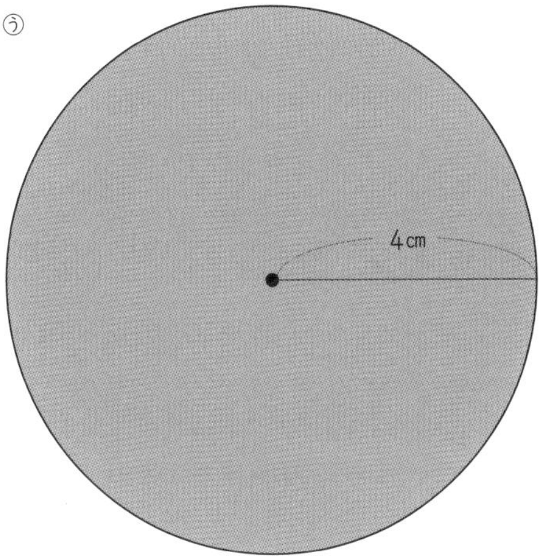

4cm

ⓔ

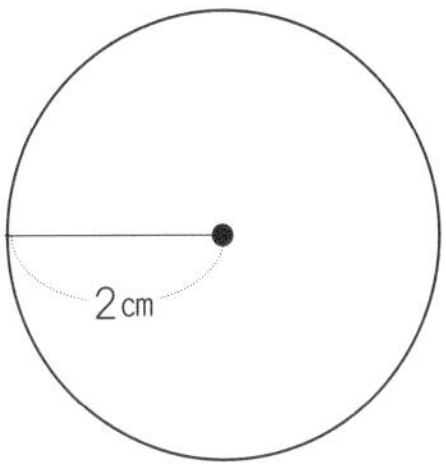

2cm

ワークシート

円の面積　第６・７時

名前

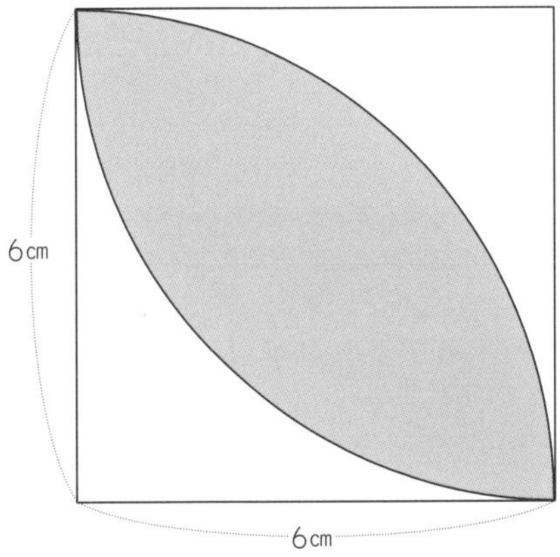

6cm

6cm

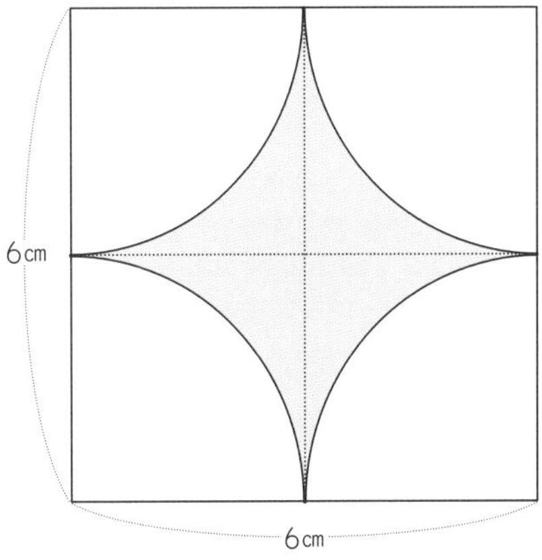

6cm

6cm

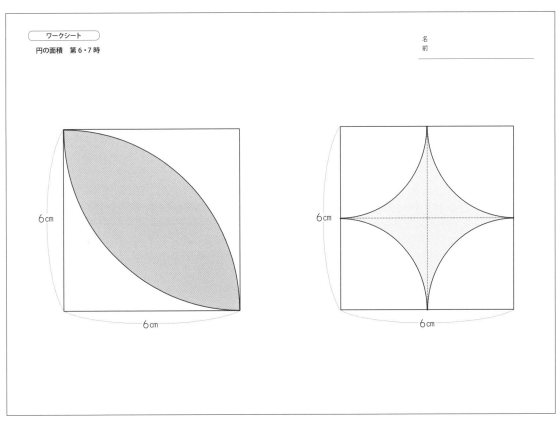

角柱と円柱の体積

全授業時数４時間

◎ 学習にあたって ◎

<この単元で大切にしたいこと>

体積を学習する上での基礎・基本は，あらゆるものには体積があり，形を変えても細かく分けても体積は変わらないという，量の保存性と加法性の認識です。それらを基にして，これまでの学習では「直方体の体積＝縦×横×高さ」という公式を $1cm^3$ の個数を前提として捉えていました。

この単元では，その視点を発展させ，底面の連続的移動で立体ができているという視点から，「角柱の体積＝底面積×高さ」という公式が成り立つことを理解し，体積が求められるように学習します。さらに，角柱でも円柱でも，柱状のものはどんなものでも同じように，「底面積×高さ」で捉えることができるという認識にまで高めます。

<数学的見方考え方と操作活動>

直方体の体積を求めるときには，$1cm^3$ の体積のいくつ分という考え方を使って求めていました。直方体の公式にある「縦×横」が底面積を求めていることと同じであると，視点を変えることで，柱状の体積を「底面積×高さ」で求められると考えるようにします。そのためには，四角柱や円柱を「底面と高さ」という要素で見ることができるように，立体模型を身近に置いておくことも必要です。また，どんな四角柱や円柱でも，向きや置き方を変えても公式が適用できるように，視覚できるものを用意しておくとよいでしょう。

<個別最適な学び・協働的な学びのために>

上記のように「縦×横×高さ」から「底面積×高さ」の公式にどのように考え方を進めていくのか，子どもたちの理解を深めるための話し合いの機会を作ります。

また，公式を適用させて複合図形の体積を求めるときには，いろいろな工夫が必要です。また，求め方にも多様な考え方があることが予想されます。最初は基本的にひとりで解決するようにします。ひとりが複数の方法で解決すると，もっと良いでしょう。そして，その解決した方法を出し合い，互いの考え方を認め合って検証し合うことで，多様な考え方の面白さに気づき，学びを深めることができます。

◎ 評　価 ◎

知識および技能	角柱や円柱の底面積や高さの意味を理解し，その体積の求め方は，「底面積×高さ」にまとめられることを理解する。 角柱や円柱の体積を，公式を用いて求めることができる。
思考力，判断力，表現力等	角柱や円柱の体積の求め方について，直方体の体積の求め方から類推できる。 角柱や円柱の体積の求め方を底面積や高さに着目した図や式を用いて考え，表現することができる。
主体的に学習に取り組む態度	身の回りにある角柱や円柱に関心を持ち，底面積や高さを考えながらその体積を調べようとする。

◎ 指導計画　4 時間 ◎

時	題	目標
1	角柱の体積の求め方	直方体 (四角柱) の体積は「底面積×高さ」で求められることが分かる。
2	いろいろな角柱の体積	いろいろな角柱の体積の求め方を考え，体積を求めることができる。
3	円柱の体積の求め方	円柱の体積の求め方を考え，体積を求めることができる。
4	複合立体の体積	複合立体の体積の求め方を考え，「底面積×高さ」で体積を求めることができる。

第1時
角柱の体積の求め方

本時の目標　直方体（四角柱）の体積は「底面積×高さ」で求められることが分かる。

板書例

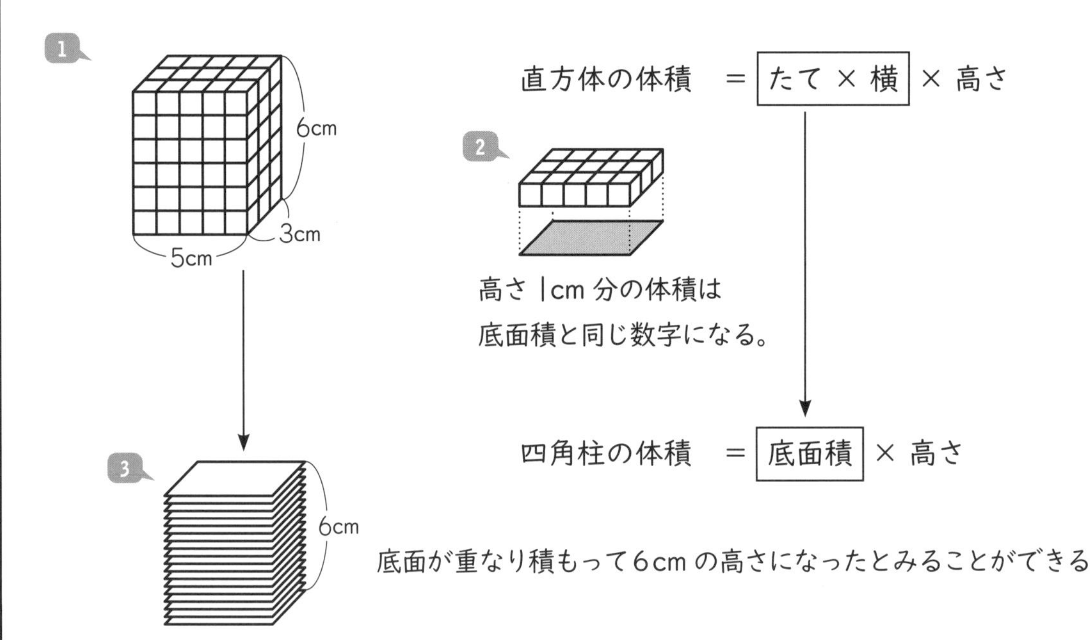

角柱の体積を求めよう
1
6cm
3cm
5cm
直方体の体積　＝ たて × 横 × 高さ
2
高さ 1cm 分の体積は
底面積と同じ数字になる。
3
6cm
四角柱の体積　＝ 底面積 × 高さ
底面が重なり積もって6cm の高さになったとみることができる

POINT　底面積が積み重なって角柱になっているイメージを持つことで，どんな角柱でも公式が適用できるようになります。

1 直方体の体積を求めよう

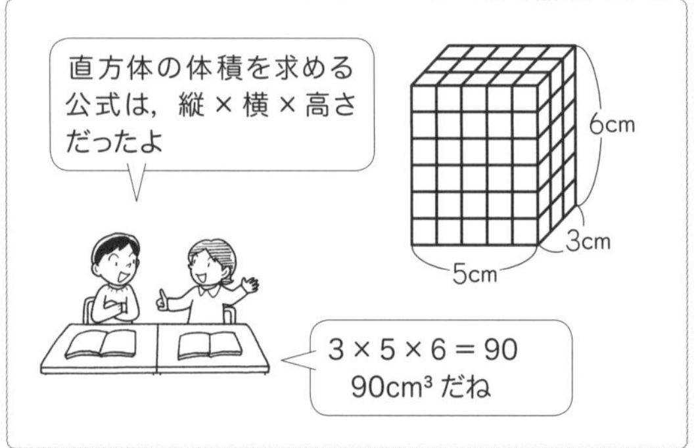

直方体の体積を求める公式は，縦 × 横 × 高さだったよ
6cm
3cm
5cm
3 × 5 × 6 = 90
90cm³ だね

T　公式を使って体積を求めましたね。体積を求める公式について説明できますか。

C　1cm³ が縦に 3 個，横に 5 個並んだものが 6 段の高さに積み重なっていると考えます。

C　いちばん下には，1cm³ が 3 × 5 ＝ 15 で 15 個あって，それが 6 段に積み重なっています。

C　1cm³ の個数は辺の長さと同じだから，縦の長さ×横の長さ×高さと 3 つの長さをかければいい。

2 四角柱の体積を求める際の縦×横は何と同じになるか考えよう

T　円全体が入る正方形の面積と比べてみましょう。

1 段目の直方体の体積は，底面の面積と数字が同じだよ
体積と面積だけど，数字が同じになるね

T　底面の面積のことを底面積といいます。直方体（四角柱）の体積は，底面積×高さと言い換えることができますね。

「直方体の体積 ＝ 底面積 × 高さ」をおさえる。

四角柱というと底面が長方形だけとは限らない。底面の形が，台形でも一般四角形でも体積を求めることができる公式だが，まだこの段階では，底面が長方形の四角柱しか扱っていないため，「直方体限定の四角柱の体積」の公式である。

準備物
・重ねる長方形の紙
QR 板書用図
QR ふりかえりシート
QR 画像「底面積×高さを調べよう」

ICT
1枚の紙を重ねていく様子を動画で撮影しておき，タブレットに保存しておく。説明時に，その動画を使いながら活動をすると，理解の手助けとなる。

まとめ　四角柱（直方体）の体積　＝底面積×高さ

4 ＜公式を使って求める＞

①
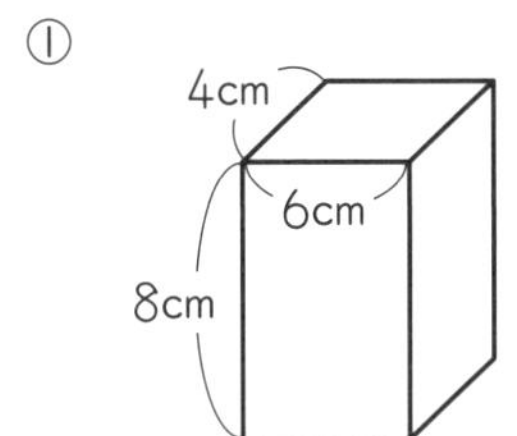

②
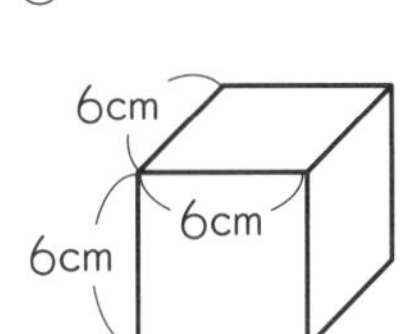

③
15cm
6cm
4cm

4 × 6 × 8
底面積

6 × 6 × 6
底面積

15 × 6 × 4
底面積

192cm³　216cm³　360cm³

3 四角柱を新たな視点でみてみよう

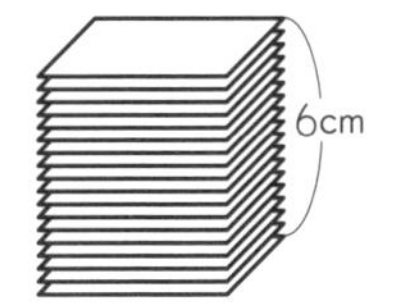

T　縦 3cm，横が 5cm の長方形の紙があります。これが積み重なって，どんどん積み重なって…まだまだ，積み重なっていっていくと何になりますか。

C　直方体（四角柱）です。

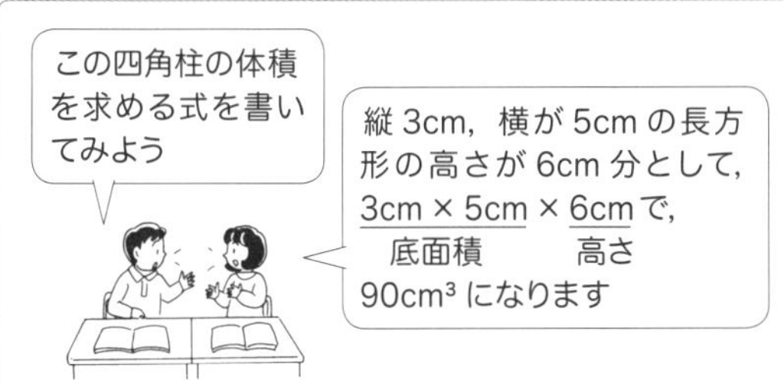

この四角柱の体積を求める式を書いてみよう
縦 3cm，横が 5cm の長方形の高さが 6cm 分として，
3cm × 5cm × 6cm で，
底面積　高さ
90cm³ になります

正確にいうと薄い用紙にも厚さがありますから，面が積もったのとは少し違いますが，子どもは底面が連続して積もっていく様子を見ることで，底面積×高さというイメージを持つことができます。（画像が活用できる。）

4 公式を使って四角柱の体積を求めよう

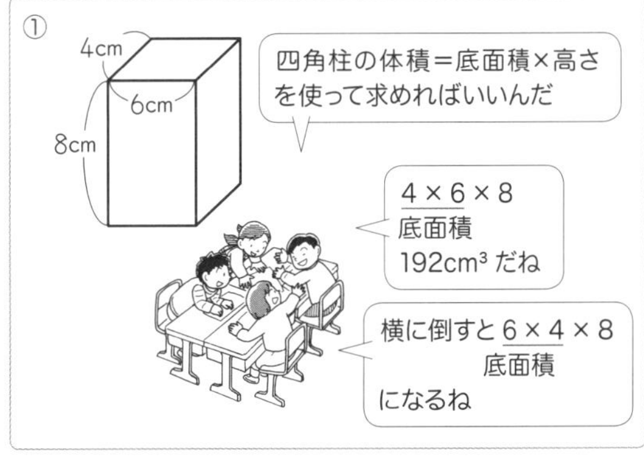

①
4cm
6cm
8cm
四角柱の体積＝底面積×高さを使って求めればいいんだ
4 × 6 × 8
底面積
192cm³ だね
横に倒すと 6 × 4 × 8
底面積
になるね

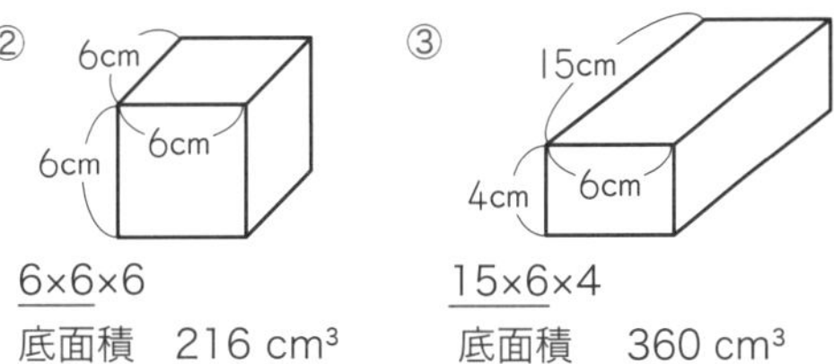

6×6×6
底面積　216 cm³

15×6×4
底面積　360 cm³

ふりかえりシートが活用できる。

第2時
いろいろな角柱の体積

本時の目標　いろいろな角柱の体積の求め方を考え，体積を求めることができる。

板書例

角柱の体積の求め方を考えよう

1

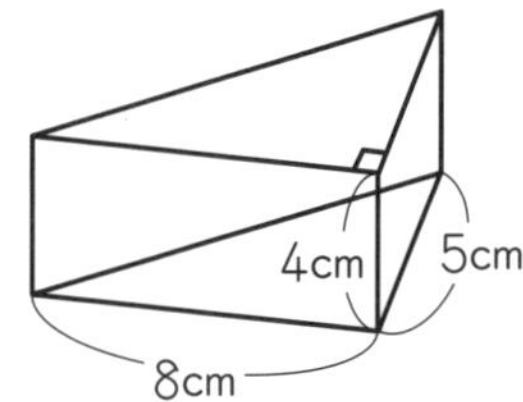

2　<２つ合わせると直方体>

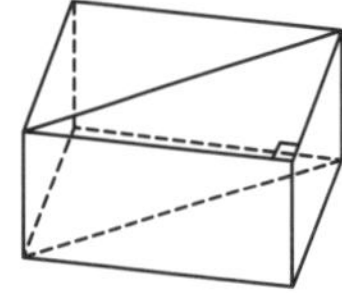

四角柱の体積　8 × 5 × 4 = 160
その半分　160 ÷ 2 = 80
80cm³

<底面が積み重なって>

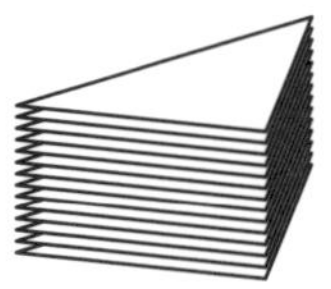

底面積は　8 × 5 ÷ 2 = 20
底面積×高さで　20 × 4 = 80
80cm³

(8 × 5 × 4) ÷ 2 = (8 × 5 ÷ 2) × 4

POINT　どんな角柱でも底面が積もり重なってできているというイメージで，「底面積×高さ」で体積が求められるようにしましょう。

1　三角柱の体積の求め方を考えよう

C　どんな方法で求めますか？解決の見通しをもちましょう。

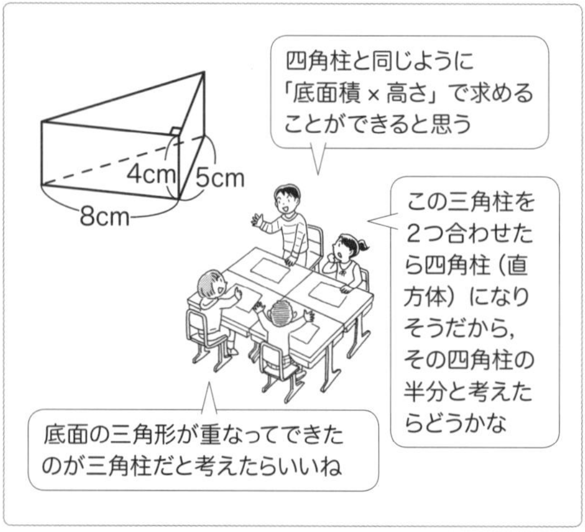

4cm
5cm
8cm
四角柱と同じように「底面積 × 高さ」で求めることができると思う
この三角柱を2つ合わせたら四角柱（直方体）になりそうだから，その四角柱の半分と考えたらどうかな
底面の三角形が重なってできたのが三角柱だと考えたらいいね

底面が直角三角形になっている三角柱を２つ合わせたら四角柱（直方体）になることがよく分かるように，工作用紙で三角柱を２つ作っておいて見せると，どの子も納得できる。

2　同じ三角形の紙を積み重ねてみよう

三角形の用紙が積み重なる様子を見せながら

T　底面積 20cm² の三角形が 4cm 分積み重なると三角柱ができますね。（画像を参照）

底面の三角形が積み重なって三角柱ができている。
底面積は 8 × 5 ÷ 2 = 20　20cm²
「底面積 × 高さ」で考えて
20 × 4 = 80　80cm³ です。

三角柱が2つで四角柱になることから三角柱の体積を求めました。
四角柱の体積
8 × 5 × 4 = 160
その半分だから
160 ÷ 2 = 80　80cm³ です。

C 「底面積×高さ」の１つの式　(8 × 5 ÷ 2) × 4
C 「四角柱の半分」の１つの式　(8 × 5 × 4) ÷ 2

準備物	・重ねる三角形の紙 QR 板書用図 QR ふりかえりシート QR 画像「底面積×高さを調べよう」(三角柱)	ICT	デジタル教科書を使用し，角柱を様々な角度から見て，どこが底面となり，どこが高さとなるのかを判断する力をつけていきたい。

3 <底面が平行四辺形の四角柱>

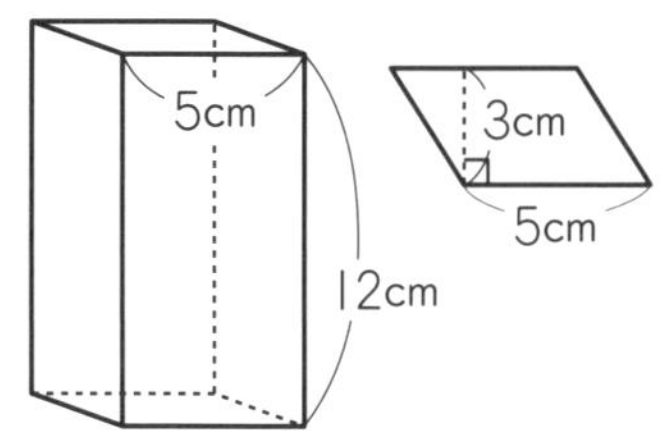

$\underline{5 \times 3} \times 12 = 180$
底面積

180cm³

まとめ どんな角柱でも体積を求めるのに次の公式が使える。
角柱の体積＝底面積×高さ

4 <角柱の体積を求める練習>

①

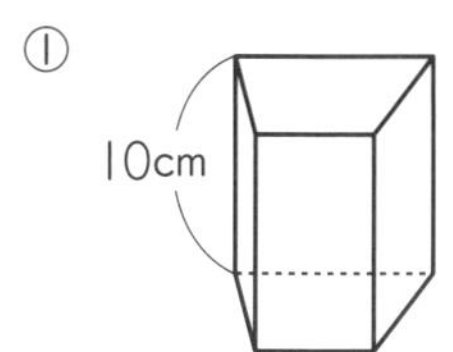

②

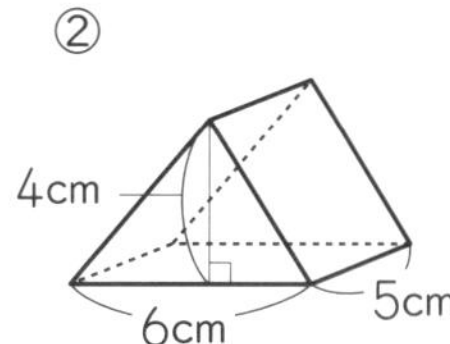

③

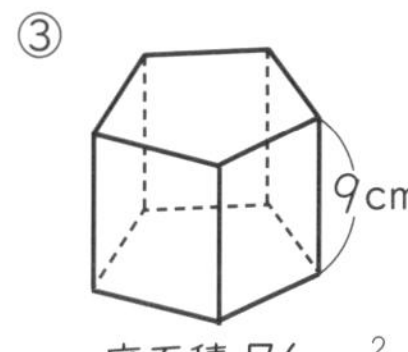

3 底面が平行四辺形の角柱の体積を求めよう

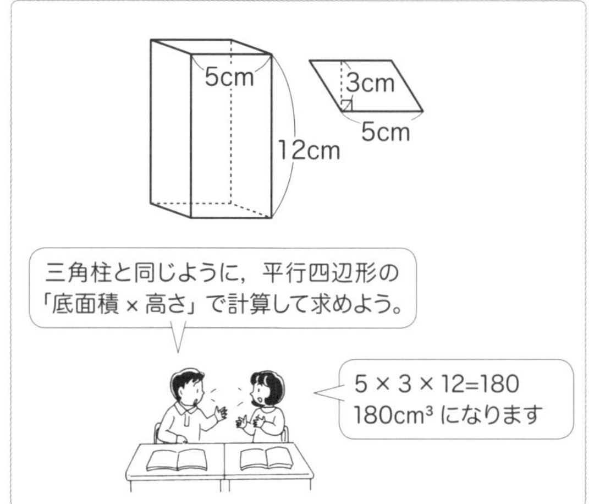

5cm
3cm
5cm
12cm
三角柱と同じように，平行四辺形の「底面積 × 高さ」で計算して求めよう。
5 × 3 × 12=180
180cm³ になります

C　底面が平行四辺形の角柱も「底面積×高さ」で体積を求めることができました。

「角柱の体積＝底面積×高さ」という公式をあてはめて考えれば良いことを確認し，学習のまとめをする。

4 公式を使って体積を求める練習をしよう

T　次の角柱の体積を求めましょう。

① 底面が台形
(5+3)×4 ÷ 2×10
160 cm³

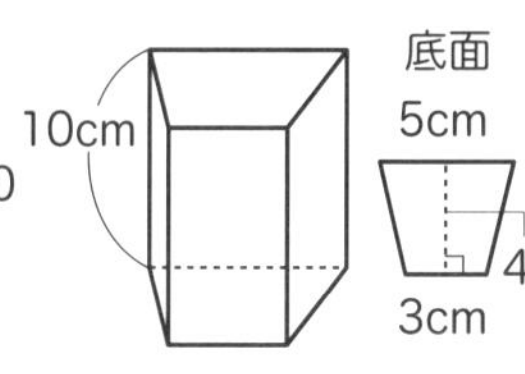

② 底面はどこになるか
6×4÷2×5 = 60
60 cm³

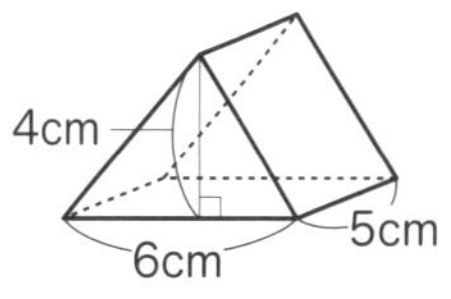

② 五角柱の体積
76 × 9 = 684
684 cm³

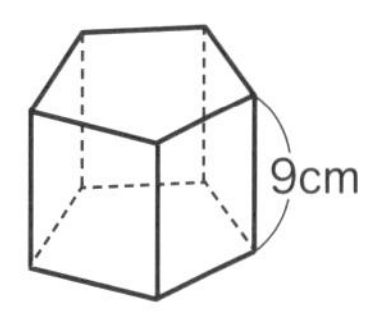

底面積 76cm²

ふりかえりシートが活用できる。

第 3 時

円柱の体積の求め方

本時の目標　円柱の体積の求め方を考え，体積を求めることができる。

板書例

円柱の体積を求めよう

1

5cm

8cm

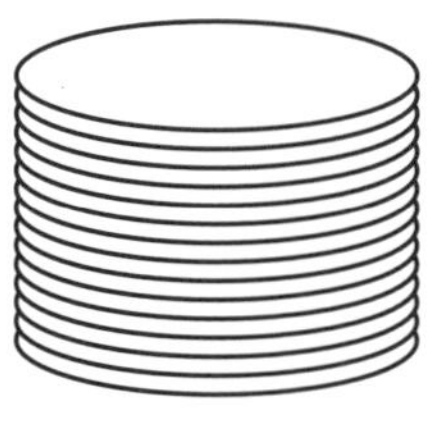

直径 8cm の円が積み重なっていると考えられる

底面の円の面積＝半径×半径× 3.14

4 × 4 × 3.14 = 50.24

体積は底面積×高さ

50.24 × 5 = 251.2　　251.2cm³

2　＜横になっている円柱＞

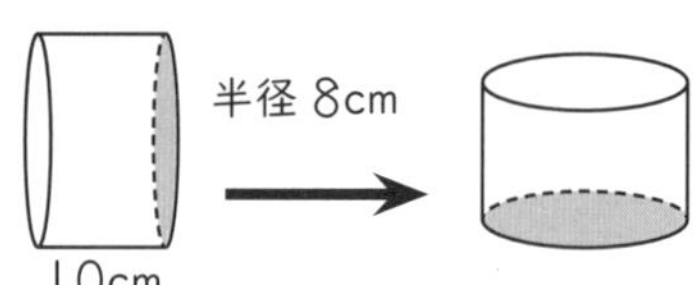

8 × 8 × 3.14 × 10 = 2009.6

2009.6cm³

置き方を変えればいい

POINT 円が積み重なって円柱ができていると考えることから，円柱も角柱と同じように，「底面積×高さ」で求められることが

1 円柱の体積の求め方を考えよう

T　下のような円柱の体積はどのように求めたらいいと思いますか。

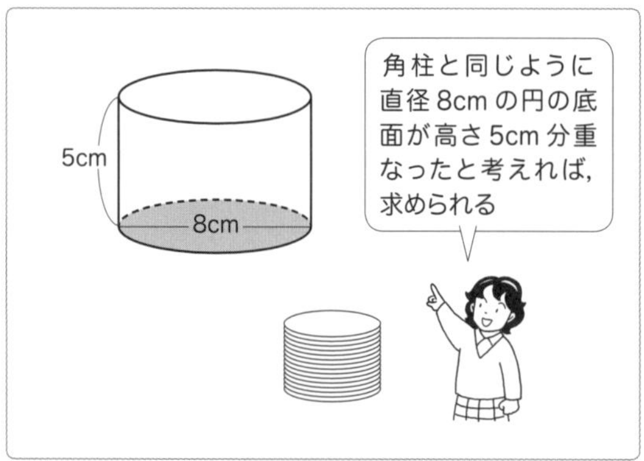

5cm
8cm
角柱と同じように直径 8cm の円の底面が高さ 5cm 分重なったと考えれば，求められる

T　では，円柱の体積を求めてみましょう。

C　底面積は円の面積　半径×半径× 3.14 だから
4 × 4 × 3.14 ＝ 50.24　　円柱の高さをかけて
50.24 × 5 ＝ 251.2　　251.2cm³

C　円柱の体積も「底面積×高さ」で求められます。

2 立体の体積の求め方で共通していることを話し合おう

角柱の底面は四角形や三角形などいろいろあったけど，「底面積 × 高さ」で求められる

角柱も円柱もどちらも底面の面積が積もり重なっていると考えられる

立体の体積は，角柱でも円柱でも「底面積 × 高さ」で求められることがわかりました

T　右のような立体の体積も求めることはできますか。

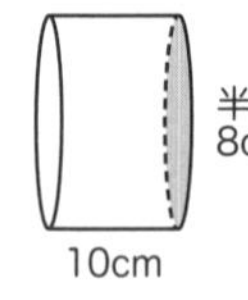

C　円柱が横になっている。
起こして円柱にすればいい。

C　8 × 8 × 3.14 × 10　　2009.6cm³

準備物

QR 板書用図
QR ふりかえりシート

ICT

身の回りにある円柱形のものを撮影しておき，練習問題として提示する。その際，長さなどは教師が考えて記入しておく。実際の正確な測定値でなくてもよい。

まとめ　円柱の体積＝底面積×高さ　角柱も円柱も同じ公式になる

3 <公式を使って>

(1)

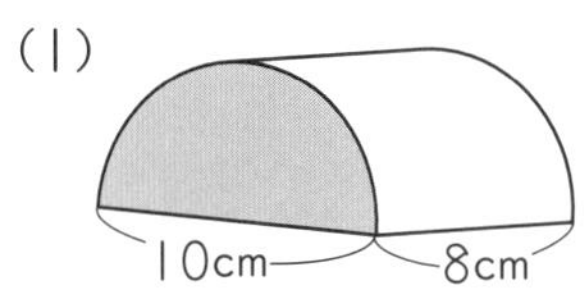

$5 \times 5 \times 3.14 \times 8 = 628$
$628 \div 2 = 314$
$314cm^3$

$5 \times 5 \times 3.14 \div 2 \times 8 = 314$
$314cm^3$

(2)

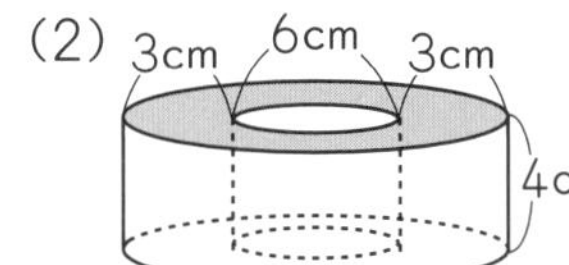

$6 \times 6 \times 3.14 \times 4 = 452.16$
$3 \times 3 \times 3.14 \times 4 = 113.04$
$452.16 - 113.04 = 339.12$
$339.12cm^3$

$6 \times 6 \times 3.14 - 3 \times 3 \times 3.14 = 84.78$
$84.78 \times 4 = 339.12$
$339.12cm^3$

4 <身の回りにある円柱の体積>

1 円玉

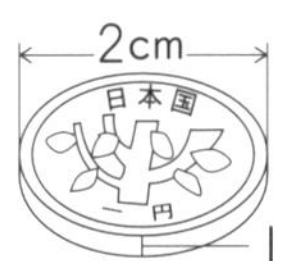

$1 \times 1 \times 3.14 \times 0.15 = 0.471$
$0.471cm^3$

実感できるようにしましょう。

3 円柱を求める公式を使って問題を解こう

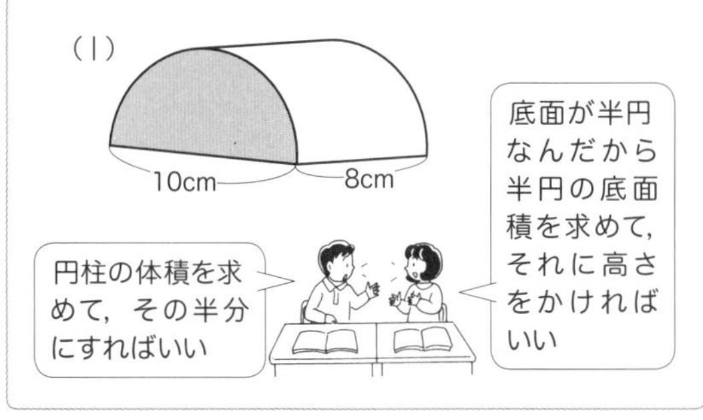

底面が半円なんだから半円の底面積を求めて，それに高さをかければいい

C　まず，底面が半径 6cm の円柱の体積を求めて，穴の部分をひけばいい。

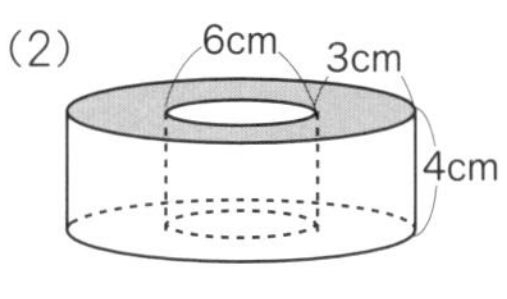

C　底面積は半径 6cm の円の面積から半径 3cm の円の面積をひけば求められる。そして，「底面積×高さ」で求める。

どちらの考え方で解決しても良いが，両方の考え方を理解できるようにしたい。

4 身の回りにある円柱の体積を求めよう

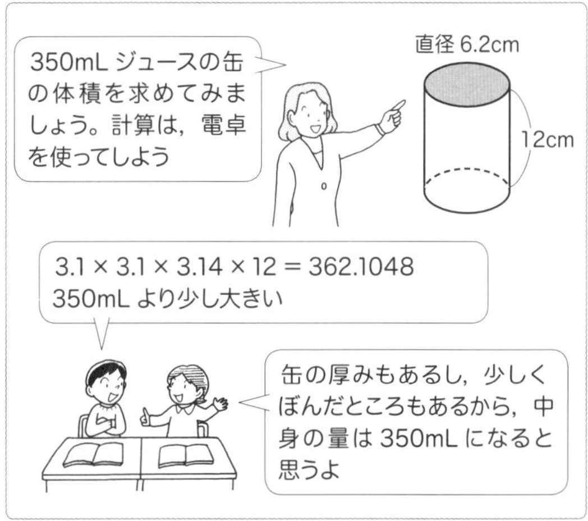

350mL ジュースの缶の体積を求めてみましょう。計算は，電卓を使ってしよう
直径 6.2cm
12cm
3.1 × 3.1 × 3.14 × 12 = 362.1048
350mL より少し大きい
缶の厚みもあるし，少しくぼんだところもあるから，中身の量は 350mL になると思うよ

T　1 円玉も円柱です。体積を求めてみましょう。
C　単位を cm に揃えて計算しよう。

ふりかえりシートが活用できる。

第4時

複合立体の体積

本時の目標　複合立体の体積の求め方を考え，「底面積×高さ」で体積を求めることができる。

板書例

体積の求め方を考えよう

1

2

式　$3 \times 4 \times 5 = 60$
$3 \times 5 \times 2 = 30$
$60 + 30 = 90$

90cm³

式　$3 \times 9 \times 5 = 135$
$3 \times 5 \times 3 = 45$
$135 - 45 = 90$

90cm³

式　$5 \times 4 + 2 \times 5 = 30$
$30 \times 3 = 90$

90cm³

㋐
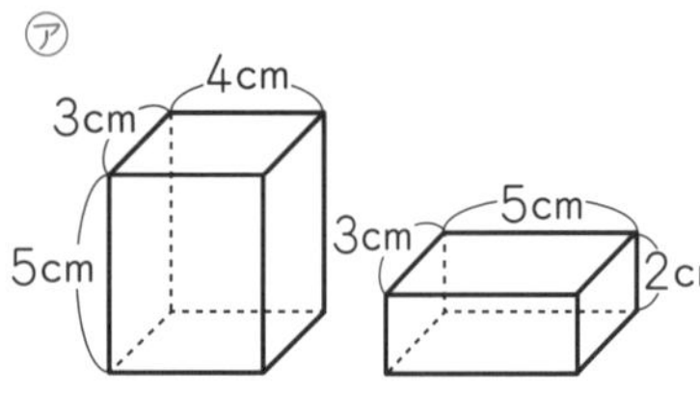

㋑
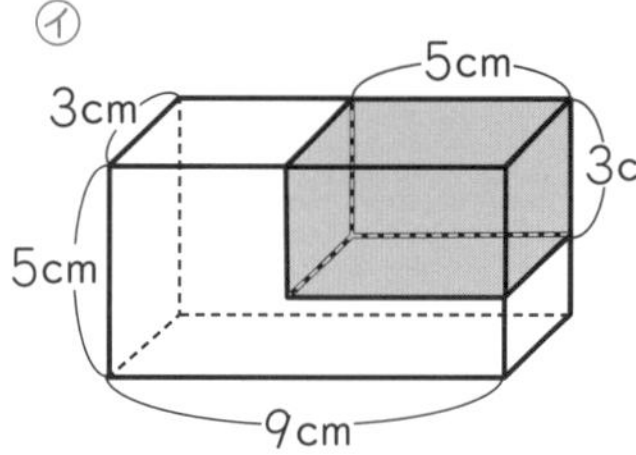

㋒
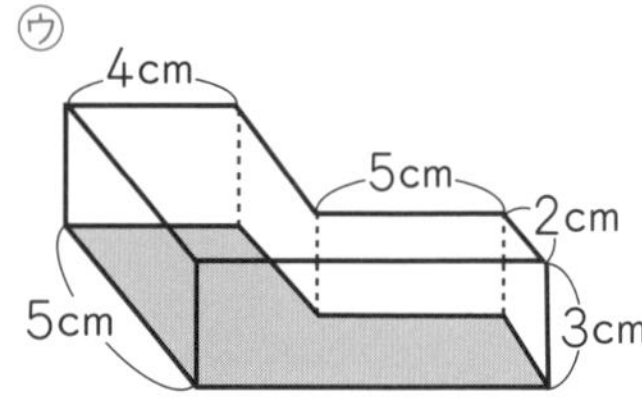

POINT　5年生では直方体を合わせたものとして体積を求めていたが，立体の置き方を変えて捉えることで「底面積×高さ」で

1　次のような立体の体積を，いろんな方法で求めてみよう

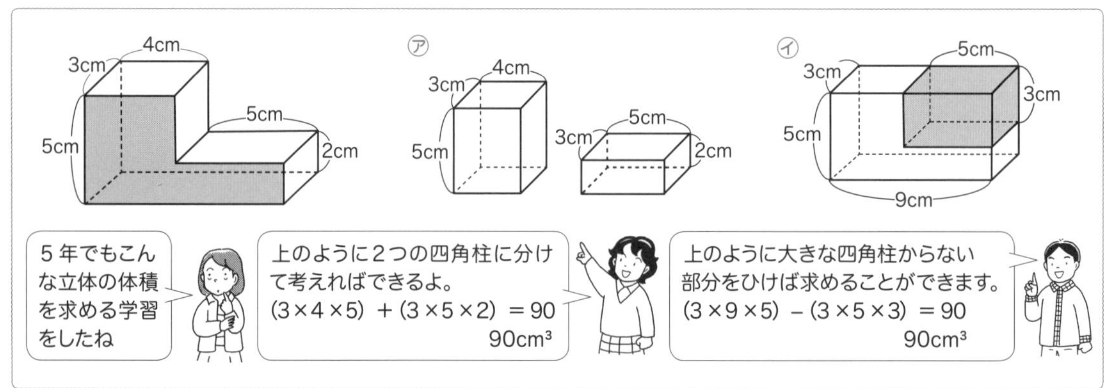

4cm
3cm
5cm
5cm
2cm
㋐
4cm
3cm
5cm
3cm
5cm
2cm
㋑
5cm
3cm
3cm
5cm
9cm
5年でもこんな立体の体積を求める学習をしたね
上のように2つの四角柱に分けて考えればできるよ。
(3×4×5) ＋(3×5×2) ＝90
90cm³
上のように大きな四角柱からない部分をひけば求めることができます。
(3×9×5) －(3×5×3) ＝90
90cm³

C　「底面積×高さ」の公式を使った求め方はできないかな。

C　右のように置き方を変えれば，上下の向かい合った面は，合同で平行になっているね。

㋒
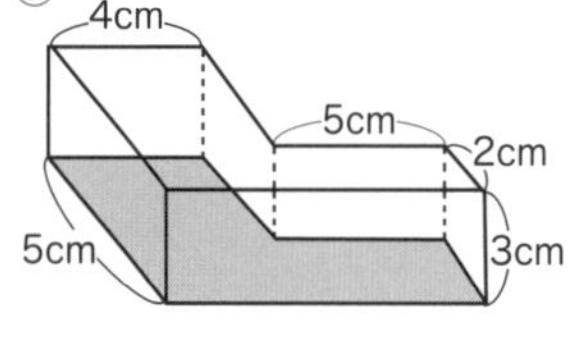

C　底面積
$5 \times 4 + 2 \times 5 = 30$
底面積×高さ
$30 \times 3 = 90$
90cm³

1つの方法で解決できたら，他の方法も考えるようにさせたい。

準備物	QR 板書用図 QR ふりかえりシート	ICT	求めたい複合図形の図をタブレットの1枚のシートに貼り付けて，子ども1人1人に送信しておく。そこに考えを書き込み，全員で共有しながら話し合いを進める。

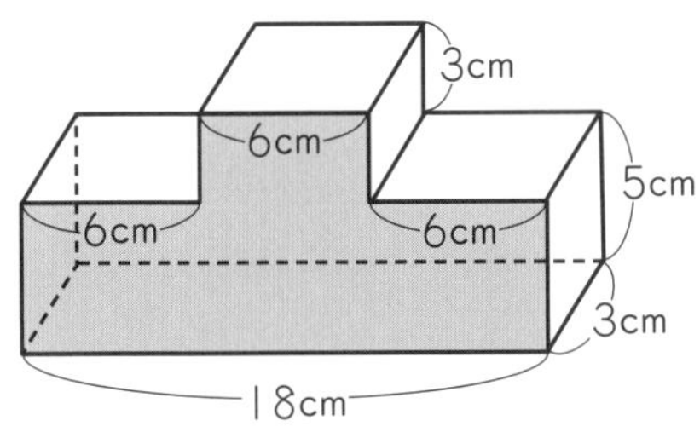

底面積
$5 \times 18 + 3 \times 6 = 108$　　または　　$6 \times 5 \times 2 + 6 \times (5 + 3) = 108$

底面積×高さ
$108 \times 3 = 324$　　　324cm^3

まとめ　複雑な立体も置き方を変えて，角柱のように見れば，「底面積×高さ」の公式で求めることができる。

求められる面白さに気づくことでしょう。これまでの解決方法も大切にしましょう。

2 3人の式を見て，どのように考えたのか話し合おう

黒板には㋐㋑㋒のそれぞれの式だけを書いておく。

T　㋐㋑㋒の式を見て，それぞれの考え方がわかりますか。

㋐は2つの四角柱に分けて体積を求めてから合わせています

（㋐の図を黒板に貼る。）

㋑は，赤いところも含めた大きな四角柱の体積から，ない四角柱の体積をひいています

（㋑の図を黒板に貼る。）

㋒は置き方を変えて，角柱や円柱のようにに柱になっていると考えて，体積を求めています

（㋒の図を黒板に貼る。）

黒板には㋐㋑㋒のそれぞれの式だけを書いておく。

T　底面がどんな形でも柱状になっていたら，「底面積×高さ」で求めることができますね。

3 次の立体を「底面積×高さ」で求めよう

図だけではイメージできない子もいる。底面積×高さで考えるとき，立体を動かしてみると納得できる場合は多い。

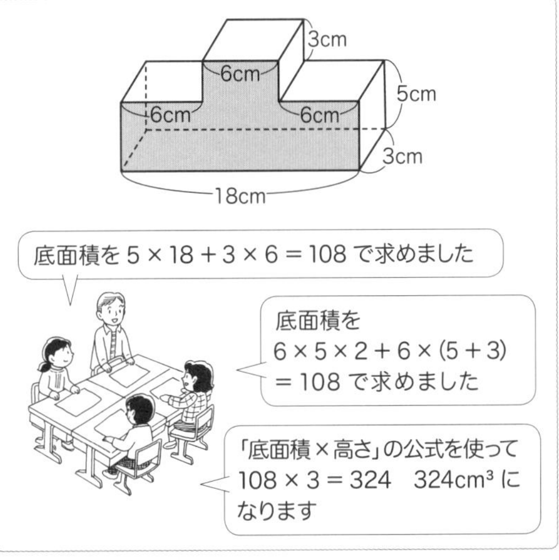

3cm
6cm
5cm
6cm
6cm
3cm
18cm
底面積を 5 × 18 + 3 × 6 = 108 で求めました
底面積を 6 × 5 × 2 + 6 × (5 + 3) = 108 で求めました
「底面積 × 高さ」の公式を使って 108 × 3 = 324　324cm³ になります

学習のまとめをする。
ふりかえりシートが活用できる。

第１時・第２時　ふりかえりシート

ふりかえりシート

角柱と円柱の体積　　第１時

名前

□1 下の四角柱の体積の求め方を考えます。

① （　　）にあてはまることばを下の［　　］から選んで書きましょう。

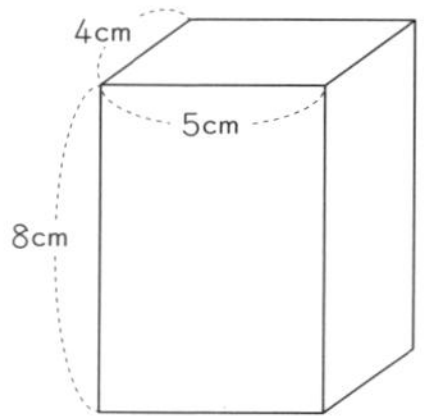

四角柱の体積は，直方体の公式を使って求めます。

直方体の体積を求める公式は，
（　　　　）×（　　　　）×高さ

たて×横は，四角柱の底面積ですから
四角柱の体積を求める公式は，
（　　　　）×（　　　　）　ともいえます。

たて　　横　　高さ　　底面積

4cm　5cm　8cm

② 公式にあてはめて，上の四角柱の体積を求めましょう。

式

答え

□2 下の四角柱の体積を求めましょう。

① 8cm　6cm　10cm

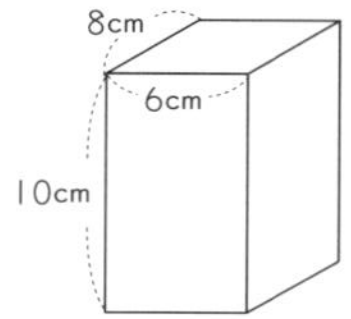

式

答え

② 立方体　8cm　8cm　8cm

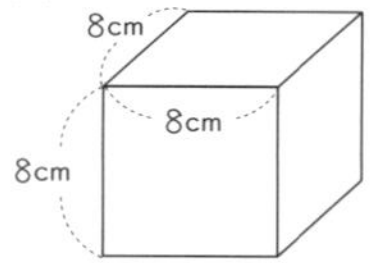

式

答え

ふりかえりシート

角柱と円柱の体積　　第２時

名前

●下の立体の体積を求めましょう。

① 5cm　12cm　2cm

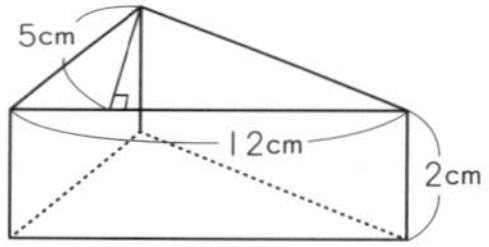

式

答え

② 6cm　4cm　8cm　15cm

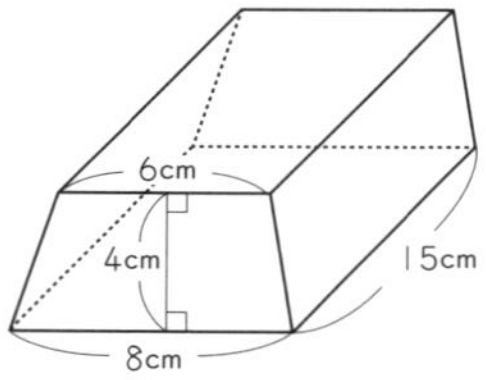

式

答え

③ 10cm

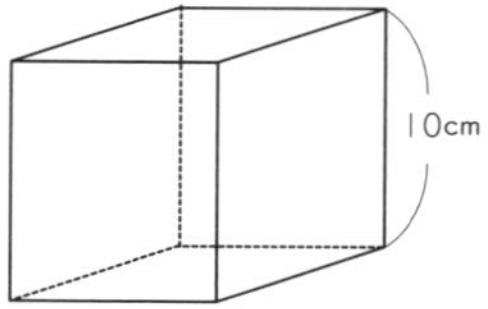

底面（ひし形）　4cm　9cm

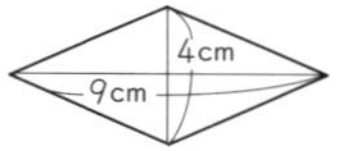

式

答え

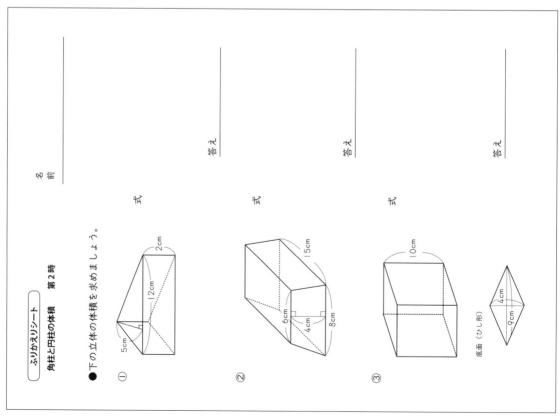

第３時・第４時　ふりかえりシート

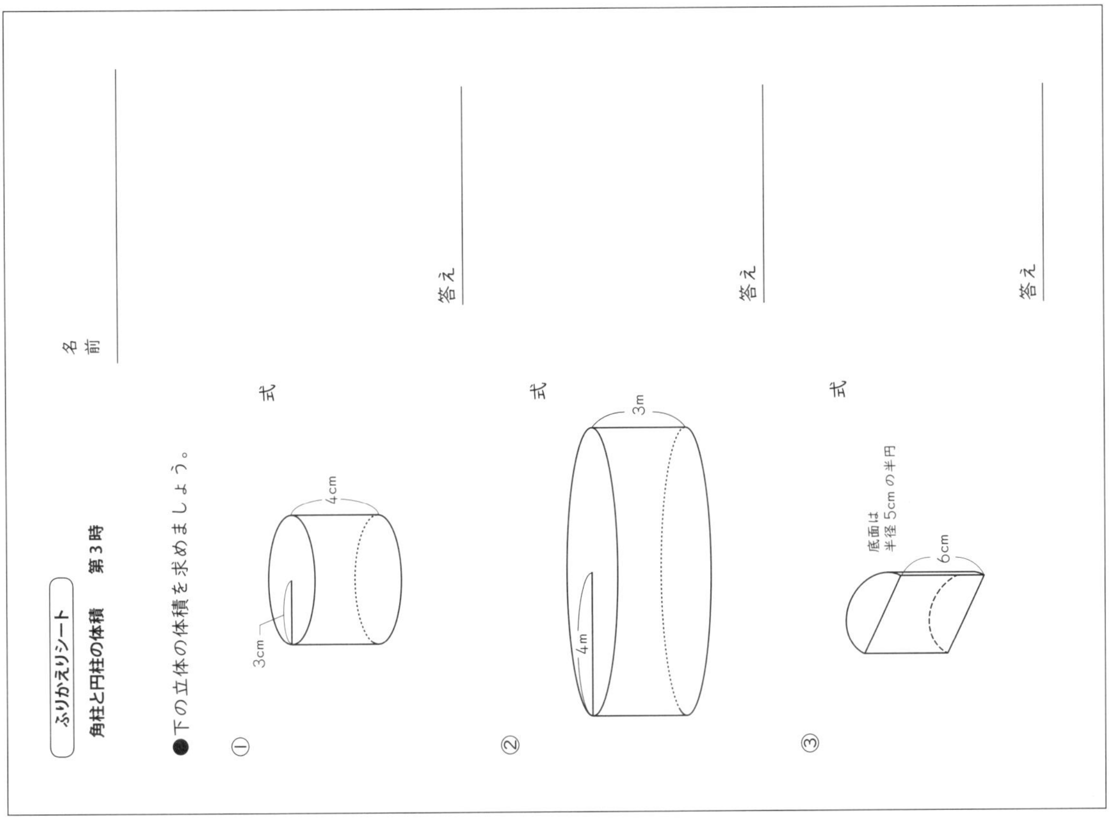

ふりかえりシート

角柱と円柱の体積　第３時

名前

●下の立体の体積を求めましょう。

①

3cm
4cm

式

答え

②

4m
3m

式

答え

③

底面は
半径 5cm の半円

6cm

式

答え

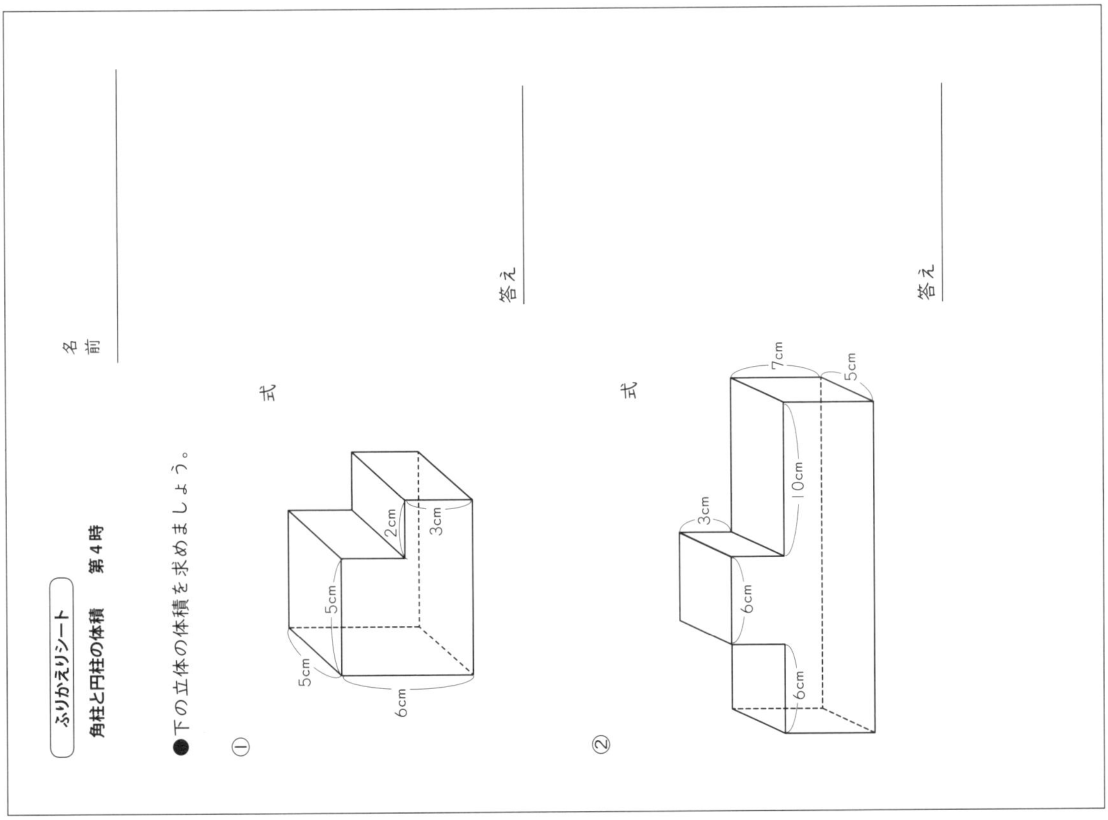

ふりかえりシート

角柱と円柱の体積　第４時

名前

●下の立体の体積を求めましょう。

①

5cm
5cm
6cm
2cm
3cm

式

答え

②

3cm
6cm
7cm
6cm
10cm
5cm

式

答え

およその面積と体積

全授業時数３時間

◎ 学習にあたって ◎

＜この単元で大切にしたいこと＞

これまで面積や体積を求める学習をしてきましたが，身の回りにある図形は基本的な図形ばかりではありません。それでも，身の回りにある図形の面積や体積をどうにかして求めようと考えることが，本単元の大切なねらいです。

身の回りにある図形の面積や体積を求めるためには，様々な既習事項を生かします。対象とする図形を，これまでに学習して求積できるようになった三角形や四角形に見立ててとらえたり，それらの図形に分割した形としてとらえたりすることで，およその数値を求めることが可能になります。身の回りにある図形が基本的な図形でなくても，概形（おおよその形）にとらえることで面積や体積を求めることができるます。工夫して考えることを大切にして学習を進めます。

扱う素材は，教科書によって違いがあります。必ずこの素材を扱わなくてはいけないというものはないようです。上記のことをふまえ，何よりも児童の興味や関心を考えて単元を構成するといいでしょう。教師が自主的に編成できる単元です。

＜数学的見方考え方と操作活動＞

求めようとする面積や体積を既習の基本的な図形に見立てることで，見通しをもって考えることができるようになります。このように，およそで物事をとらえて解決する力は身の回りの事象と算数をつなぎ，算数を活用して身近なことを解決していこうとする力量と態度を養うことになります。

＜個別最適な学び・協働的な学びのために＞

まず，解決の見通しをもつためには，測定の対象とする図形をどの基本的な図形に見立てるのか，または分割して考えるのか判断する必要があります。個人で考えることも大切にし，その考えの交流もできるようにしましょう。長さが示されていない場合は，およその面積や体積を求める前に，およその長さをどうとらえるのかも重要です。およその面積や体積を求めたら，その求め方や結果についても交流します。

また，もっと正確に求めたいと考える子もいるでしょう。身の回りにある面積や体積，容積をもっと調べたいと思う子もいるでしょう。そのような学びを深める子どもたちの意欲も支援していきましょう。

◎ 評　価 ◎

知識および技能	身の回りにあるものの形について，その概形をとらえて，およその面積や体積を求めることができる。
思考力，判断力，表現力等	身の回りにあるものの形について，既習の基本図形を使ったり，概形をとらえたりして，およその面積や体積の求め方を工夫することができる。
主体的に学習に取り組む態度	身の回りにあるものの面積や体積に関心をもち，その概形をとらえ既習事項を活用しておよその面積や体積の求め方を工夫しようとする。

◎ 指導計画　3時間 ◎

時	題	目標
1	自分の手のひらの面積	自分の手のひらのおよその面積を方眼の数で求めたり，手の形を概形でとらえて公式を適用して求めたりすることができる。
2	島の面積	日本にある島を概形でとらえ，公式を使って，およその面積を求めることができる。
やってみよう	海面上昇で沈む面積	地球温暖化で海面が上昇し，海に沈む面積を概形でとらえて，およその面積を求めることができる。
3	バッグの容積	身の回りにある不定形の入れ物の概形をとらえて，およその容積を公式を使って求めることができる。

第1時

自分の手のひらの面積

本時の目標　自分の手のひらのおよその面積を方眼の数で求めたり，手の形を概形でとらえて公式を適用して求めたりすることができる。

板書例

自分の手のひらの面積を求めよう

1 <方眼で求める>

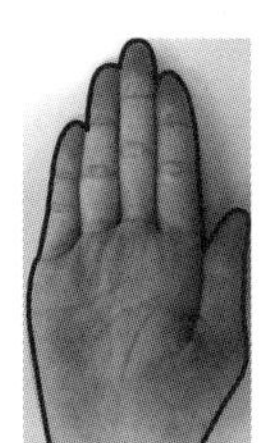

↓

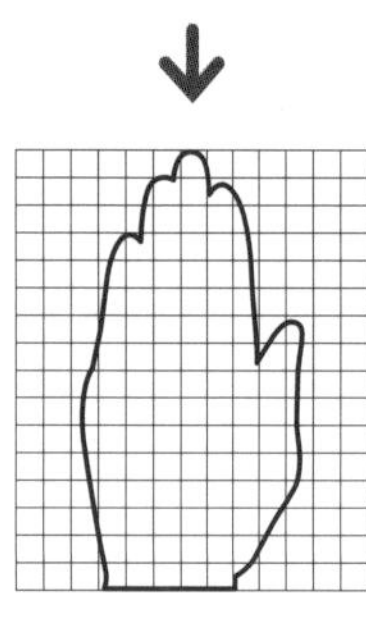

2 【$1cm^2$ のいくつ分か】

$1cm^2$ は 75 こ

はんぱなマスは 39 こ

$\frac{1}{2} \times 39 = 19.5$

$75 + 19.5 = 94.5$

約 $94.5cm^2$

3 <およその形で求める>

【長方形】

例

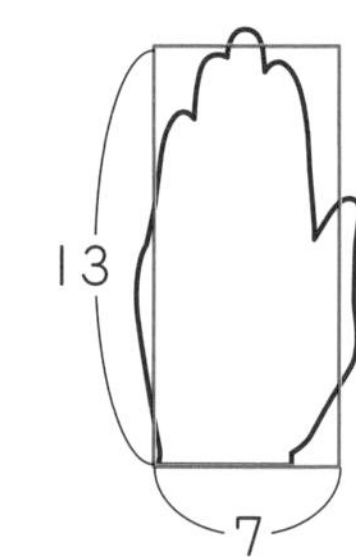

$13 \times 7 = 91$

約 $91cm^2$

POINT 卒業前に自分の手をじっくりと見つめて，算数の舞台に乗せて数字で表してみることには意義があります。思い出に残る

1 手のひらの面積を予想して，求め方を考えよう

T　自分の手のひらの面積を予想してみよう。そして，工夫して面積を求める方法を考えてみましょう。

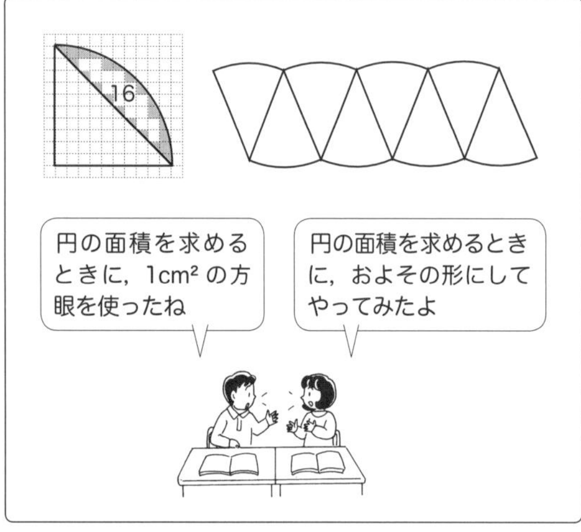

16
円の面積を求めるときに，1cm² の方眼を使ったね
円の面積を求めるときに，およその形にしてやってみたよ

T　二通りの方法でやってみましょう。

2 方眼に自分の手を写して面積を求めよう

1cm² の方眼紙の上に自分の手を置き，鉛筆で輪郭をなぞる。

T　円の面積を求めたときにどうしましたか。

C　1cm² がきちんと含まれるマスと半端になるマスに分けました。

C　半端なのは 2 つで 1cm² としました。

【例】

1cm² は 75 個　で 75cm²

半端は 39 個　$\frac{1}{2} \times 39 = 19.5$

合わせる　$75 + 19.5 = 94.5$　約 94.5cm²

1cm² ぴったりのマスと半端なマスを色分けするなどの工夫をしている子がいれば，全体にも紹介する。

できたら，グループで比べたり，話し合ったりする。

準備物	・方眼紙 ・ものさし QR 板書用図 QR ふりかえりシート	ICT	自分の手のひらをタブレットで撮影しておく。複数のコピーを用意させ，そこに考えを書き込む。それをペアや全体で共有しながら説明をさせるとよい。

【正方形と三角形】

例

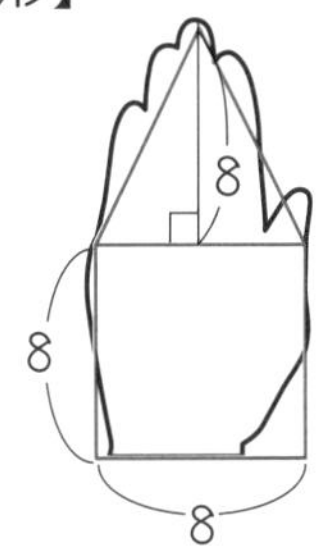

$8 \times 8 = 64$
$8 \times 8 \div 2 = 32$
$64 + 32 = 96$

約 96cm²

【長方形と台形】

例

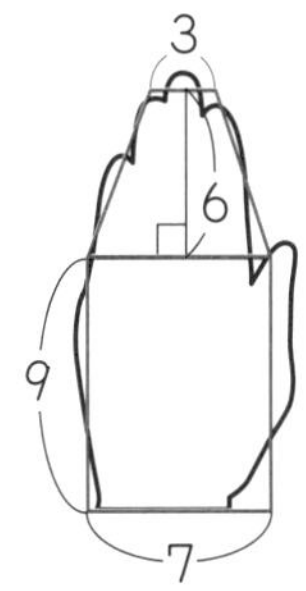

$9 \times 7 = 63$
$(3 + 7) \times 6 \div 2 = 30$
$63 + 30 = 93$

約 93cm²

4 まとめ（感想）

およその面積の求め方がわかった。
・1cm²（基本面積）のいくつ分で求める。
・およその形で面積を求める。

算数の時間にしましょう。

3 およその形を使って，手のひらの面積を求めよう

T　自分の手をよく見るとおよそ何の形に見えますか？公式が使える形に見立てましょう。

長方形にしました。
13 × 7 = 91　約 91cm²

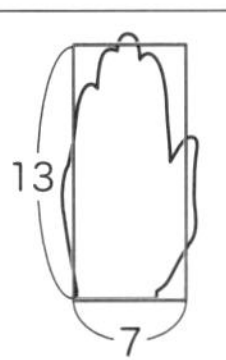

正方形と三角形の組み合わせにしました。
8×8＝64　8×8÷2＝32
64 + 32 = 96　約 96cm²

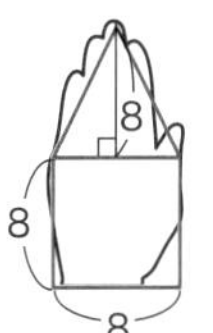

長方形と台形の組み合わせにしました。
9×7＝63 (3+7)×6÷2＝30
63 + 30 = 93　約 93cm²

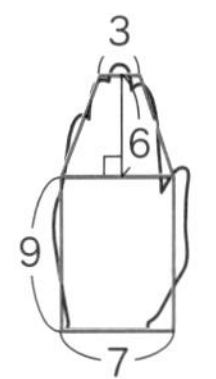

4 手のひらの面積を求めた感想を発表しよう

T　調べてみた感想を発表しましょう。

1cm² の方眼で調べたのと，およその形で調べたのがほとんど同じ面積になりました

2 つの方法で求めた面積の違いが 12cm² もあったので，2 つの面積の平均をとることにしました

C　12 歳になって初めて自分の手の面積を求めてみました。記念にしたいと思います。
C　赤ちゃんの手のひらの面積を調べてみたいです。
C　お父さんの手が相当広いので，調べてみたいと思います。

ふりかえりシートが活用できる。

第2時

島の面積

本時の目標 日本にある島を概形でとらえ，公式を使って，およその面積を求めることができる。

板書例

島のおよその面積を求めてみよう

1

屋久島

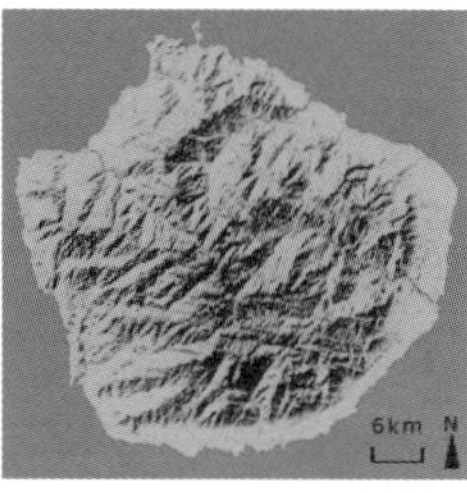

縮尺は100万分の1

2

<円とみて>

半径13km の円

$13 \times 13 \times 3.14 = 530.66$

約 530 km²

<正方形とみて>

1辺が 2.3cm だから約 23km の正方形

$23 \times 23 = 529$

約 529 km²

実際の面積　504.29 km²

およその面積として認められる範囲(はんい)にある。

POINT 子どもたちは，正解の面積との誤差が気になります。ある程度なら誤差として許容できることを知らせると，安心して

1 面積を求めてみたい島の名前をあげてみよう

縄文杉で有名な屋久島を調べてみたいな
鉄砲伝来のあった種子島も調べてみたいな

T　日本は島国と言われるぐらいだから，本州も北海道も九州も四国も島と言えば島です。それらを除いたら，北方領土で問題になっている択捉島がいちばん広いですね。

まずは，国語の教科書にも出ていた屋久島を調べてみましょう。

2 屋久島のおよその面積を求めてみよう

T　およそ何の形に見えますか。

C　円に見えます。

C　正方形に見えます。

T　縮尺も書いてあります。1cm が 10km です。およその面積を求めてみましょう。

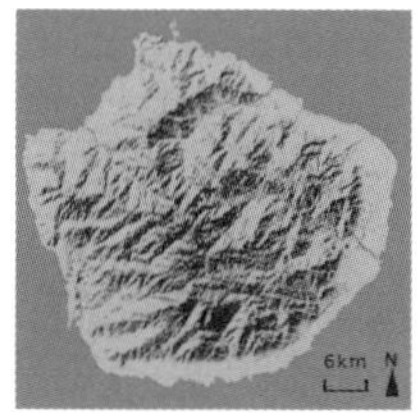

【円とみた場合】
半径 1.3cmだったから半径約 13km。
13×13×3.14 = 530.66　約 530km²

【正方形とみた場合】
1辺が約 2.3cm だから約 23km の正方形，
23×23 = 529　　約 529km²

T　さて，実際は何 km² かというと，ジャーン！面積 504.29km²。およその面積が求められたと考えていいですよ。

準備物
QR 各島の地図
QR ふりかえりシート

ICT
色々な島の面積を求める時には，地図アプリを使って好きな土地や島の面積をどんどん求めさせる。興味をもって進めることができる。

3 ＜いろんな島の面積を求めてみよう＞

佐渡島（さどがしま）（平行四辺形とみて）
40 × 20 = 800　約 800 km^2

淡路島（あわじしま）（三角形とみて）
28 × 42 ÷ 2 = 588　約 588 km^2

択捉島（えとろふとう）（長方形とみて）
15 × 200 = 3000　約 3000 km^2

種子島（たねがしま）（長方形とみて）
8 × 52 = 416　約 416 km^2

4 正確な面積

約 855 km^2
約 593 km^2
約 3167 km^2
約 444 km^2

まとめ
およその形と見て，公式を使って
およその面積を求めることができる。

達成感をもてるようになります。

3 グループで 1 つの島を選んで面積を求めよう

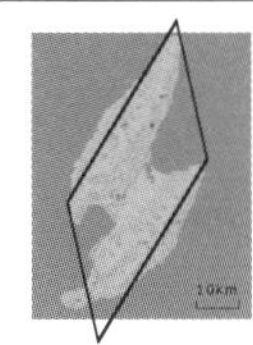
佐渡島

淡路島

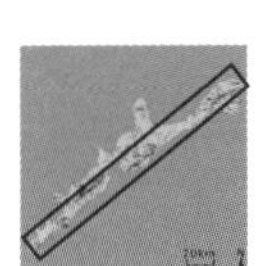
択捉島

種子島

国土地理院の地図から，10km が 1cm になる地図を作成。

佐渡島は平行四辺形とみて求めたよ。
40 × 20 = 800
約 800km²

択捉島は細長い長方形とみたらいいね。
15 × 200 = 3000
約 3000km²

種子島も細長い長方形に見えた
8 × 52 = 416
約 416km²

淡路島は，三角形に見えたから
28 × 42 ÷ 2 = 588　約 588km²

4 グループで求めた島の面積を発表しよう

(1)　それぞれのグループは，発表の準備をしておく。
　①　およそ何の形に見立てたか
　②　その形の公式に当てはめた数字
　③　計算した結果のおよその面積
　　①②③をグループで発表する。
(2)　複数のグループが同じ島を計算していたら，その違いを確かめる。
(3)　感想を出し合う。
(4)　下記の正確な面積を知らせる。
　(100km² 程度の誤差は容認できる。)

佐渡島（さどがしま）	854.79km²	約 855km²
淡路島（あわじしま）	592.51km²	約 593km²
択捉島（えとろふとう）	3,166.64km²	約 3167km²
種子島（たねがしま）	444.30km²	約 444km²

ふりかえりシートが活用できる。

やってみよう

海面上昇で沈む面積

本時の目標　地球温暖化で海面が上昇し，海に沈む面積を概形でとらえて，およその面積を求めることができる。

板書例

温暖化が進んだらどうなるだろう

1
2

＜現在の濃尾平野＞

㋐

＜海面が 1m 上がった濃尾平野＞

㋑

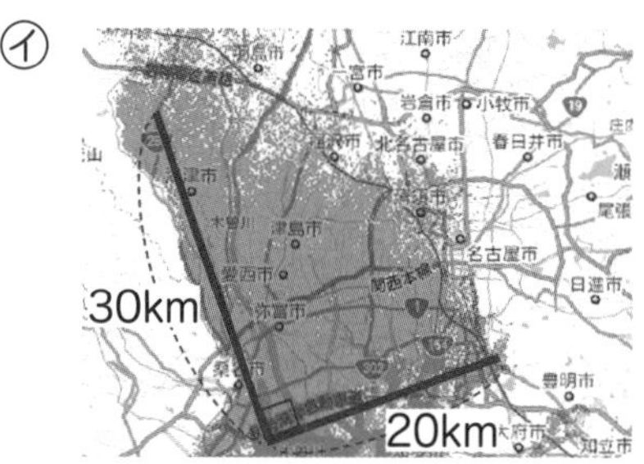

三角形と見て

$20 \times 30 \div 2 = 300$

約 300 km^2

海面が 1m 上がると全国で 36 万人が今の場所に住めなくなる

POINT　算数の学習を通して，地球温暖化の問題について考えてみます。Flood Maps（http://flood.firetree.net/）を

1　地球温暖化が進むとどうなるでしょうか

T　㋐の写真は，名古屋市を中心とした濃尾平野の地図です。㋑㋒の 2 枚の写真を見て下さい。青く塗られた部分は何だと思いますか。

C　青だから水がある。川かな。海かな。

T　海面が 1m 上がった場合が㋑，4m の場合が㋒の写真です。海面が上がって海水に浸かる所が示されています。

地球の温暖化が問題になっているとニュースで見たけど，日本の地域でも影響が出るんだ

濃尾平野のこの辺は低い土地になっていることが，社会の資料に出ていたね

T　オッペンハイマーという学者は，温暖化で 2100 年までに海水面は 1m 上昇する可能性があると話しています。

2　海に沈む土地を概形にして，およその面積で求めましょう。

ワークシートを配布する。

T　まず 1m 上昇した場合，海に沈む（青色の面積）を求めましょう。それができたら，4 m の場合も同じく求めましょう。

1m の場合は三角形に見立ててやってみよう。
$20 \times 30 \div 2 =$
300
300 km^2

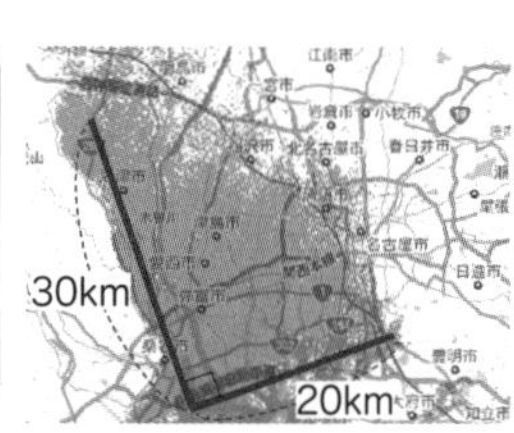

4 m の場合は台形に見立ててみよう。
$(20 + 30) \times 20$
$\div 2 = 500$
500 km^2

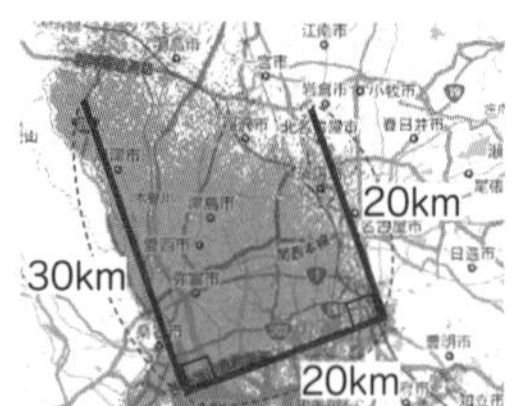

準備物	QR 板書用地図 QR ワークシート	ICT	自分が住んでいる市町村ではどうだろうか。温暖化だけでなく，その他の自然現象や開発などで失われた土地の面積を求め，考えるきっかけとしたい。

＜海面が 4m 上がった濃尾平野＞

㋒

台形と見て

$(20 + 30) \times 20 \div 2 = 500$

約 500 km^2

3 名古屋の大半が沈んでしまう。
全国では 180 万人が今の場所に住めなくなる

4 ＜地球温暖化の問題＞

北極や南極の氷がとける

気候変動がおこる
- 大規模な山火事
- 洪水
- 干ばつ
- 猛暑
- 豪雨　　など

海に沈む陸地や島
　人が住めなくなる

参照すると，世界規模な地図をみることができます。

3 海に沈む市の数や人口はどれだけになるでしょうか

500 km² が海に沈むと，名古屋市の半分と周りの市でも大半が沈んでしまうところがたくさんある
これは濃尾平野だけの問題ではないね
東京でも大阪でも，海岸の近くにある町のほとんどで，同じようなことが起こるんだ

T　海面が 4m 上昇すると，日本では現在 180 万人の人が住んでいる地域が海に沈んでしまうと計算されています。

4 温暖化が進むと地球はどうなるでしょうか

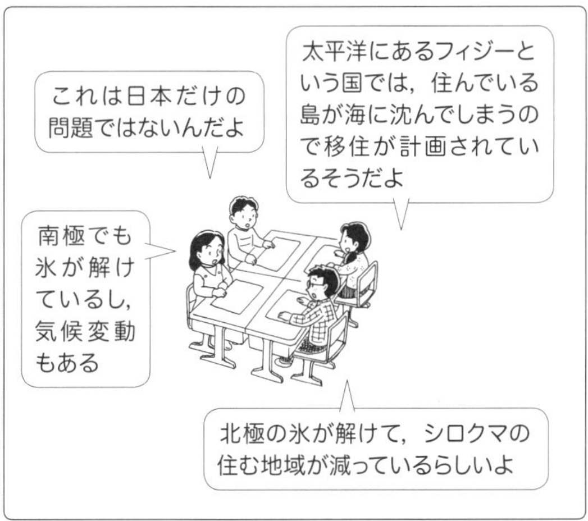

これは日本だけの問題ではないんだよ
太平洋にあるフィジーという国では，住んでいる島が海に沈んでしまうので移住が計画されているそうだよ
南極でも氷が解けているし，気候変動もある
北極の氷が解けて，シロクマの住む地域が減っているらしいよ

T　オッペンハイマーは，『グリーンランドや南極の氷が解けるようなことになれば，海水面は 12 m 以上上昇するだろう』と言っています。地球温暖化を止めるために，私たちができることは何でしょうか。考えてみましょう。

第3時
バッグの容積

目標 本時の　身の回りにある不定形の入れ物の概形をとらえて，およその容積を公式を使って求めることができる。

板書例

どちらのバッグの方がたくさん入るだろう

A

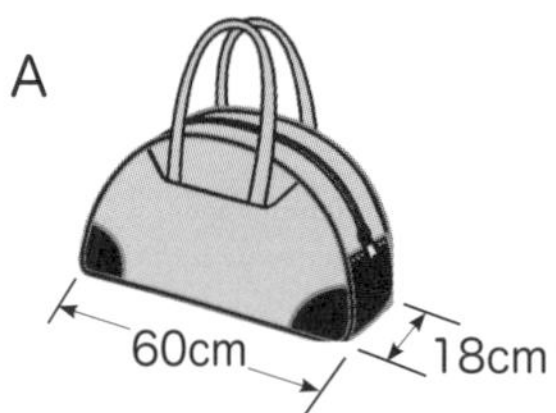

B

1 ＜予想（どちらの方がたくさん入るか）＞

＜ＡとＢのおよその形＞

2 Ａは円柱の半分の形　60cm　18cm

式

$30 \times 30 \times 3.14 \times 18 = 50868$

$50868 \div 2 = 25434$

約 25434cm^3

Ｂは直方体　底面のはばは14cm と 20cm の平均をとる

式

$(14 + 20) \div 2 = 17$

$17 \times 28 \times 45 = 21420$

約 21420cm^3

Ａの方が容積が大きい

POINT 2種類のバッグは，実際のバッグに替えて問題提示をするともっと関心が高まるでしょう。容積がLで表示してあるバッグ

1 どちらのバッグの方がたくさん入るか予想しよう

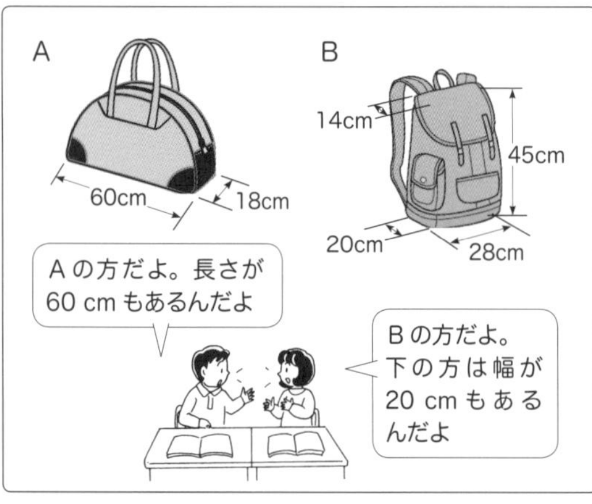

A
B
60cm
18cm
14cm
45cm
20cm
28cm
Ａの方だよ。長さが60 cm もあるんだよ
Ｂの方だよ。下の方は幅が20 cm もあるんだよ

みんなが予想を立てたら，手を挙げた人数を調べておく。どちらかに手を挙げることで関心を高める。

T　ＡとＢはおよそ何の形だとみればいいでしょうか。

C　Ａは横にすると円柱の半分に見えます。

C　Ｂは，上と下の幅が違うけど，直方体のように見えます。

2 容積が大きいと予想した方から求めてみよう

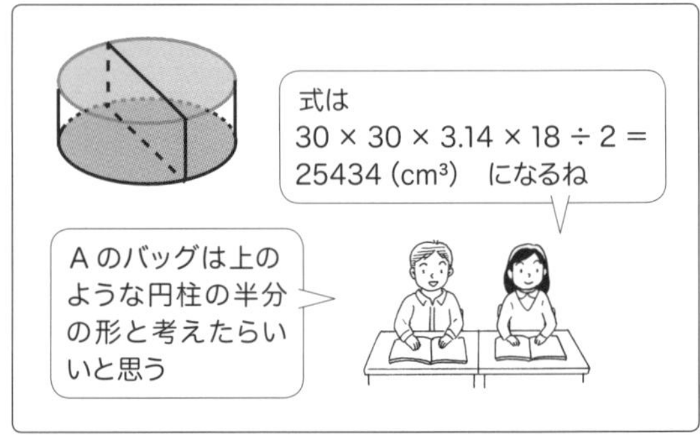

Ａのバッグは上のような円柱の半分の形と考えたらいいと思う

C　Ｂは直方体とみたけど，下は 20cm，上は 14cm。長さがちがうのはどうしよう。

C　上と下の平均をとろう。$(20 + 14) \div 2 = 17$

C　直方体と考えて式をたてよう。

C　$17 \times 28 \times 45 = 21420$

C　Ｂの容積は 21420cm^3 です。

C　ＡとＢを比べると，Ａの方が容積が大きいです。

準備物	・牛乳パック ・ヨーグルトなどの容器 QR 板書用イラスト（実際のバッグ） QR ふりかえりシート

ICT	自分のお気に入りのバッグを自宅で撮影して，それを使っておよその容積を求め，誰のバッグが一番たくさん入るのかを予想させてもおもしろい。

3 ＜牛乳パック 1L は本当に 1L か＞

底辺は 1 辺が 7cm の正方形
高さは 20cm

式
$7 \times 7 \times 20 = 980$

約 $980cm^3$

牛にゅうを入れると
少しふくらんで
1000mL 入る
ようになっている。

4 ＜身の回りにある容器を 1 つ選んで，およその容積を調べよう＞

まとめ　およその形と見れば，公式を使って
およその体積を求めることができる。

を使うのも面白いでしょう。

3 1L の牛乳パックを調べてみよう

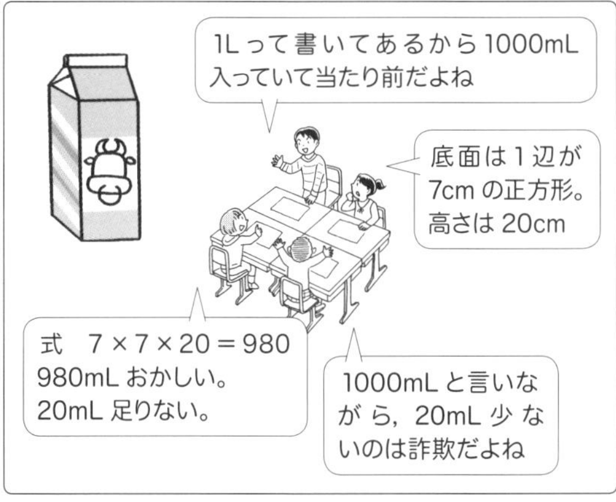

1L って書いてあるから 1000mL 入っていて当たり前だよね
底面は 1 辺が 7cm の正方形。高さは 20cm
式　7 × 7 × 20 = 980
980mL おかしい。
20mL 足りない。
1000mL と言いながら，20mL 少ないのは詐欺だよね

T　同じように疑いを持った人が，会社へ問い合わせて聞いたそうです。そしたら，「中に牛乳が入っているのを見ると，少し膨らんでいるのが見えますか。紙の容器ですからそのように膨らむと 1000mL になるようにしてあります」ということでした。

C　そこまで考えて作られているなんてすごいなあ。

4 身の回りにある容器を 1 つ選んで，およその容積を調べてみよう

C　ヨーグルトの容器を調べてみます。

C　およそ円柱とみてやってみよう。

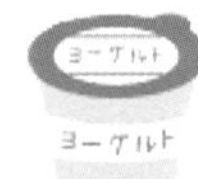

身の回りにあるものに関心を持ち，学習したことを活用して調べてみようとすることで，学びが深まる。

家庭学習で右のような用紙に記録してくれば，掲示物としても活用できる。

〈 調べたもの 〉
2 種類の豆腐のパック
〈 調べようと思った理由 〉
どちらの方が得かと思ったから

どちらも四角柱とみて
計算

結果
感想

名前

ふりかえりシートが活用できる。

ワークシート

およその面積と体積　やってみよう　　海面上昇で沈む面積

名前

　このまま地球温暖化が進めば，大変なことが起こると，アメリカの NASA は，シミュレーションで示しています。下の地図は，土地が低い濃尾平野です。地球温暖化が進み，海面が1mと4m 上昇した場合，海につかる場所を示しています。海に沈むおよその面積を求めてみましょう。

㋐ 現在の濃尾平野

約20km

㋑ ①もし1m海面が上がったら

約30km
約20km

㋒ ②もし4m海面が上がったら

約30km
約20km
約20km

　オッペンハイマーという学者は，「気候変動に関する政府間パネル」(IPCC) の資料から，海水面は2100 年までに1m 上昇する可能性があると話した。
　さらに，グリーンランドや南極の巨大な氷床がもし解けるようなことになれば，海水面は12m 以上上昇すると話している。

●感想を書きましょう

①の沈む部分の形はどんな形に見えるかな。
(　　　　　　　　)

①の沈む部分のおよその面積を求めよう。

面積　　　　　km²

①の場合に沈む市の数。
(　　　　　　　　)

②の沈む部分の形はどんな形に見えるかな。
(　　　　　　　　)

②の沈む部分のおよその面積を求めよう。

面積　　　　　km²

②の場合に沈む市の数。
(　　　　　　　　)

第1時・第2時　ふりかえりシート

ふりかえりシート

およその面積と体積　第1時

名前

● 右の落ち葉の面積を2通りの方法で求めましょう。

（1）1マスが1cm²の方眼を使って面積を求めましょう。

式

答え

（2）およそ半径が3cmの円ととらえて面積を求めましょう。

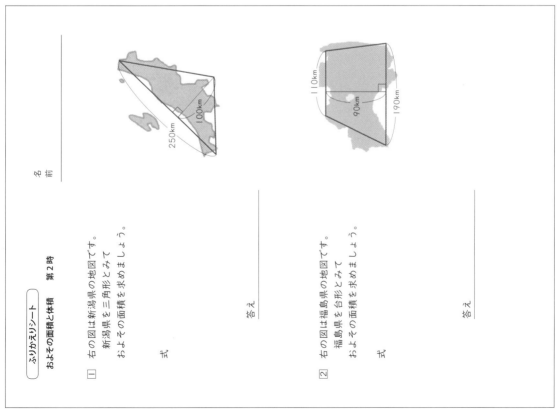

式

答え

ふりかえりシート

およその面積と体積　第2時

名前

1 右の図は新潟県の地図です。
新潟県を三角形とみて
およその面積を求めましょう。

式

答え

2 右の図は福島県の地図です。
福島県を台形とみて
およその面積を求めましょう。

式

答え

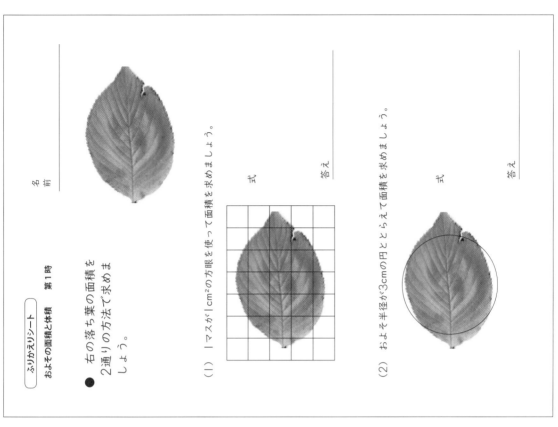

比例と反比例

全授業時数 11 時間

◎ 学習にあたって ◎

＜この単元で大切にしたいこと＞

比例はすでに５年生で習っていますが，その内容は「２つの量 x と y があって，x が２倍，３倍…になると，y も２倍，３倍…になるとき，y は x に比例する。」というだけのもので，きわめて不十分な指導内容です。６年生で初めて比例を扱うと思って指導した方がよいでしょう。

６年生でも具体的な操作を大切にして指導します。教科書の導入で使われている，水を入れる時間と水の深さは実際に操作しても，正確に測定することは困難です。水の量とその重さだと，操作によって比例に近い数値を得ることができます。準備も簡単なので，導入の操作活動として適しています。

＜数学的見方考え方と操作活動＞

操作活動では，測定誤差が出ることが多いので敬遠されがちですが，６年生ではその誤差を認め，その誤差を処理する力を是非つけたいと思います。大切なことは，誤差を出さないことではなく，どの程度の誤差ならば比例と見なせるかということです。身の回りに，誤差がなく比例するものなどほとんど存在しません。また，釘やクリップの重さを考えるとき，１個だけならわずかな誤差ですが，100 個，200 個になると大きな誤差になります。その誤差を認めて，比例とみなすことができないと，算数を現実の場面に適用できません。また，マラソンの例のように走る速さは一定ではなくても，5km ごとで考えると時間と道のりは比例しているようにみえます。これを比例しているとみなせば，ゴールタイムが予測できます。このように，比例の考えを使えば未来を予測することも可能になるのです。

＜個別最適な学び・協働的な学びのために＞

比例の指導では，次の３点を特に大切にしたいと思っています。

① ２年生から習ってきたかけ算は比例である。
② 比例によって未来を予測することができる。
③ 比例は日常生活に活用できる。

比例は中学校でも習います。そこで，小学校では，対応表を中心にして式やグラフを作ります。また，式があれば対応表がなくても x に数値を当てはめて y の値を求められることや，グラフをみれば大まかな x と y の値が分かることを教えます。一方反比例は，６年生には難しい内容です。比例とは異なる２量の関係として反比例を扱うことになりますが，こちらの方はあまり深入りする必要はないと思います。

◎ 評　価 ◎

知識および技能	比例・反比例の関係にある 2 つの量の特徴が分かり，表・式・グラフに表すことができる。
思考力，判断力，表現力等	身の回りの事象を比例の関係とみなし，問題を解いたり未来予測をすることができる。
主体的に学習に取り組む態度	比例・反比例の関係を生活や学習に活用しようとする。

◎ 指導計画　11 時間 ◎

時	題	目標
1	比例の意味	水の量と重さの関係を，具体的な操作を通して表に表し，表から比例の意味を理解する。
2	比例の性質	比例の性質（倍々の法則）は，小数倍，分数倍になっても成り立つことがわかる。
3	x, y を使った比例の式	y が x に比例するとき，y= 決まった数×x という，比例の式に表すことができる。
4	比例のグラフ	比例関係をグラフにかき表す仕方がわかり，かき表すことができる。
5	比例グラフの応用	比例のグラフを活用しておよその値を読み取り，未来が予測できることを理解する。
6	比例のグラフの読み取り	比例のグラフの線の傾きからグラフの情報を読み取ることができるからグラフの特徴をとらえることができる。
7	比例の活用	クリップ 1 個の重さを正しく調べ，比例の性質を活用すれば，重さを用いて個数を予測することができる。
8	比例の性質を使って	比例の性質や比例の式を使って問題を解くことができる。
9	反比例の意味	x の値が 2 倍，3 倍になると，y の値が $\frac{1}{2}$ 倍，$\frac{1}{3}$ 倍になるとき，y が x に反比例するといい，$x \times y$ =決まった数になることがわかる。
10	反比例の式	反比例の関係は $x \times y$= 決まった数，y= 決まった数÷ x で表せることが分かる。
11	反比例のグラフ	反比例の関係をグラフに表すことができ，その特徴を理解する。

第1時

比例の意味

本時の目標　水の量と重さの関係を具体的な操作を通して，表に表し，表から比例の意味を理解する。

板書例

比例しているのはどれだろうか

1 [1] 水を 1dL，2dL…と 1dL ずつ増やしていったときの水の重さ

水の量 x（dL）	1	2	3	4	5	6
水の重さ y（g）	100	200	300	400	500	600

x がふえると y もふえる

同じ数ずつ増えている

$100 \times 2 = 200$

$100 \times 3 = 300$

2 3 [2]（1）面積 12cm² の長方形の縦と横の長さ

縦の長さ x（cm）	1	2	3	4	5	6
横の長さ y（cm）	12	6	4	3	2.4	2

x がふえると y はへっている

POINT 具体的な操作を通して表を作ることで，表に表された 2 量の関係が具体的に理解でき，比例の意味を理解することが

1 水 1dL，2dL，3dL…の重さを測ろう

ワークシートを使って学習する。

秤にボウルを乗せ，目盛りを 0 に合わせ，水の重さをグループで測定する。

T　1dL，2dL…と水の量を 1dL ずつ増やしていったときの水の重さについて表を作りましょう。

1dL の重さは 99g でした
1dL 入れたときの水の重さは 100g でした。どちらが正しいのかな

T　続けて測っていくとわかってきます。

C　水 1dL の正確な重さは 100g です。

T　ワークシートに，実験した結果を表にしましょう。

2 ワークシートの（1）～（3）の表を完成させよう

（1）は面積が 12cm² の長方形。縦が 1cm だと横は 12cm。縦が 2cm だと横は 12 ÷ 2 = 6 で 6cm です

縦の長さ×横の長さ＝12 になっています

C　（2）の正方形の 1 辺の長さが 1cm のときの面積は，1 × 1 = 1　1cm² です。

2cm のときは 2 × 2 = 4　4cm² です。

C　（3）の正方形の 1 辺の長さが 1cm のとき，周りの長さは　1 × 4 = 4　4cm

2cm のときは 2 × 4 = 8　8cm です。

準備物	・秤　・Lます　・dLます QR ワークシート QR ふりかえりシート

ICT	実際に水を増やしていき，重さを測る様子を動画で撮影しておくと，授業の導入でより子どもの学習意欲を掻き立てることができる。正方形の場合も用意しておくとよい。

(2) 正方形の1辺の長さと面積

1辺の長さ x (cm)	1	2	3	4	5	6
面積 y (cm^2)	1	4	9	16	25	36

x がふえると y もふえる

同じ数ずつ増えていない

(3) 正方形の1辺の長さと周りの長さ

1辺の長さ x (cm)	1	2	3	4	5	6
周りの長さ y (cm)	4	8	12	16	20	24

x がふえると y もふえる

同じ数ずつ増えている

$4 \times 2 = 8$

$4 \times 3 = 12$

4 まとめ

x が2倍，3倍…になると，それにともなって y も2倍，3倍…になるとき，y は x に比例する。

できます。

3 実験した水の量と重さの関係と，同じところや違うところを話し合おう

C (1) は x が増えると，y はだんだん減っているので，同じところはありません。

(2) と (3) は, x が増えると, y も増えている。
(2)と違って(3)の増え方は，いつも同じ数ずつだよ

T (3) は x が1増えるごとに，y はどんな増え方をしていますか。

C (3)はいつも4ずつ増えています。増え方は決まった数です。

いろいろな考えが出し合えるようにする。

4 実験した水の量と重さの関係と，(3) の共通点をもっと見つけよう

実験の y の値は，$100 \times 2 = 200$，$100 \times 3 = 300$ となっていて (3) も $4 \times 2 = 8$，$4 \times 3 = 12$ と，どちらもかけ算で求められます

どちらも増え方が同じだから，x が2倍，3倍になると，y も2倍，3倍になっています

T 実験した水の量と重さの関係や (3) のような2つの量の関係を y は x に比例するといいます。

学習のまとめをする。

第2時 比例の性質

本時の目標

比例の性質（倍々の法則）は，小数倍，分数倍になっても成り立つことがわかる。

板書例

比例の性質をくわしく調べよう

1 〈水の量と水の重さ〉

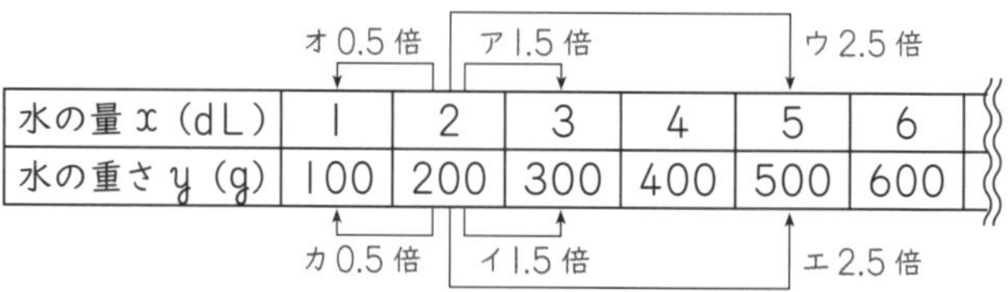

水の量 x（dL）	1	2	3	4	5	6
水の重さ y（g）	100	200	300	400	500	600

y が x に比例しているとき ⇒ x の値が 0.5 倍，1.5 倍，2.5 倍になると，
y の値も 0.5 倍，1.5 倍，2.5 倍になる。

2

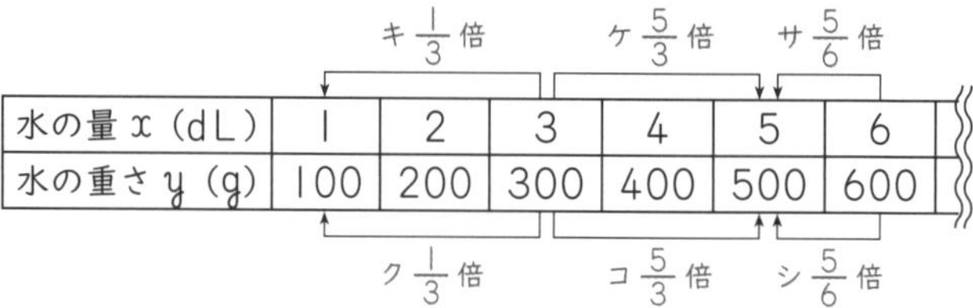

水の量 x（dL）	1	2	3	4	5	6
水の重さ y（g）	100	200	300	400	500	600

x の値が $\frac{1}{3}$ 倍，$\frac{5}{3}$ 倍，$\frac{5}{6}$ 倍になると，y の値も $\frac{1}{3}$ 倍，$\frac{5}{3}$ 倍，$\frac{5}{6}$ 倍になる。

POINT a：b の比で，a を b でわった商が比の値になります。乳酸飲料水の濃さやシュートの成功の割合が比の値でわかることを

1 x の値が小数倍で変化するとき，y の値はどう変化しているか考えよう

ワークシートを使って学習する。

T　水の重さは，水の量に比例します。表のア～カを書きましょう。

アは 3÷2＝1.5，イは 300÷200＝1.5
x の値が 1.5 倍になると，y の値も 1.5 倍になります

ウは 5÷2＝2.5，エは 500÷200＝2.5
x の値が 2.5 倍になると，y の値も 2.5 倍

オは 1÷2＝0.5，カは 100÷200＝0.5
x の値が 0.5 倍になると，y の値も 0.5 倍になっています

T　x の値が 0.5 倍，1.5 倍，2.5 倍になったら，y の値はどうなっていますか。

C　y の値も 0.5 倍，1.5 倍，2.5 倍になっています。

2 x の値が分数倍で変化するとき，y の値はどう変化しているか考えよう

T　キは何倍になっていますか。

C　1 ÷ 3 だから，$\frac{1}{3}$ 倍になっています。

T　クの y の値は何倍になっていますか。

C　100 ÷ 300 だから，これも $\frac{1}{3}$ 倍になっています。

T　x の値が $\frac{1}{3}$ 倍，$\frac{5}{3}$ 倍，$\frac{5}{6}$ 倍になったら，y の値はどうなっていますか。

C　y の値も $\frac{1}{3}$ 倍，$\frac{5}{3}$ 倍，$\frac{5}{6}$ 倍になっています。

準備物	QR ワークシート QR ふりかえりシート

ICT	速さの問題は，口頭の説明だけでは理解が難しい子どももいる。実際に歩いている様子と道のりの様子を動画で撮影しておき，提示しながら説明をするとよい。

3 〈正方形の１辺の長さと周りの長さ〉

ア 1.5 倍　イ $\frac{5}{3}$ 倍　ウ $\frac{7}{6}$ 倍

１辺の長さ x (cm)	1	2	3	4	5	6	7
周りの長さ y (cm)	4	8	あ	16	い	24	う

エ 1.5 倍　オ $\frac{5}{3}$ 倍　カ $\frac{7}{6}$ 倍

あ $8 \times 1.5 = 12$　　い $12 \times \frac{5}{3} = 20$　　う $24 \times \frac{7}{6} = 28$

4 〈分速 70m で歩く人の時間と道のり〉

時間 x (分)	1	2	3	4	5	6
道のり y (m)	70	140	210	280	350	420

x の値が小数倍，分数倍になると y の値も同じ小数倍，分数倍になっている。

45 分は 5 分の 9 倍だから，$350 \times 9 = 3150$　　3150m

まとめ

y が x に比例しているとき
x が□倍になると，y も□倍になる。

扱って，比の値の有効性を確認します。

3 x の値が小数倍，分数倍のときの y の値を考えよう

T　正方形の 1 辺の長さ x(cm)と周りの長さ y(cm)は比例しています。

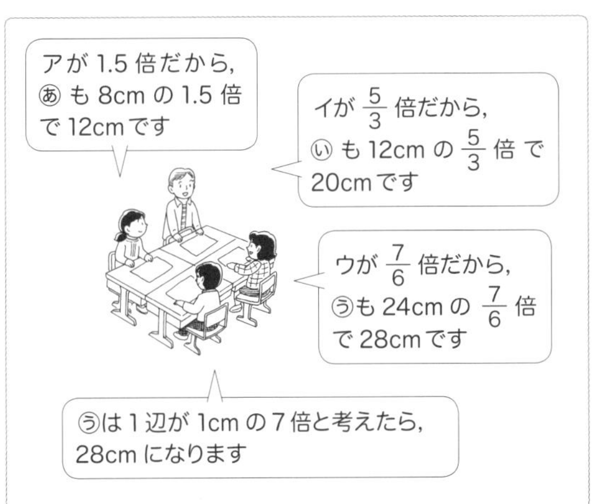

アが 1.5 倍だから，あ も 8cm の 1.5 倍で 12cm です
イが $\frac{5}{3}$ 倍だから，い も 12cm の $\frac{5}{3}$ 倍で 20cm です
ウが $\frac{7}{6}$ 倍だから，うも 24cm の $\frac{7}{6}$ 倍で 28cm です
うは 1 辺が 1cm の 7 倍と考えたら，28cm になります

T　y が x に比例しているとき，x の値が整数倍でも小数倍でも，分数倍でも，y の値は，同じ整数倍，小数倍，分数倍になります。

4 比例している理由を説明しよう

T　分速 70m で歩く人の歩く時間 x（分），進む道のりを y（m）として表した表です。

時間 x (分)	1	2	3	4	5	6
道のり y (m)	70	140	210	280	350	420

T　道のり y（m)は，時間 x(分)に比例していますか。

x の値が 2 倍，3 倍になると，y の値も 2 倍，3 倍になっているから比例しています
x の値が小数倍，分数倍になっても，y の値も同じ小数倍，分数倍になっているから比例しています

C　45 分で進む道のりは，5 分の 9 倍だから，$350 \times 9 = 3150$　3150m です。

学習のまとめをする。
ふりかえりシートが活用できる。

第3時

x, y を使った比例の式

本時の目標

y が x に比例するとき，y ＝決まった数×x という，比例の式に表すことができる。

板書例

x と y を使って比例の式をつくろう

1 2 ㋐ <水の量 x（dL）と水の重さ y（g）>

水の量 x（dL）	1	2	3	4	5	6
水の重さ y（g）	100	200	300	400	500	600

x が値が 9 のとき　100 × 9 ＝ 900

x が値が 15 のとき　100 × 15 ＝ 1500

100 × x（100：決まった数）

㋑ <正方形の 1 辺の長さ x（cm）と周りの長さ y（cm）>

1辺の長さ x（cm）	1	2	3	4	5	6	7
周りの長さ y（cm）	4	8	12	16	20	24	28

x が 9 のとき　4 × 9 ＝ 36

x が 15 のとき　4 × 15 ＝ 60

4 × x（4：決まった数）

POINT 決まった数を見つけて比例の式をつくります。最後には，電卓の便利な使い方（定数計算）を教えて，比例の式の便利さと

1 ㋐，㋑，㋒の表から，y の値を求める式を書こう

ワークシートを使って学習する。

T　㋐㋑㋒の表から，x の値が 9 と 15 のときの y の値を求める式を書きましょう。

x が 9dL のときの水の重さは，1dL の 9 倍だから，100 × 9 ＝ 900

x が 15 のときは 100 × 15 ＝ 1500

どちらも 100 × x になっています

C　1 辺の長さが 1cm の正方形の周りの長さは 4cm で，その 9 倍と 15 倍だから，4 × 9 ＝ 36 と，4 × 15 ＝ 60

C　1 分で歩く道のりの 9 倍と 15 倍だから，70 × 9 ＝ 630，70 × 15 ＝ 1050

2 y の値を求める式を考えよう

T　y の値を求める㋐の式を見てみましょう。

C　どちらの式も，100 ×□になっています。

C　㋑は 4 ×□，㋒は 70 ×□になっています。

㋐では 100 × □で水の重さが求められます
㋑は 4 × □で，㋒は 70 × □で y の値が求められます
㋐では 100，㋑では 4，㋒では 70 がいつも同じです

T　2 つの数量が比例しているときに，y の値は〈決まった数〉×□で求めることができます。

準備物
- QR ワークシート
- QR ふりかえりシート
- ・電卓

ICT

Xとyの関係を表に記入する時に，タブレットかノートかを選択させる。子どもが学習しやすい方で良い。ノートの場合は，ノートを写真に撮り，全員に送信する。

㋒ ＜分速 70m で歩く人の時間 x（分）と道のり y（m）＞

時間 x（分）	1	2	3	4	5	6
道のり y（m）	70	140	210	280	350	420

x が 9 のとき　$70 \times 9 = 630$

x が 15 のとき　$70 \times 15 = 1050$

$\underline{70} \times x$

決まった数

（決まった数）＝（x の値が 1 のときの y の値）

3 まとめ

・y が x に比例するとき，
　$y \div x$ ＝決まった数になる。
・比例の式は，
　y ＝決まった数 × x　と表す。

比例の式
㋐ $y = 100 \times x$
㋑ $y = 4 \times x$
㋒ $y = 70 \times x$

素晴らしさが実感できるようにしましょう。

3 決まった数をくわしく見てみよう

T　㋐の決まった数 100 は，どんな数ですか。
C　x が 1 のときの y の値が 100 です。
C　㋑では x が 1 のときの y の値が 4，㋒では 70。x が 1 のときの y の値が，決まった数です。
T　表を縦や横から見てみましょう。

縦に見ると $y \div x$ は，いつも 100 になっています。横に見ると，x が 1 増えると y は 100 ずつ増えています
$y \div x$ は㋑では 4，㋒では 70 です。
x が 1 増えると㋑では 4，㋒では 70 ずつ増えています

学習のまとめをする。
㋐ $y = 100 \times x$
㋑ $y = 4 \times x$
㋒ $y = 70 \times x$

4 比例の式の素晴らしさを実感しよう

【電卓の便利な使い方】（機種によって操作が異なります）
① 「4 × 2 =」と入れると，計算の結果「8」が出る。
② 次はそのまま「3 =」と入れると「12」
③ 次もそのまま「6」と入れると「24」
④ 次もそのまま「0.5」と入れると「2」
⑤ 次もそのまま「0.15」と入れると「0.6」

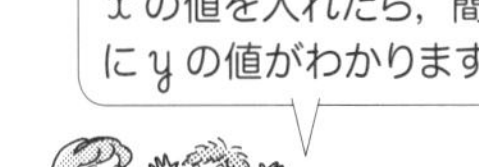

㋑の表で，
x が 2 のとき
y は 8 です
x の値を入れたら，簡単に y の値がわかります

時間が許す限り，x に対応する y 値を求めて板書する。

T　比例の式には，x に対応する y の値がいっぱい入っているということです。比例の式には，表がいっぱい詰まっているということです。

学習のまとめをする。
ふりかえりシートが活用できる。

第 4 時

比例のグラフ

本時の目標　比例関係をグラフにかき表す仕方がわかり，かき表すことができる。

板書例

比例のグラフをかこう

1 ＜水の量 x（dL）と水の重さ y（g）＞

水の量 x（dL）	1	2	3	4	5	6
水の重さ y（g）	100	200	300	400	500	600

【グラフのかき方】

① 表題をかく。

② 縦軸と横軸の目盛りと単位をかく。

③ 対応する x，y の値の表す点をとる。

1dL ～ 6dL までの点をグラフにとる。

2

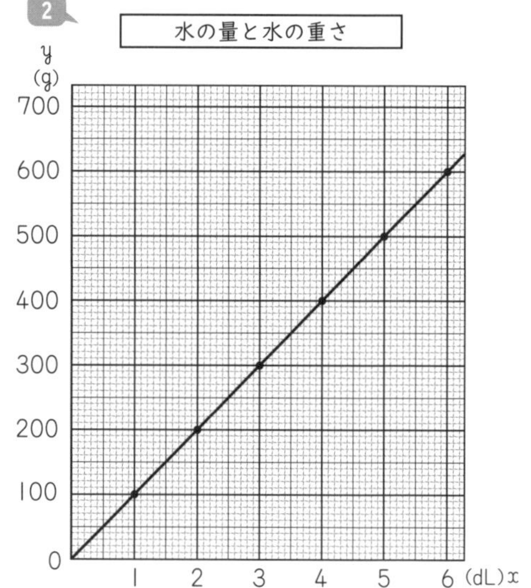

3 少しずつ水を入れていくと，重さも少しずつ増えていく。

POINT　ボウルの中の水を空にすると，0 を通ることが理解できます。ボウルに少しずつ水を入れていくと，重さも連続して増えて

1 比例のグラフをかこう

第 1 時の実験でつくった，水の量と重さの表をグラフにかく方法を教える。

【グラフのかき方】

① 表題をかく。

② 縦軸と横軸の目盛りと単位をかく。

③ 対応する x，y の値の表す点をとる。1dL ～ 6dL までの点をグラフにとる。

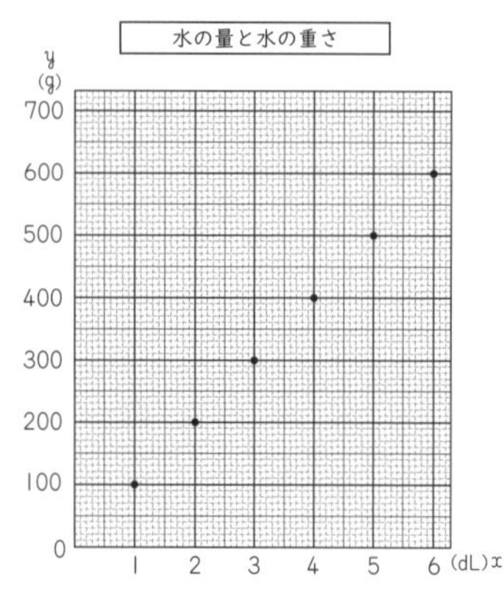

2 秤の表示を見て，1dL までのグラフを考えよう

T　1dL の水を少しずつボウルに入れていきます。重さがどうなるかよく見ていてください。

C　少しずつ重さが変わっています。

ボウルの水を捨てて，もう一度繰り返す。

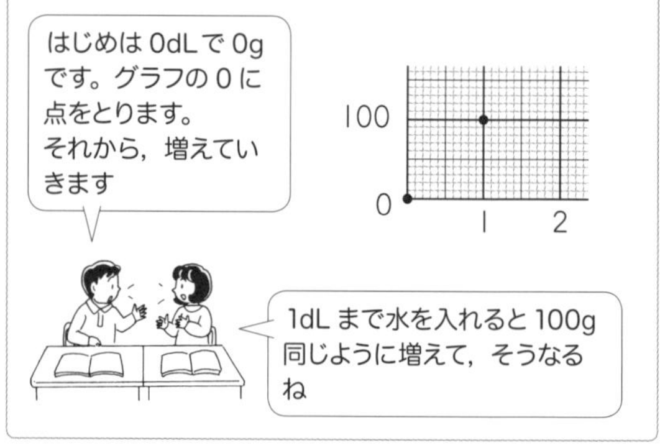

はじめは 0dL で 0g です。グラフの 0 に点をとります。それから，増えていきます
100
0
1
2
1dL まで水を入れると 100g 同じように増えて，そうなるね

準備物	・秤・dL ます　・ボウル QR 提示用グラフ QR ワークシート QR ふりかえりシート	ICT	グラフをかく場合，タブレットでない方がかきやすく，理解しやすい場合が多い。まずは，子どもの様子をよく見て，タブレットかノートかを決めたい。

4 <水の量が 1.5dL のときの水の重さ>

x 軸の 1.5 の目盛りに合わせる
⇩
y 軸の目盛りを読む。150g

<水の重さが 450g のときの水の量>

y 軸の 450 の目盛りに合わせる
⇩
x 軸の目盛りを読む。4.5dL

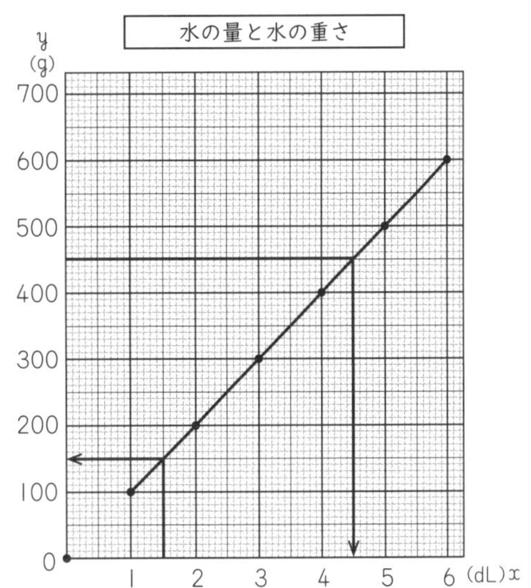

まとめ　比例する 2 つの量の関係を表すグラフは 0 から始まる直線になる。

いくことがわかります。

3 1dL 以上の水を入れていったときの，グラフのかき方を考えよう

T　ボウルにまた，少しずつ 2dL まで水を入れていきます。

C　1dL のときと同じように，少しずつ重さが変わっていきます。

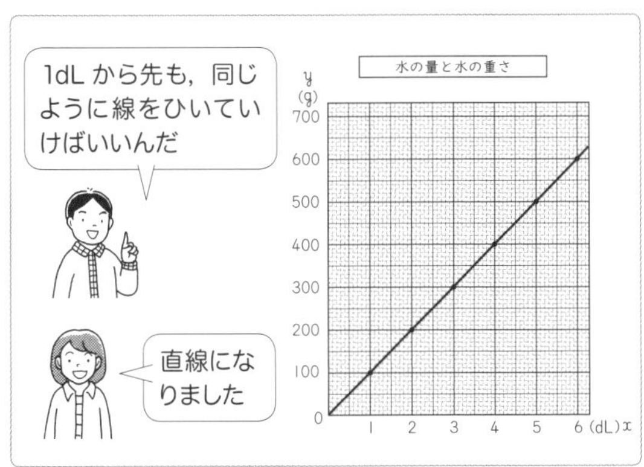

4 グラフの目盛りから水の重さやかさを読み取ろう

T　水の量が 1.5dL のときの重さは何 g ですか。グラフから読み取りましょう。

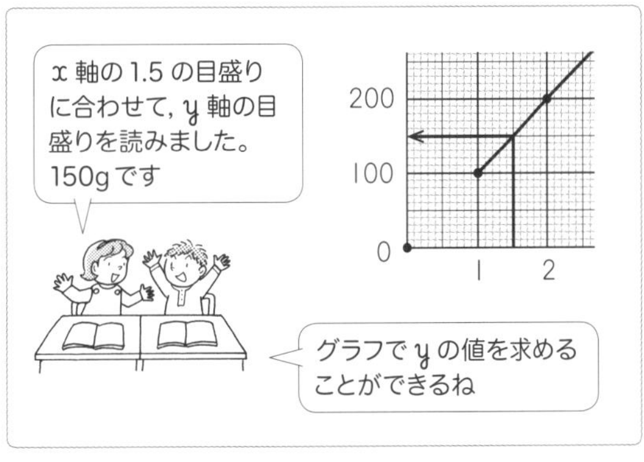

T　水の重さが 450g のときの水の量を，グラフから読み取りましょう。

C　y 軸の 450 に合わせて，x 軸の目盛りを読みます。

学習のまとめをする。
ふりかえりシートが活用できる。

第5時 比例のグラフの応用

本時の目標　比例のグラフを活用しておよその値を読み取り，未来が予測できることを理解する。

板書例

比例のグラフを使ってみよう

1

時間 x（秒）	0	1	2	3	4	5
道のり y（cm）	0	22	44	66	88	110

プラレールの電車は秒速 22cm で走ります。
同じ速さで走っている

⇩

時間 x が 2 倍，3 倍・・・になれば
道のり y も 2 倍，3 倍・・・になる

比例している

2

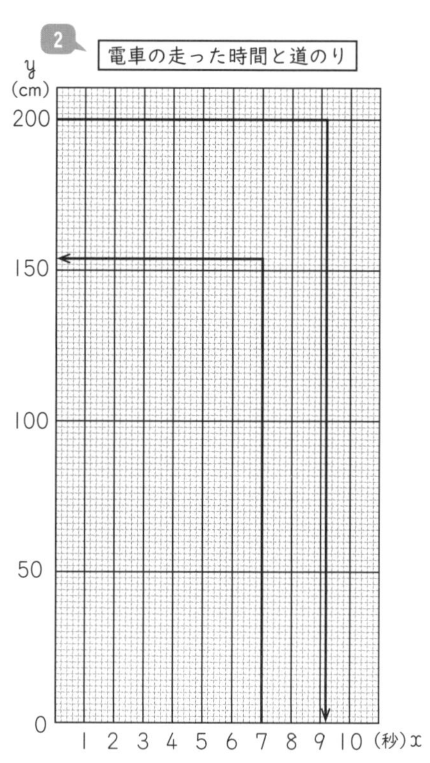

POINT プラレールを使うことで，子どもたちの興味がわきます。グラフから読み取った数値が，プラレールを走らせた道のりや

1 プラレールの電車が走る時間と道のりの関係を表にしよう

T　プラレールの電車は，秒速 22cm の速さで進みます。

始めにプラレールの電車を走らせて，同じ速さで走っていることを実感させたい。

時間 x（分）	0	1	2	3	4	5
道のり y（cm）	0	22	44	66	88	110

同じ速さで走っているから，時間が 2 倍，3 倍…になれば，道のりも 2 倍，3 倍…になるね
プラレールの電車が走る時間と道のりは，比例しています

T　グラフの目盛りはどうしますか。

T　y 軸の 1 目盛りを 2 ずつにしてかくことにすれば，いいようです。

2 5 秒までのグラフをかこう

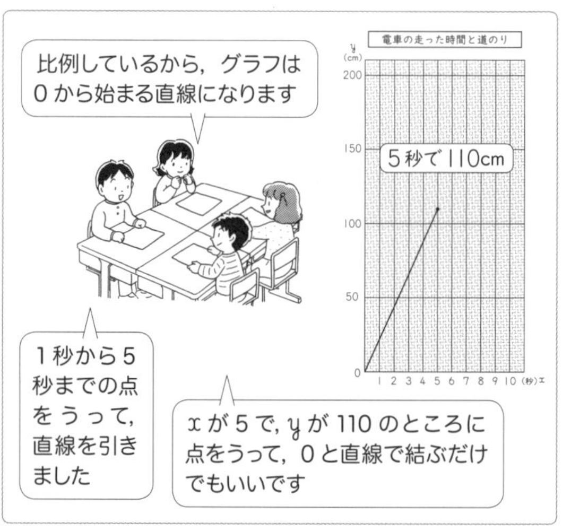

比例しているから，グラフは 0 から始まる直線になります
電車の走った時間と道のり
5 秒で 110cm
1 秒から 5 秒までの点をうって，直線を引きました
x が 5 で，y が 110 のところに点をうって，0 と直線で結ぶだけでもいいです

T　比例のグラフは，0 から始まる直線だから x が 5 で，y が 110 の点と 0 を直線で結べば，比例のグラフがかけますね。

準備物	・プラレール　・巻尺　・ストップウォッチ QR 提示用グラフ QR ワークシート QR ふりかえりシート	ICT	グラフの読み方は，教師がタブレットを使って説明をする。その際，前画面で全体提示にするか，個人のタブレットに配信して，手元で確認できるかは，子どもの様子をよく見て決めたい。

3 <７秒で進む道のり>

x の値が７秒のとき，y の値は 154cm

<2m を進むのにかかる時間>

y の値が 2m（200cm）のとき，x の値は約 9.1 秒

4 <実際にプラレールの電車を走らせて確かめよう>

まとめ　比例のグラフで，およその道のりや時間がわかる。

時間とほぼ一致すると，グラフの有効性が実感できます。

3 グラフを使って予測しよう

T　7 秒で進む道のりは何 cm でしょうか。2m 進むのにかかる時間は何秒でしょうか。

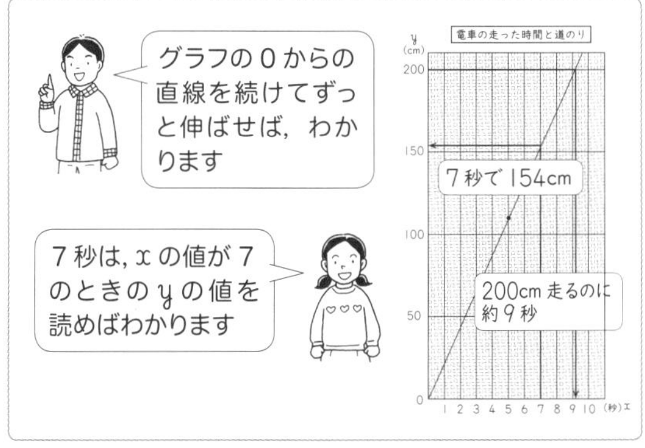

C　2m は 200cm だから，y の値が 200 のときの x の値を読めばいいんだね。

T　グラフがあれば，計算しなくてもおよその走った道のりや時間がわかりますね。

4 実際にプラレールの電車を走らせて確かめよう

スタート係の「3・2・1・スタート」の合図で電車を走らせてストップウォッチで，係の子が計測する。

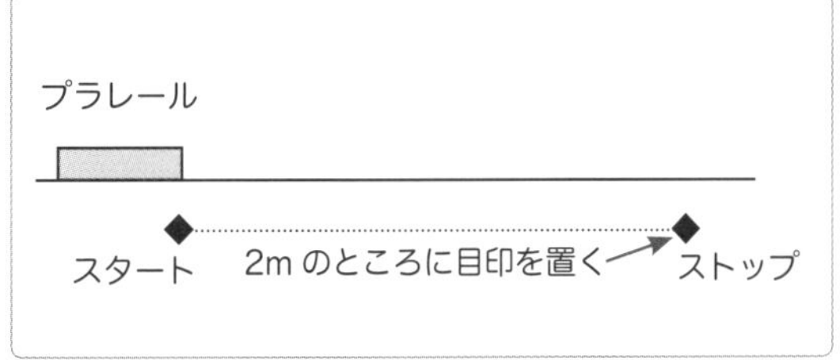

C　9 秒でした。

C　9 秒 5 だったよ。

10 秒だったという子がいても，誤差の範囲として認める。このような場合も誤差を認めて処理できることが大切。

学習のまとめをする。
ふりかえりシートが活用できる。

第6時
比例のグラフの読み取り

本時の目標　比例のグラフの線の傾きからグラフの情報を読み取ることができる

板書例

グラフの傾きから情報を読み取ろう

[1] アとイの針金の長さと重さ

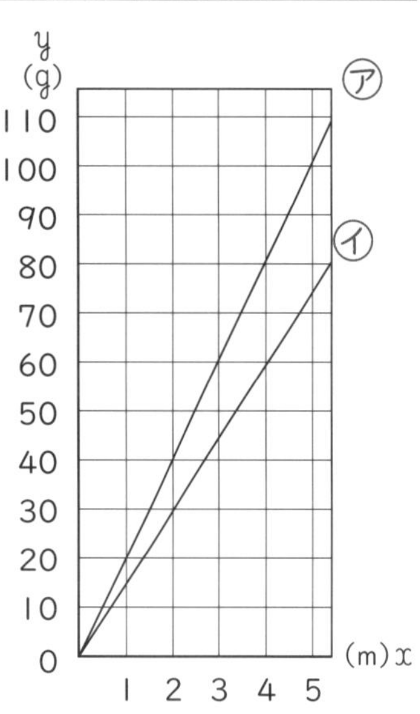

1 ① 〈 ㋐と㋑ではどちらが重い 〉

㋐は 1m が 20g　㋑は 1m が 15g

㋐の方が重い … グラフの傾きも急

2 ② 〈60g のときの長さ 〉

㋐は 3m　㋑は 4m

㋑の方が 1m 長い

③ 〈2m，3m での重さの差 〉

2m では，㋐ 40g　㋑ 30g　10g の差

3m では，㋐ 60g　㋑ 45g　15g の差

④ 〈6m での重さの差 〉

1m で 5g ずつ差が開いているから

6m では，30g の差

POINT グラフの傾きから，2 つの質の違いを見分けることができます。 また，比例のグラフを活用すると，ゴールタイムという

1 2 本の針金の長さと重さのグラフを見て違いを考えよう

ワークシートを使って学習する。

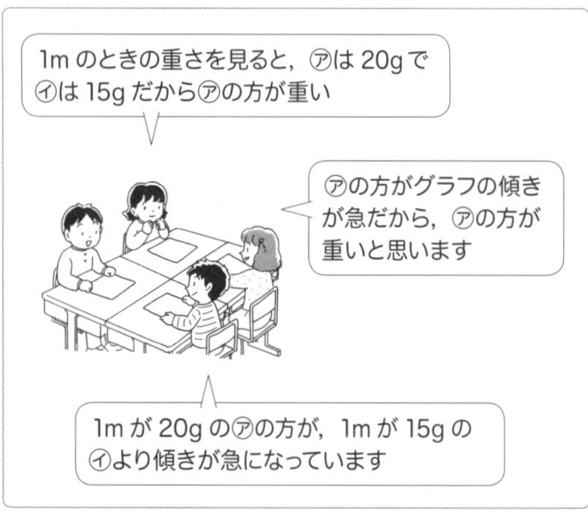

1m のときの重さを見ると，㋐は 20g で㋑は 15g だから㋐の方が重い
㋐の方がグラフの傾きが急だから，㋐の方が重いと思います
1m が 20g の㋐の方が，1m が 15g の㋑より傾きが急になっています

C　グラフの線の傾きが急な方が重いですね。

2 グラフの傾きから，2 本の針金の長さや重さの違いを読み取ろう

T　重さが同じ 60g のとき，どちらが何 m 長いですか。

C　y 軸の目盛りが 60g のときの x の値を横に見ていくと，㋑の方が 1m 長いことがわかります。

2m のときの重さの違いは，x 軸が 2m の線を縦に見ると，㋐の方が 10g 重いことがわかります

3m のときの重さの違いは，㋐は 60g ㋑は 45g だから，㋐の方が 15g 重い。長くなるほど重さの差が大きくなるね

C　6m になるとグラフ用紙の枠外になるけど，1m ごとに 5g ずつ差が大きくなっているから，違いは 30g です。

準備物	QR 提示用グラフ QR ワークシート QR ふりかえりシート	ICT	グラフの読み方は，教師がタブレットを使って説明をする。その際，前画面で全体提示にするか，個人のタブレットに配信して，手元で確認できるかは，子どもの様子をよく見て決めたい。

3

2 マラソンの世界記録と日本記録

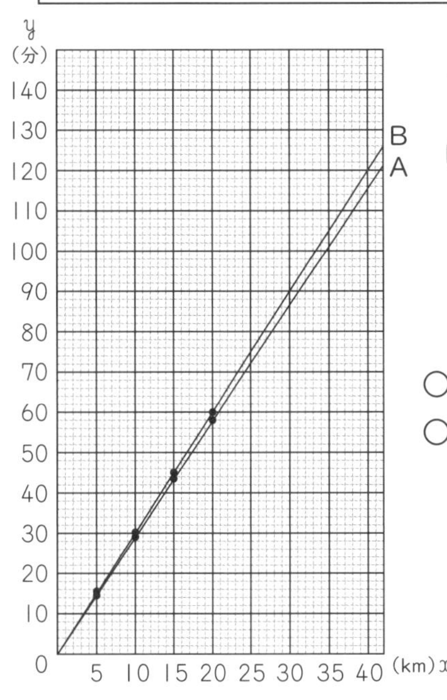

〈ゴールタイムを予想してみよう〉

4 〈実際のゴールタイム〉

A キプチョゲ選手 121 分（2 時間 1 分 39 秒）
B 鈴木選手 126 分（2 時間 4 分 56 秒）

○ マラソン選手の記録は，ほぼ比例している。
○ 比例しているから，グラフからゴールタイムが予想できる。

軸と軸の単位の取り方によって，グラフの見方も変わる。

未来を予測することもできます。

3 グラフからゴールタイムを予想しよう

マラソンの世界記録と日本記録保持者の 5km ごとのタイムを 20km までグラフに点を打つ。

C　ほぼ直線になっています。
C　2 人とも比例しているように見えます。
T　ゴールタイムを予想してみましょう。

グラフの線をまっすぐ伸ばすとゴールタイムが予測できるかもしれないよ

でも最後は疲れて遅くなっているかもしないよ

C　線を真っ直ぐ伸ばしてみると，キプチョゲ選手は 121 分だから 2 時間 1 分くらいかな。
C　鈴木選手は 126 分かな。

4 グラフの情報を正しく読み取ろう

T　キプチョゲ選手は 2 時間 1 分 39 秒およそ 122 分，鈴木選手は 2 時間 4 分 56 秒およそ 125 分でした。

マラソン選手の記録は，時間と距離がほぼ比例しているのには驚きました
比例しているから，グラフを使うとゴールタイムが予想できて便利です

T　このグラフでは，y 軸が時間，x 軸 が距離になっているので，傾きが急なほど時間がかかっていることになります。x 軸と y 軸の単位のとり方によって，グラフの見方が変わるので気を付けましょう。

ふりかえりシートが活用できる。

第 7 時

比例の活用

本時の目標

クリップ１個の重さを正しく調べ，比例の性質を活用すれば，重さを用いて個数を予測することができる。

板書例

数えないで 100 個のクリップを用意しよう

1 〈クリップ 10 個の重さ〉

個数 x（個）	1	2	3
重さ y（g）	0.5	1.0	1.4?

10 個の重さは，4.7g と 4.8g の間

1 個の重さ 0.47g と 0.48g の間

2 〈クリップ 100 個の重さ〉

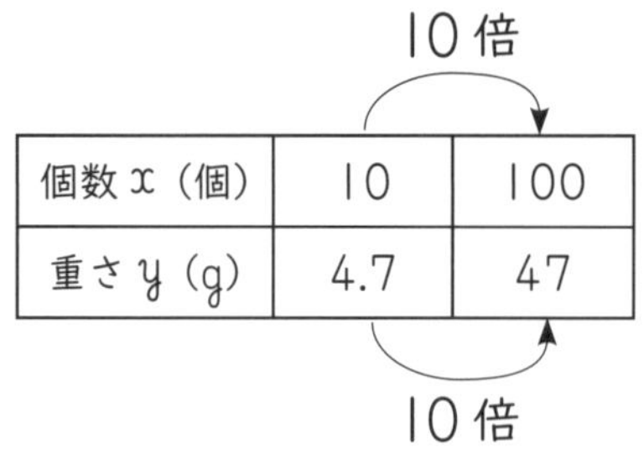

10 倍

個数 x（個）	10	100
重さ y（g）	4.7	47

10 倍

3 100 個の重さ 47.5g と 47.4g の間

1 個の重さ 0.475g と 0.474g の間

POINT クリップ１個の重さを知るには，１個の重さを調べるだけでは誤差が大きくなるので，10 個での重さを調べるようにしま

1 １個ずつ数えないで 100 個のクリップを用意する方法を考えよう

デジタル秤で，クリップの重さを量る。

T　クリップの重さを量ると，1 個の重さは 0.5g，2 個は 1.0g，3 個は 1.4g です。

C　3 個で 1.5g にならないのは変です。

T　何か変ですね。グループでクリップ 10 個の重さを量ってみましょう。

T　クリップ 1 個の重さは 0.5g ちょうどではなく，0.47g と 0.48g の間ぐらいなので，3 個で 1.4g（$0.47 \times 3 = 1.41$）でいいのです。個数と重さは比例しています。

2 クリップ 10 個の重さから 100 個の重さを求めよう

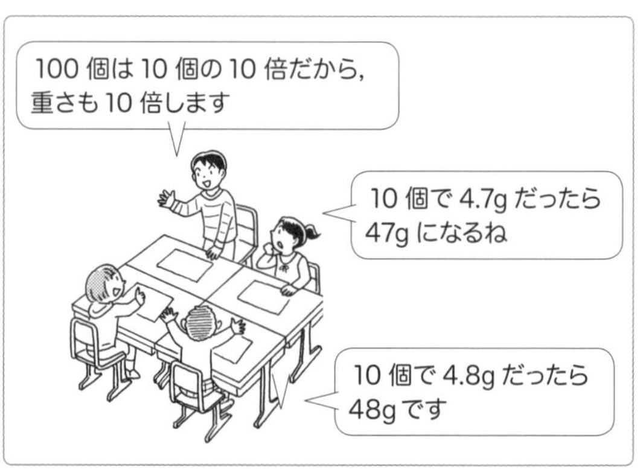

T　クリップ 1 個の重さだけを量って，0.5g だと考えていたらどうなったでしょうか。100 倍すると 50g になって，大きく誤差が出てしまい，正しくクリップ 100 個を測りとることはできませんでした。

準備物	・クリップ（各班に 100 個以上） ・デジタル秤　QR 板書用グラフ QR ワークシート QR ふりかえりシート

ICT	クリップでなくても，その他の場合も考えられる。10 円玉や飴など，同じような状況を想定して動画を用意しておくと，学習と生活が結びつく。

4 〈 片手でつかんだクリップの重さと数 〉

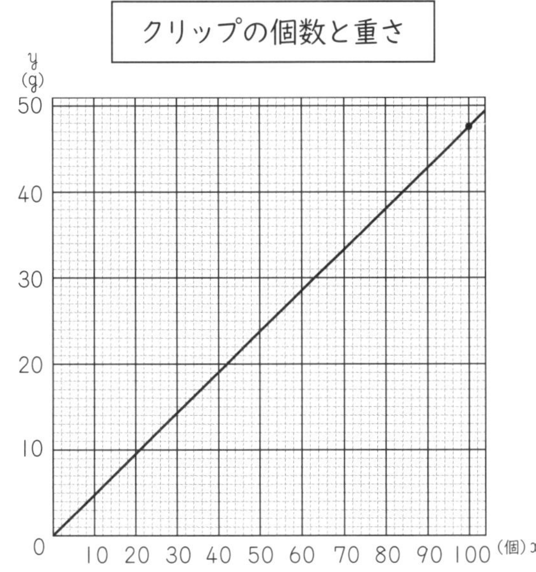

	数えた結果
42.9g → 90 個	90 個
36.4g → 77 個	78 個
45.5g → 96 個	95 個
17.5g → 37 個	36 個
27.0g → 57 個	56 個

比例しているから，重さがわかれば数えなくても個数がわかる。

しょう。比例のグラフの有効な活用の仕方もわかります。

3 実際に重さを量って，100 個のクリップを用意しよう

グループごとにクリップ 100 個の重さは 47g か 48g と予想して，デジタル秤で量って 100 個を用意させる。

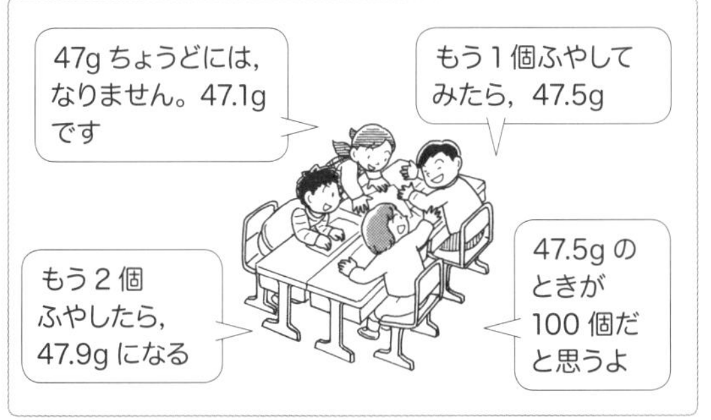

47g ちょうどには，なりません。47.1g です
もう 1 個ふやしてみたら，47.5g
もう 2 個ふやしたら，47.9g になる
47.5g のときが 100 個だと思うよ

T　グループで 47.5g のときのクリップの個数を数えましょう。

C　すごい！ちょうど 100 個です。

どのグループでも 47.5g か 47.4g を量れば，ちょうど 100 個になる。1 個の重さは 0.475g とさらに詳しい重さもわかる。

4 片手でつかんだクリップの重さを量って，個数を予想しよう

T　グラフのかき方は，0 から x 軸が 100 個で，y 軸が 47.5g の点を通る直線をひけばいいです。

各グループで片手でつかんだクリップの重さを量り，グラフから個数を予想する。そして，数えてみる。

42.9g だったから，90 個かなあ
ヤッター！数えたら，ちょうど 90 個だったよ

学習のまとめをする。
ふりかえりシートが活用できる。

第8時

比例の性質を使って

本時の目標　比例の性質や比例の式を使って問題を解くことができる。

板書例

比例の性質を使って問題を解こう

1 (1) 3分間で12L出る水道があります。
この水道で4分間，5分間水をためると，それぞれ何Lになりますか。

4分間（$\frac{4}{3}$倍）

時　間 x（分）	3	4	5
水の量 y（L）	12	16	20

$12 \times \frac{4}{3} = 16$　16L

5分間（$\frac{5}{3}$倍）

時　間 x（分）	3	4	5
水の量 y（L）	12	16	20

$12 \times \frac{5}{3} = 20$　20L

2 〈比例の関係を式に表す〉 $y = 4 \times x$ を使って

x が4のとき
$4 \times 4 = 16$

x が5のとき
$4 \times 5 = 20$

POINT 倍々関係の考え方は,「比」で, 比例の式は「文字と式」ですでに学習しています。比例の学習は, 小学校で学習する「かけ算」

1 表に整理して，4分間，5分間でたまる水の量を考えよう

ワークシートを使って学習する。

T　問題文から，表に整理しましょう。

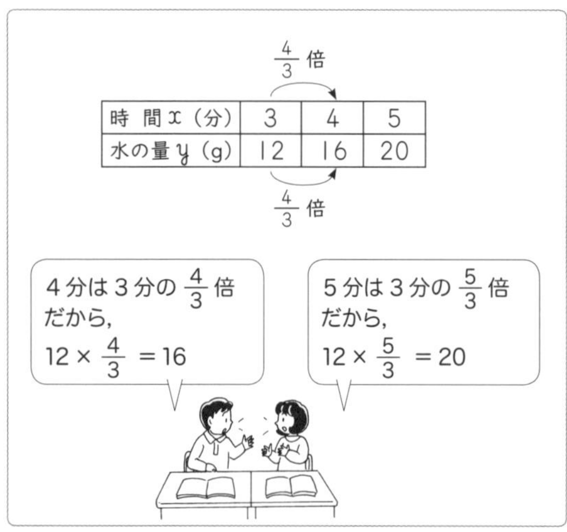

T　その解き方もいいですね。ちがう解き方も考えよう。

2 比例の式を考えよう

T　比例の式は，y ＝決まった数× x でしたね。この問題で決まった数とは，どんな数ですか。

C　1分ごとに4L ずつ増えているから，決まった数は4です。

C　x が1のときの y の値は，$12 \div 3 = 4$ だから，決まった数は4です。

C　比例の式は，$y = 4 \times x$ です。

準備物
QR ワークシート
QR ふりかえりシート
QR 板書用の表

ICT
（1）の問題は難しいが，（2）の問題は，実際に写真や動画で問題説明が可能である。実際の映像が準備可能な問題は，十分に準備しておきたい。

3

（2）①
画用紙が何枚か重ねてあります。全体の厚さは 3cm です。画用紙 10 枚を重ねた厚さは 2mm です。重ねてある画用紙は約何枚あるといえますか。

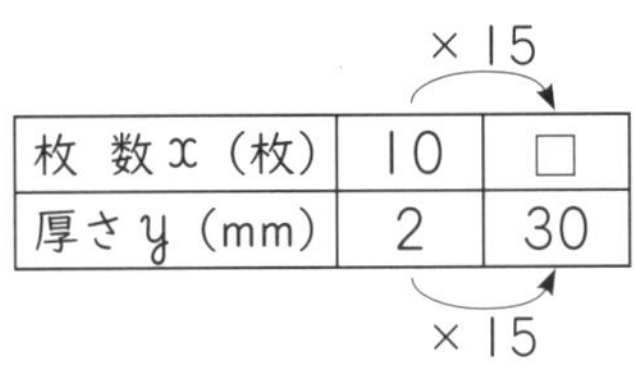

×15

枚 数 x（枚）	10	□
厚さ y（mm）	2	30

×15

10 × 15 = 150　約 150 枚

4

（2）②
画用紙 1 枚の重さは約 20g です。
画用紙全部の重さは約何 g といえますか。

×150

枚 数 x（枚）	1	150
重さ y（g）	20	□

×150

20 × 150 = 3000
約 3000g

まとめ　2 つの数量が比例していて，わからない片方の量を求めるときは，もう片方の量が何倍になっているかを考えよう。

のまとめということになります。

3 x の値の求め方を考えよう（2）①

ワークシートを使って学習する。

T　表に整理するときは，横の単位をそろえます。3cm は 30mm に直して整理しましょう。

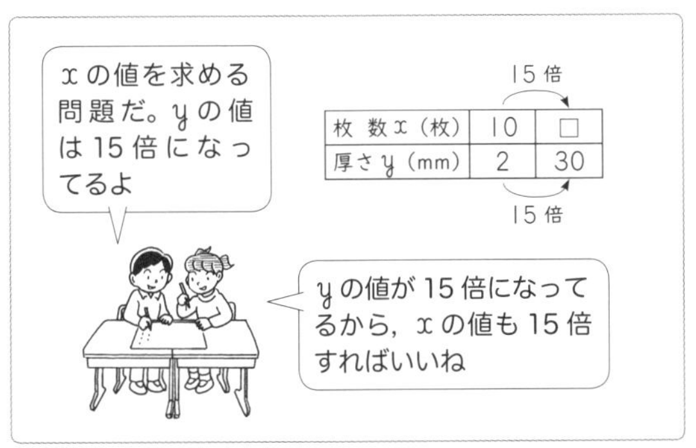

x の値を求める問題だ。y の値は 15 倍になってるよ
15 倍
枚 数 x（枚）　10　□
厚さ y（mm）　2　30
15 倍
y の値が 15 倍になってるから，x の値も 15 倍すればいいね

C　10 × 15 = 150　　約 150 枚

4 y の値の求め方を考えよう（2）②

T　画用紙が全部で 150 枚あることはわかっています。表に整理して考えましょう。

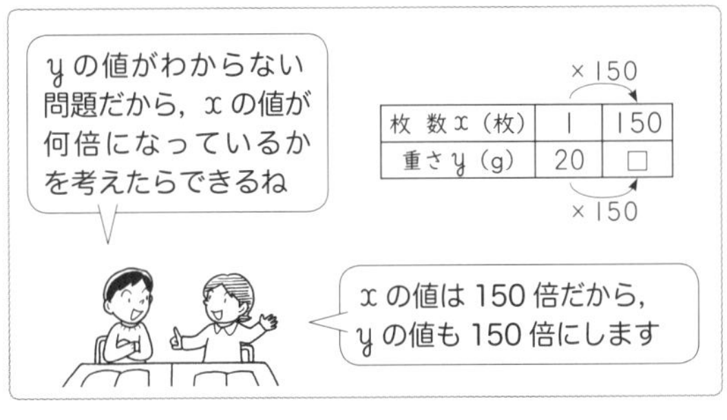

y の値がわからない問題だから，x の値が何倍になっているかを考えたらできるね
×150
枚 数 x（枚）　1　150
重さ y（g）　20　□
×150
x の値は 150 倍だから，y の値も 150 倍にします

C　20 × 150 = 3000　約 3000g です。

T　y の値がわからないときも，x の値がわからないときも考え方は同じです。何倍になっているかを考えましょう。

学習のまとめをする。
ふりかえりシートが活用できる。

第9時 反比例の意味

本時の目標 x の値が 2 倍，3 倍になると，y の値が $\frac{1}{2}$ 倍，$\frac{1}{3}$ 倍になるとき，y が x に反比例するといい，$x \times y$ ＝決まった数になることがわかる。

板書例

表の変わり方を調べよう

1 (1)

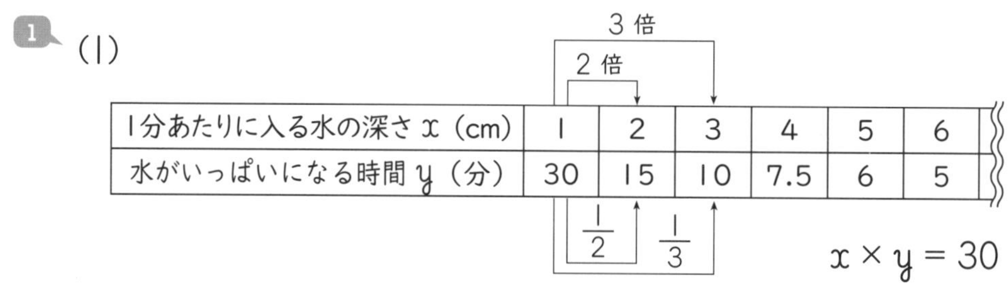

1分あたりに入る水の深さ x（cm）	1	2	3	4	5	6
水がいっぱいになる時間 y（分）	30	15	10	7.5	6	5

2 (2) ①

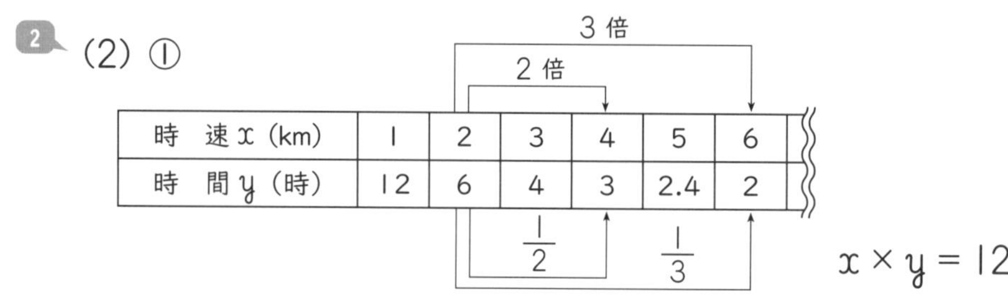

時　速 x（km）	1	2	3	4	5	6
時　間 y（時）	12	6	4	3	2.4	2

POINT 反比例の表を比例の表と対比しながら考えることができるようにすれば，x の値と y の値の関係も，反比例の式もよく理解

1 水槽に水をいっぱい入れるときの水の深さと時間の関係を表を見て考えよう

ワークシートを使って学習する。(1)

T　表を完成させて，きまりを見つけ，比例のときと比べましょう。

x の値が増えると，y の値は減っています
比例するときと違って，この表では x の値が 2 倍，3 倍になると，y の値が $\frac{1}{2}$ 倍，$\frac{1}{3}$ 倍になっています
表を縦に見たら，$x \times y$ はいつも 30 になっています

T　このような 2 つの量の関係を，y は x に反比例するといいます。

2 12km の道のりを行くときの時速と時間の関係を考えよう

ワークシートを使って学習する。(2) ①

T　表を完成させて，きまりを見つけ，比例のときと比べましょう。

12km の道のりを時速 1km なら 12 時間かかり，時速 2km なら 6 時間かかります
これも，$x \times y$ はいつも 12 になります
x の値が 2 倍，3 倍になると，y の値が $\frac{1}{2}$ 倍，$\frac{1}{3}$ 倍になっているから，y が x に反比例しています。

準備物	QR 提示用の表 QR ワークシート QR ふりかえりシート

ICT	反比例の場合の様子を想像できにくい子どもは多い。タブレットを使って，丁寧に様子を説明する。全体か個別タブレットかは，子どもの様子をよく見て行う。

3 (2) ②

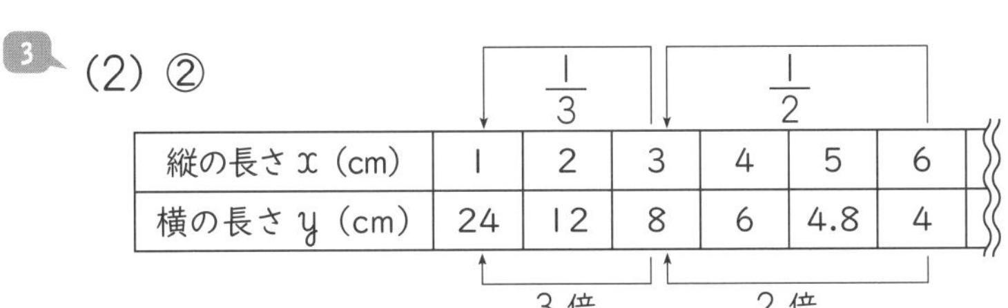

縦の長さ x (cm)	1	2	3	4	5	6
横の長さ y (cm)	24	12	8	6	4.8	4

$\frac{1}{3}$　$\frac{1}{2}$

3 倍　2 倍

$x \times y = 24$

4 (3)

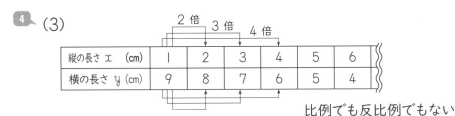

2 倍　3 倍　4 倍

縦の長さ x (cm)	1	2	3	4	5	6
横の長さ y (cm)	9	8	7	6	5	4

比例でも反比例でもない

まとめ

反比例のきまり

・x の値が 2 倍，3 倍…になると，y の値が $\frac{1}{2}$，$\frac{1}{3}$ …になる。
・$x \times y$ は，決まった数になっている。

できるようになります。

3 面積が 24cm^2 の長方形の縦の長さ $x$cm と横の長さ $y$cm の関係を考えよう

ワークシートを使って学習する。(2) ②

T　x が $\frac{1}{2}$ 倍，$\frac{1}{3}$ 倍になるとき，y は何倍になっているでしょうか。表を完成させましょう。

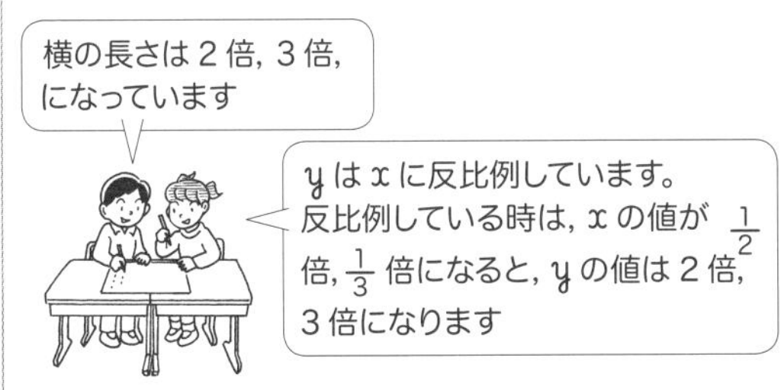

T　反比例する 2 つの量 x，y では，x の値が $\frac{1}{2}$，$\frac{1}{3}$ …になると，y の値は 2 倍，3 倍…になります。

4 周りの長さが 20cm の，長方形の縦の長さ $x$cm と横の長さ $y$cm の関係を考えよう

ワークシートを使って学習する。(3)

T　y は x に反比例していますか。

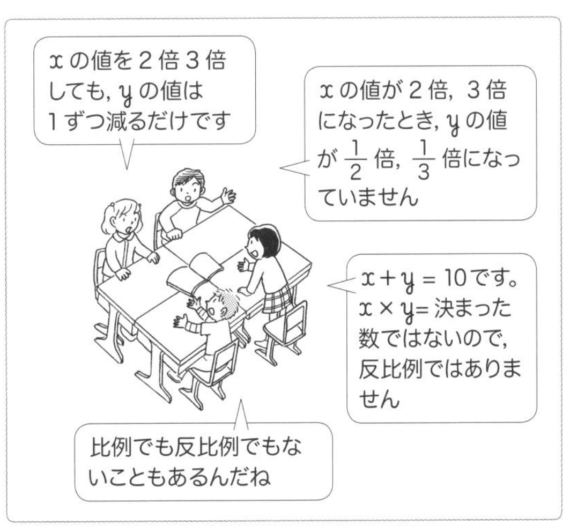

x の値を 2 倍 3 倍しても, y の値は 1 ずつ減るだけです
x の値が 2 倍, 3 倍になったとき, y の値が $\frac{1}{2}$ 倍, $\frac{1}{3}$ 倍になっていません
$x + y = 10$ です。$x \times y$= 決まった数ではないので, 反比例ではありません
比例でも反比例でもないこともあるんだね

学習のまとめをする。
ふりかえりシートが活用できる。

第10時

反比例の式

本時の目標
反比例の関係は $x \times y$ = 決まった数，y = 決まった数 ÷ x で表せることが分かる。

板書例

反比例の式を考えよう

1 (1)

時　速 x (km)	1	2	3	4	5	6
時　間 y (時)	24	12	8	6	4.8	4
$x \times y$	24	24	24	24	24	24

（x：2倍，3倍，4倍　y：$\frac{1}{2}$，$\frac{1}{3}$，$\frac{1}{4}$）

x の値が 2 倍，3 倍になれば，y の値は $\frac{1}{2}$ 倍，$\frac{1}{3}$ 倍になっている

⇨ 反比例

2 $x \times y = 24$（決まった数） ⇨ 反比例の式　$y = 24 \div x$

y ＝決まった数 ÷ x

POINT いくつかの問題を 1 人で考えてから，クラス全体で話し合いましょう。決まった数を見つけて，反比例の式が作れる

1 24km 離れた所へ行くときの，時速と時間の表を完成させよう

ワークシートを使って学習する。(1)
時速 1km ～ 6km までの時速と時間の表を完成させる。

T　表を横に見て，わかることをいいましょう。

前時と同様，x の値が 2 倍，3 倍になると，y の値が $\frac{1}{2}$ 倍，$\frac{1}{3}$ 倍になっていることを確かめ，反比例になっていることを確認する。

2 表を縦に見て，反比例の式を考えよう

表を縦に見ると，$x \times y$ はいつも 24 になっています
$x \times y$ を使った式は，$x \times y = 24$ です
24 が決まった数です

T　x と y を使った式はどうなりますか。
C　$x \times y$ ＝決まった数です。
T　比例の式の様に「y ＝　」の形にしておきます。
C　$y = 24 \div x$
T　反比例の式は y ＝決まった数 ÷ x で表します。

準備物
QR 提示用の表
QR ワークシート
QR ふりかえりシート

ICT
授業の後半では，色々な場合の反比例についての表を全員に送信しておく。自分のペースに合わせて，その表から，反比例の積を考えていく。

3 (2)

1分あたりの水の深さ x (cm)	1	2	3	4	5	6
水がいっぱいになる時間 y (分)	30	15	10	7.5	6	5

$x \times y = 30$

決まった数 (30)
反比例の式
$y = 30 \div x$

4 (3) ①

底面積 x (cm²)	1	2	3	4	5	6
高さ y (cm)	60	30	20	15	12	10

決まった数 (60)
反比例の式
$y = 60 \div x$

②

底辺 x (cm)	1	2	3	4	5	6
高さ y (cm)	18	9	6	4.5	3.6	3

決まった数 (18)
反比例の式
$y = 18 \div x$

③

1分あたりの水の量 x (L)	1	2	3	4	5	6
水がいっぱいになる時間 y (分)	420	210	140	105	84	70

決まった数 (420)
反比例の式
$y = 420 \div x$

まとめ
反比例の式　y ＝決まった数 ÷ x
⇧
$x \times y$ ＝ 決まった数
（決まった数）＝（x が 1 のときの y の値）

ようにしましょう。

3 x と y の関係を式で表そう

ワークシートを使って学習する。(2)

T　反比例の式を，「y ＝」の形にしましょう。
C　$y = 30 \div x$
C　比例の式はかけ算で，反比例の式はわり算になります。

4 いろいろな反比例の場面を式にしよう

ワークシートを使って学習する。(3)

表を縦に見たら決まった数が分かります
x の値が 1 のときの y の値が決まった数です
式は，比例と同じように「y =」にします

C　①の決まった数は 60 で，式は　$y = 60 \div x$
C　②の決まった数は 18 で，式は　$y = 18 \div x$
C　③の決まった数は 420 で，式は　$y = 420 \div x$

学習のまとめをする。
ふりかえりシートが活用できる。

第11時 反比例のグラフ

本時の目標 反比例の関係をグラフに表すことができ，その特徴を理解する。

板書例

反比例のグラフをかこう

1 [1] 面積が 6cm² の長方形で，縦の長さ $x$cm，横の長さ $y$cm

①

縦の長さ x (cm)	1	2	3	4	5	6
横の長さ y (cm)	6	3	2	1.5	1.2	1

②

縦の長さ x (cm)	1.5	2.5	3.5	4.5	5.5	6.5
横の長さ y (cm)	4	2.4	1.7	1.3	1.1	0.9

2 ③

縦の長さ x (cm)	1.2	1.4	1.6	1.8
横の長さ y (cm)	5	4.3	3.8	3.3

3 ④

縦の長さ x (cm)	0.2	0.4	0.6	0.8
横の長さ y (cm)	30	15	10	7.5

面積 6cm² の長方形の縦の長さと横の長さ

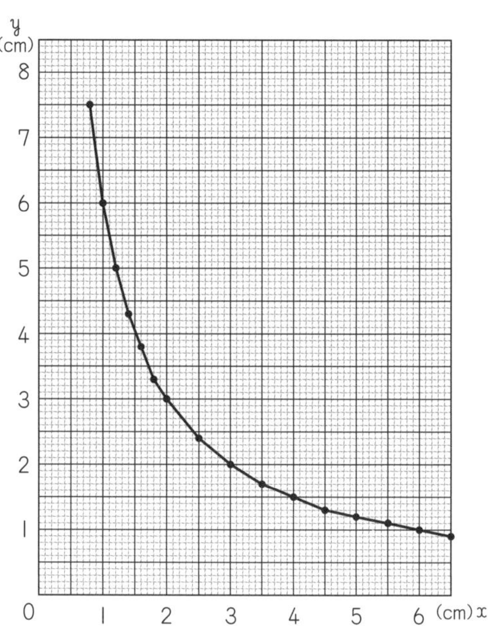

POINT x の値が 1.2 や 1.4 のように細かく点を打っていくと，直線でないことがわかり，x の値が 1 よりも小さい点を打とうと

1 グラフ用紙に点を打とう

ワークシートを使って学習する。(1) ①②

T 表を完成させましょう。

面積が 6cm² の長方形で縦が 1cm だったら，横は 6cm です。縦が 2cm だったら横は 3cm です

グラフの点は直線に並んではないようです。比例のグラフとは違います

T x が 3.5 のときの y の値は小数第 2 位を四捨五入して計算しておきます。

C x が 2.5 のときも四捨五入して，y の値は 2.4 にしました。

C グラフの線は，折れ線になるのかな。

2 x の値が 1 ～ 2 の間の点を細かく打とう

グラフの点を打つだけでも大変なので，ここではワークシートを使って学習する。(1) ③

計算の負担を減らし，y の値は表にかいておく。

細かく点を打っていくと，線の形は折れ線ではなさそうです

反比例のグラフには直線の部分がないので，定規を使わないで線を結びます。曲線になります

細かく点を打ち，線で結んで行くことで，反比例のグラフが曲線になることに納得できる。

準備物	QR 提示用のグラフ QR ワークシート①② QR ふりかえりシート	ICT	反比例のグラフを書くことは，子どもにとってまだ違和感がある作業である。しっかりとタブレットを使って説明をしてから，実際にかく活動に入りたい。

まとめ

反比例のグラフ
・曲線になる。（直線にはならない）
・x 軸や y 軸と交わることはない。

4 [2] ① 比例 $y = 50 \times x$

② 反比例 $y = 60 \div x$

③ 比例でも反比例でもない $y = 50 - x$

④ 比例 $y = 1 \times x$

⑤ 反比例 $y = 1200 \div x$

すると，x 軸や y 軸と交わらないことも自然とわかります。

3 x の値が 1 よりも小さいときの点を打とう

ワークシートを使って学習する。(1) ④

C　x が 0.2 のときは $6 \div 0.2 = 30$ になり，0.4 のときは $6 \div 0.4 = 15$…

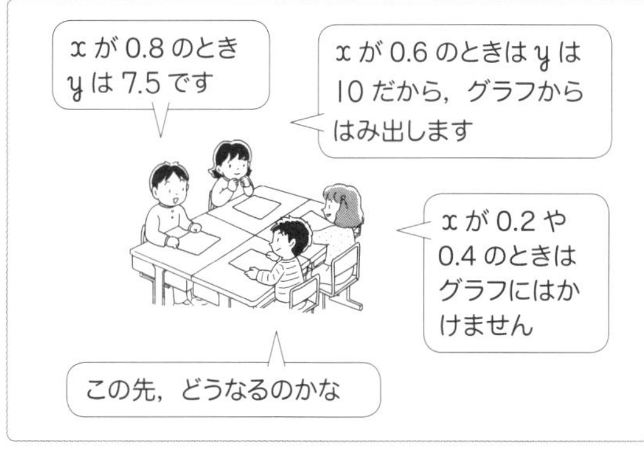

x が 0.8 のとき y は 7.5 です
x が 0.6 のときは y は 10 だから，グラフからはみ出します
x が 0.2 や 0.4 のときはグラフにはかけません
この先，どうなるのかな

T　縦の長さや横の長さが 0 の長方形はありえない線が x 軸や y 軸と交わることはありません。

学習のまとめをする。

4 比例・反比例を見つけよう

ワークシートを使って学習する。(2)

T　x が 2 倍，3 倍…になったとき，y が何倍になっているかで比例か反比例かわかります。x と y を使った式も書いて確かめましょう。

時速×時間＝道のりです。①は $y = 50 \times x$ となるので，比例です
②は反比例で，$y = 60 \div x$ です。③は $y = 50 - x$ だから，どちらでもない

比例と反比例の区別ができるようにしたい。
ふりかえりシートが活用できる。

第1時　ワークシート

ワークシート

比例と反比例　第1時　　比例しているのはどれでしょう

名前

1　実験をしましょう。
1dL ずつ水をふやしたときの水の重さを表に表しましょう。

水の量 x (dL)	1	2	3	4	5	6
水の重さ y (g)						

2　次の(1)～(3)について，ともなって変わる２つの数量を表に表し，
1の実験と同じところとちがうところを書きましょう。

(1)　面積が 12cm^2 の長方形のたての長さを 1cmずつ増やしたときの横の長さ

たての長さ x (cm)	1	2	3	4	5	6
横の長さ y (cm)						

1の実験と同じところ
(　　　　　　　　　　)

1の実験とちがうところ
(　　　　　　　　　　)

(2)　正方形の1辺を1cmずつ長くしたときの面積

1辺の長さ x (cm)	1	2	3	4	5	6
面積 y (cm^2)						

1の実験と同じところ
(　　　　　　　　　　)

1の実験とちがうところ
(　　　　　　　　　　)

(3)　正方形の1辺を1cmずつ長くしたときの周りの長さ

1辺の長さ x (cm)	1	2	3	4	5	6
周りの長さ y (cm)						

1の実験と同じところ
(　　　　　　　　　　)

1の実験とちがうところ
(　　　　　　　　　　)

ワークシート

比例と反比例　第2時　　何倍になるでしょうか

名前

● 実験をしましょう。
1dLずつ水をふやしたときの水の重さを表に表しましょう。

（1）水の重さは、水の量に比例します。

① ア～カは，それぞれ何倍になっているでしょうか。

オ□倍　ア□倍　ウ□倍

水の量 x（dL）	1	2	3	4	5	6
水の重さ y（g）	100	200	300	400	500	600

カ□倍　イ□倍　エ□倍

② キ～シは，それぞれ何倍になっているでしょうか。

キ□倍　ケ□倍　サ□倍

水の量 x（dL）	1	2	3	4	5	6
水の重さ y（g）	100	200	300	400	500	600

ク□倍　コ□倍　シ□倍

（2）正方形の周りの長さは，1辺の長さに比例します。下のア，イ，ウのように x が変わると，対応する y の値は，どのように変わりますか。
また，Ⓐ，Ⓘ，Ⓤの値は，いくらですか。

ア　イ　ウ

1辺の長さ x（cm）	1	2	3	4	5	6	7
周りの長さ y（cm）	4	8	あ	16	い	24	う

エ□倍　オ□倍　カ□倍

あ（　　　）　い（　　　）　う（　　　）

（3）分速70mで歩く人の歩く時間 x 分と進む道のり ym を表した表です。

時間 x（分）	1	2	3	4	5	6
道のり y（m）	70	140	210	280	350	420

① 道のり y（m）は，時間 x（分）に比例していますか。
その理由を説明しましょう。

（　　　　　　　　）

理由（　　　　　　　　）

② 45分歩いた道のりは，5分歩いた道のりの何倍ですか。
45分で進む道のりは何mですか。

（　　　　）倍

（　　　　）m

第2時・第3時　ふりかえりシート

ふりかえりシート

比例と反比例　第2時

名前 ＿＿＿＿＿＿＿＿

1　下の表は，分速80mで歩いている人の，歩く時間 x 分と進む道のり ym です。□にあてはまる数を書きましょう。

□倍　□倍

時間　x(分)	1	2	3	4	5	6
道のり y(m)	80	160	240	320	400	480

□倍　□倍

2　下の文は，比例についてまとめた文です。
□にあてはまる数を書きましょう。

① x の値が0.5倍，1.5倍…になると，それにともなって

y の値も□倍，□倍…になる。

② x の値が $\frac{1}{2}$ 倍，$\frac{1}{3}$ 倍…になると，それにともなって

y の値も□倍，□倍…になる。

ふりかえりシート

比例と反比例　第3時

名前 ＿＿＿＿＿＿＿＿

1　縦4.5cmの長方形で、横の長さ $x$cmを1cm，2cm，3cm…と変えたときの面積 $y$cm² の変わり方を表に書きます。

① x の値が1～6のときの y の値を表に書き入れましょう。

横の長さ x (cm)	1	2	3	4	5	6
面積 y (cm²)						

② x と y の関係を比例の式に表しましょう。

＿＿＿＿＿＿＿＿

③ $x = 9$ のとき，比例の式を使って y の値を求めましょう。

＿＿＿＿＿＿＿＿

2　次のともなって変わる2つの量は比例しています。
表を見て，比例の式を書きましょう。

① 水そうに水を入れたときの時間 x（分）と水の深さ y（cm）

時　間　x (分)	1	2	3	4	5	6
水の深さ y (cm)	1.5	3	4.5	6	7.5	9

比例の式 ＿＿＿＿＿＿＿＿

② 針金の長さ x（m）と重さ y（g）

長　さ x (m)	2	4	6	8	10	12
重　さ y (g)	20	40	60	80	100	120

比例の式 ＿＿＿＿＿＿＿＿

ワークシート

比例と反比例　第４時　比例のグラフ

名前

● 水の量 x（dL）と水の重さ y（g）の関係を表すグラフをかきましょう。

水の量と重さ

水の量 x（dL）	1	2	3	4	5	6
水の重さ y（g）	100	200	300	400	500	600

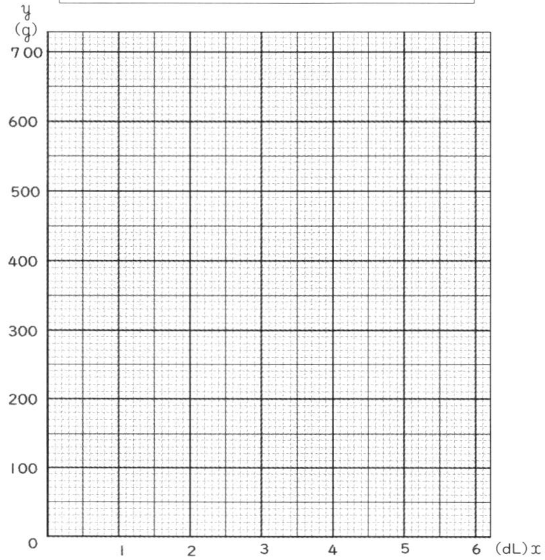

y（g）
700
600
500
400
300
200
100
0
1
2
3
4
5
6
（dL）x

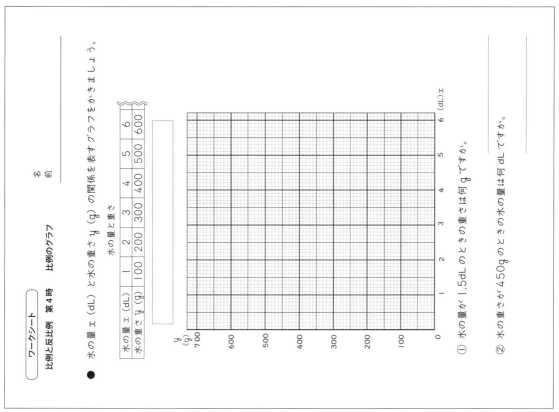

① 水の量が 1.5dL のときの重さは何 g ですか。

② 水の重さが 450g のときの水の量は何 dL ですか。

ふりかえりシート

比例と反比例　第４時

名前

● 正方形の１辺の長さ x（cm）と周りの長さ y（cm）の関係をグラフに表しましょう。

１辺の長さ x（cm）	1	2	3	4	5	6	7
周りの長さ y（cm）	4	8	12	16	20	24	28

正方形の１辺の長さと周りの長さ

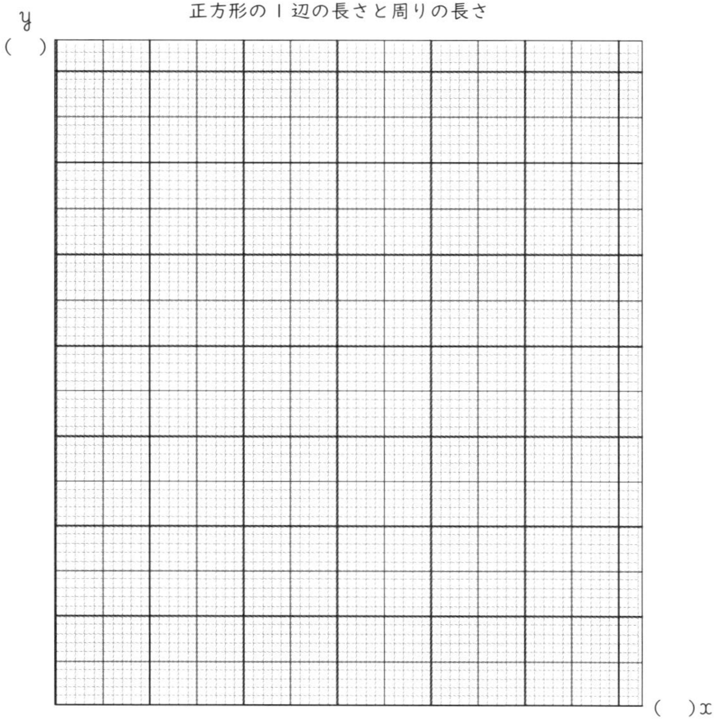

y（　）

（　）x

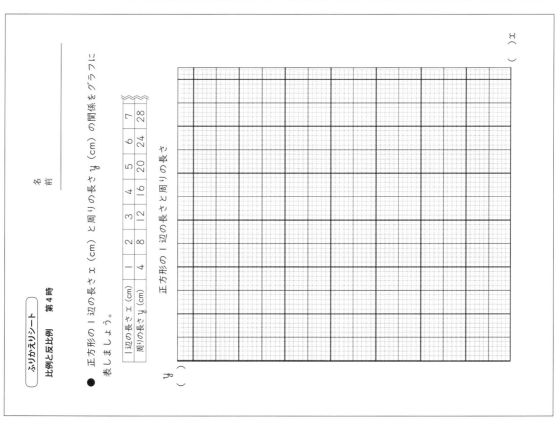

第5時　ワークシート　　第5時　ふりかえりシート

ワークシート

比例と反比例　第5時　比例のグラフの応用　　名前＿＿＿＿＿＿＿＿

● プラレールの電車の走った時間 x（秒）と道のり y（cm）の関係を表すグラフをかいて，グラフから読み取りましょう。

電車の走った時間と道のり

時　間 x（秒）	0	1	2	3	4	5
道のり y（cm）	0	22	44	66	88	110

〈7秒のときの道のり〉

＿＿＿＿＿＿

〈2m 進むのにかかる時間〉

＿＿＿＿＿＿

ふりかえりシート

比例と反比例　第5時　　名前＿＿＿＿＿＿＿＿

● グラフを見て，表を完成させましょう。

針金の長さと重さ

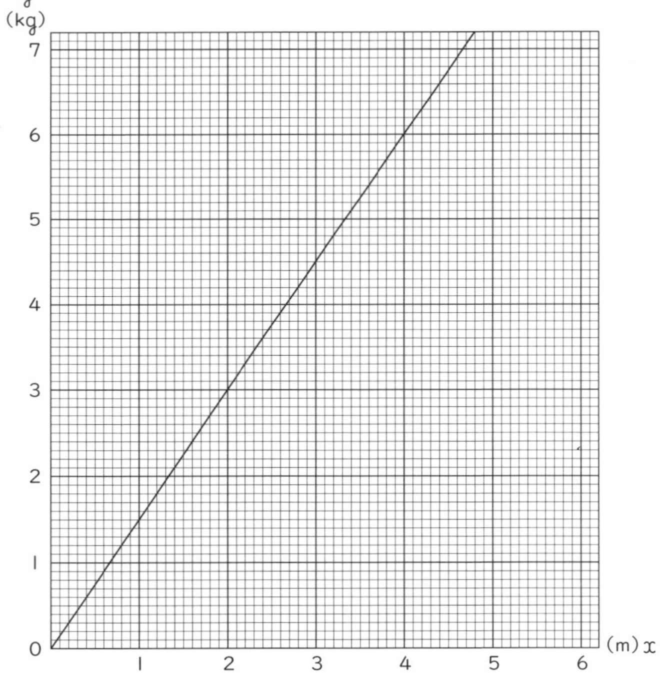

y (kg)　7　6　5　4　3　2　1　0

1　2　3　4　5　6　(m) x

x (m)	1	2				
y (kg)			4.5	6		

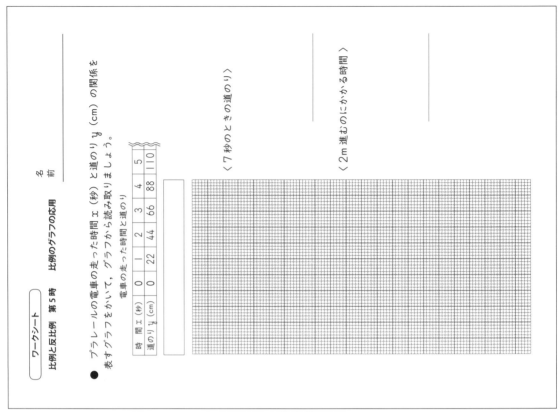

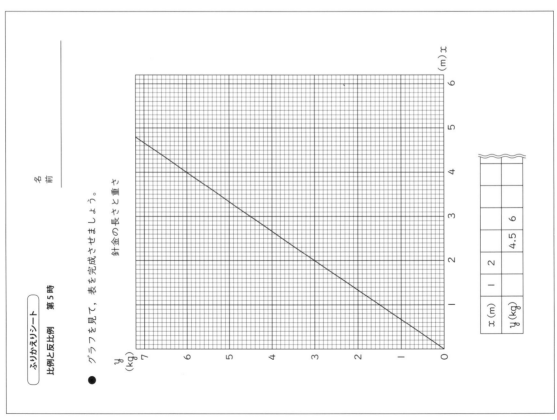

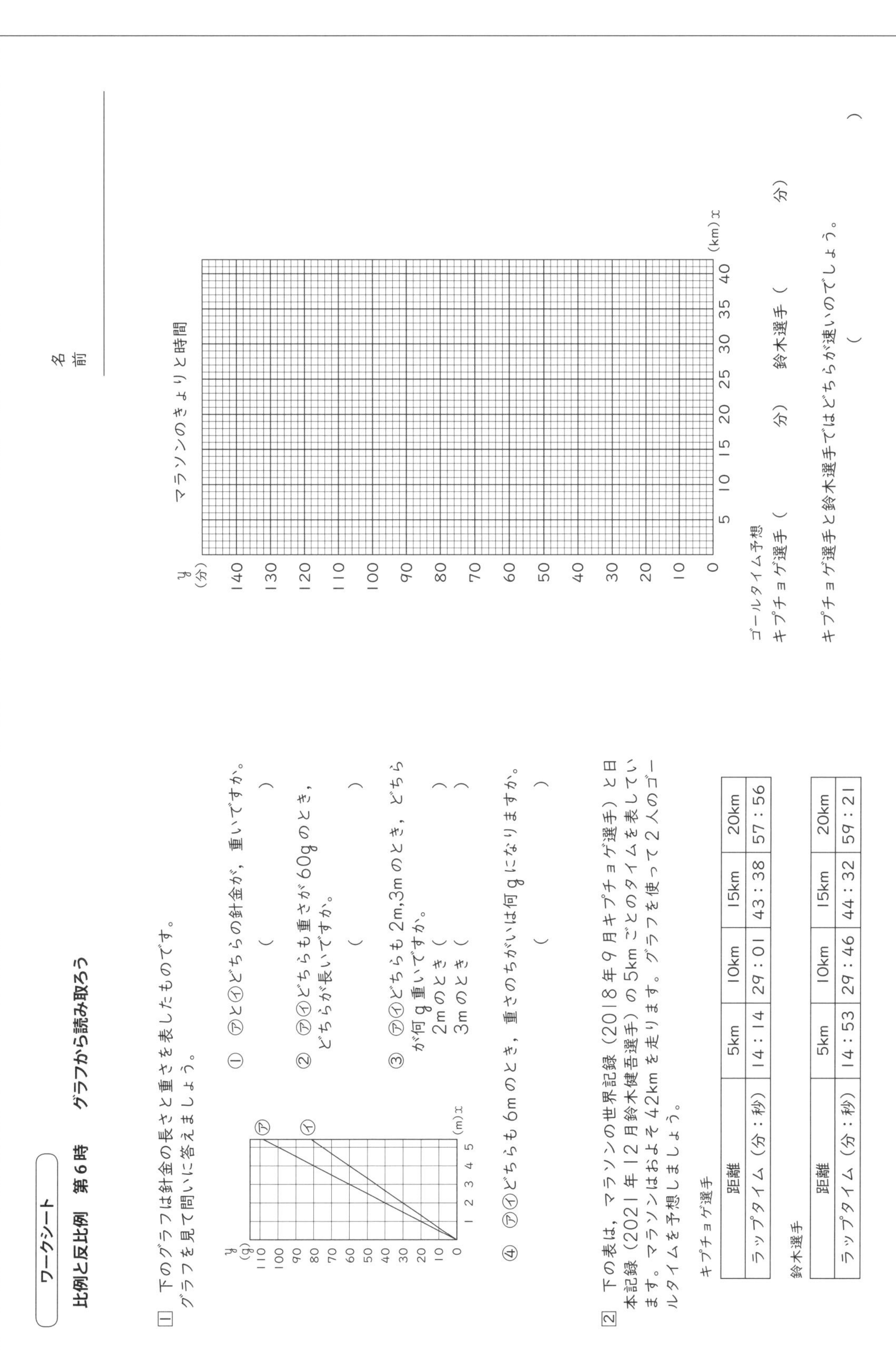

ワークシート

比例と反比例　第6時　　グラフから読み取ろう

名前

1　下のグラフは針金の長さと重さを表したものです。
グラフを見て問いに答えましょう。

①　㋐と㋑どちらの針金が，重いですか。
（　　　　　　　　）

②　㋐㋑どちらも重さが60gのとき，どちらが長いですか。
（　　　　　　　　）

③　㋐㋑どちらも2m,3mのとき，どちらが何g重いですか。
2mのとき（　　　　　　　　）
3mのとき（　　　　　　　　）

④　㋐㋑どちらも6mのとき，重さのちがいは何gになりますか。
（　　　　　　　　）

2　下の表は，マラソンの世界記録（2018年9月キプチョゲ選手）と日本記録（2021年12月鈴木健吾選手）の5kmごとのタイムを表しています。マラソンはおよそ42kmを走ります。グラフを使って2人のゴールタイムを予想しましょう。

キプチョゲ選手

距離	5km	10km	15km	20km
ラップタイム（分：秒）	14：14	29：01	43：38	57：56

鈴木選手

距離	5km	10km	15km	20km
ラップタイム（分：秒）	14：53	29：46	44：32	59：21

マラソンのきょりと時間

ゴールタイム予想
キプチョゲ選手（　　　　分）　鈴木選手（　　　　分）

キプチョゲ選手と鈴木選手ではどちらが速いのでしょう。
（　　　　　　　　）

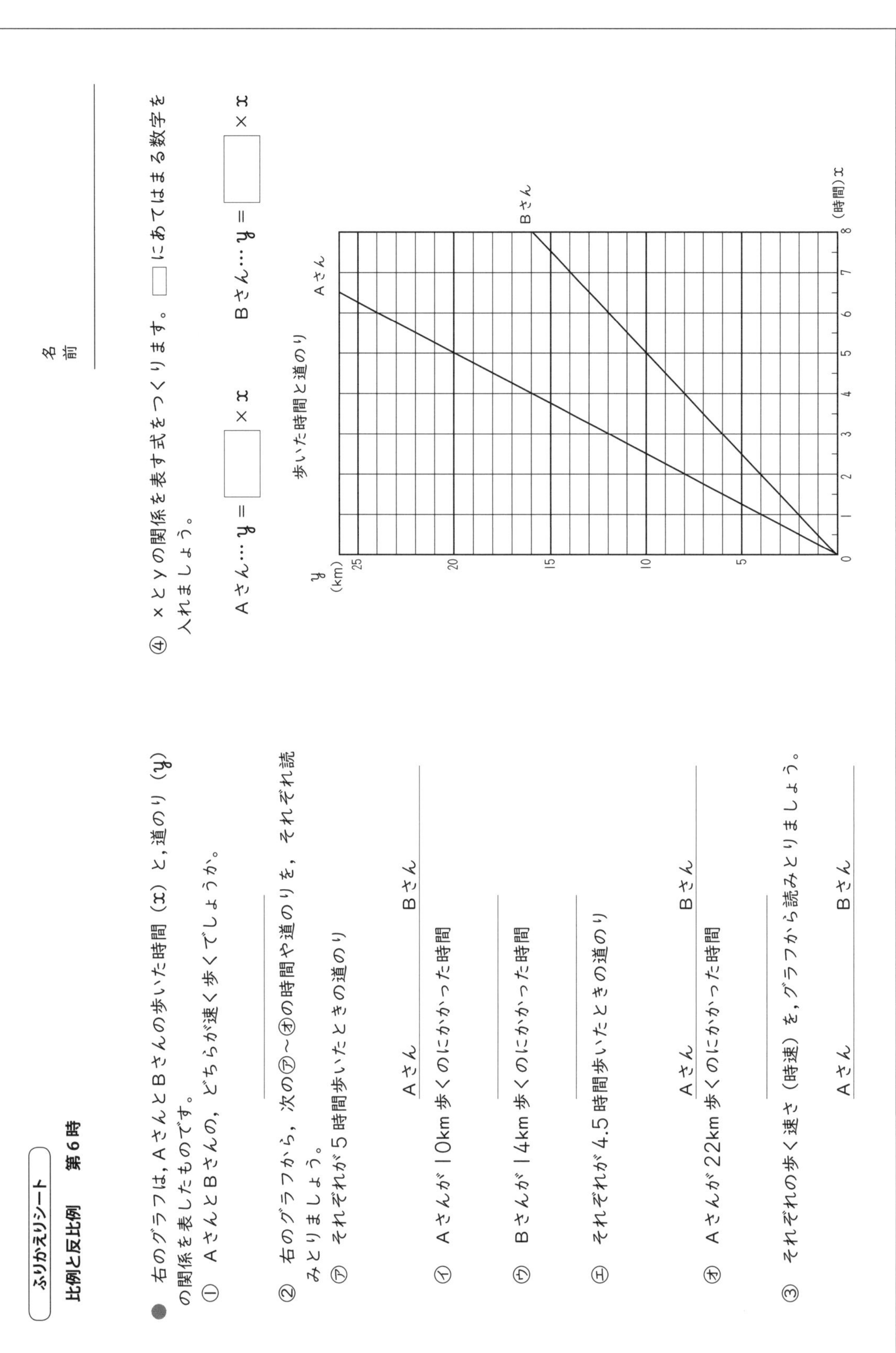

ふりかえりシート

比例と反比例　第６時

名前

● 右のグラフは，Aさんと Bさんの歩いた時間（x）と，道のり（y）の関係を表したものです。

① Aさんと Bさんの，どちらが速く歩くでしょうか。

② 右のグラフから，次の㋐～㋔の時間や道のりを，それぞれ読みとりましょう。

㋐ それぞれが５時間歩いたときの道のり

Aさん　Bさん

㋑ Aさんが１０km 歩くのにかかった時間

㋒ Bさんが１４km 歩くのにかかった時間

㋓ それぞれが 4.5 時間歩いたときの道のり

Aさん　Bさん

㋔ Aさんが 22km 歩くのにかかった時間

③ それぞれの歩く速さ（時速）を，グラフから読みとりましょう。

Aさん　Bさん

④ ｘとｙの関係を表す式をつくります。□にあてはまる数字を入れましょう。

Aさん… y = □ × x　　Bさん… y = □ × x

歩いた時間と道のり

ワークシート

比例と反比例　第７時　比例の活用

名前

● クリップの個数 x（個）と重さ y（g）の関係をグラフに表しましょう。
グラフから，片手でつかんだクリップの重さを量り，個数を予想しましょう。

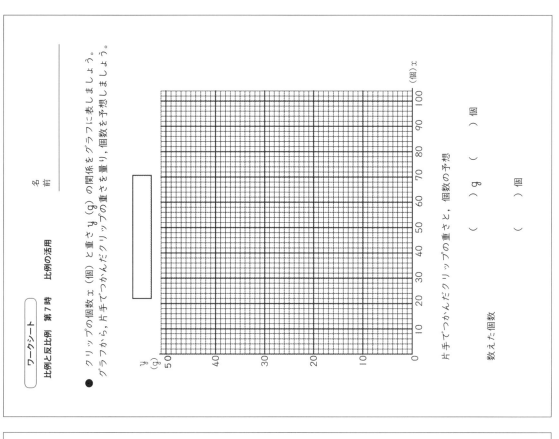

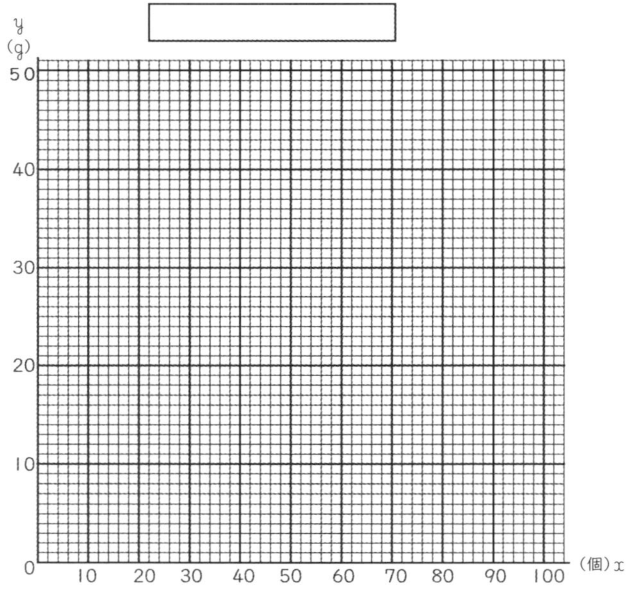

y (g)
50
40
30
20
10
0
10　20　30　40　50　60　70　80　90　100　（個）x

片手でつかんだクリップの重さと，個数の予想

（　　　）g　（　　　）個

数えた個数

（　　　）個

ふりかえりシート

比例と反比例　第７時

名前

1　ある用紙 10 枚の重さは 38g でした。
このことをもとにして，300 枚を用意します。
何 g にすれば，300 枚になりますか。

枚数 x（枚）	10	300
重さ y（g）	38	

式

答え

2　ある厚紙 10 枚の厚さは 5mm でした。
このことをもとにして，厚紙 240 枚を用意します。
厚さ何 mm に重ねれば，240 枚になりますか。

枚数 x（枚）	10	240
厚さ y（mm）	5	

式

答え

第8時　ワークシート

ふりかえりシート

比例と反比例　　第8時

名前 ＿＿＿＿＿＿＿＿

1　2m で 468 円のリボンがあります。このリボン 10m では何円になりますか。

式

答え ＿＿＿＿＿＿

2　20L で 1540 円の油があります。80L では何円になりますか。

式

答え ＿＿＿＿＿＿

3　5L の重さが 6kg のジュースがあります。このジュース 45L は何 kg ですか。

式

答え ＿＿＿＿＿＿

4　1.3m の重さが 300g のはり金があります。このはり金を 3600g 分買いました。何 m 買ったのでしょうか。

式

答え ＿＿＿＿＿＿

5　ぶた肉が 100g で 250 円です。1000 円では何 g 買えますか。

式

答え ＿＿＿＿＿＿

6　6m で 360 円のひもがあります。このひも 24m の値だんはいくらでしょうか。

式

答え ＿＿＿＿＿＿

7　25m 泳ぐのに 40 秒かかりました。この速さで泳ぐと，100m 泳ぐのには何分何秒かかるでしょうか。

式

答え ＿＿＿＿＿＿

8　24 本で 48g のくぎがあります。このくぎ 720g では何本あるでしょうか。

式

答え ＿＿＿＿＿＿

第8時　ふりかえりシート

ワークシート

比例と反比例　第8時　　比例の性質を使って

名前

(1)　3分間で12L出る水道があります。
この水道で4分間，5分間水をためると，それぞれ何Lになりますか。

①　表に整理しよう。

時　間 x（分）	3	4	5
水の量 y（L）	12		

②　4分間では
式

答え

③　5分間では
式

答え

④　時間を x（分），水の量を y（L）として，x と y の関係を式に表しましょう。

⑤　④でつくった比例の式を使って，4分間と5分間にたまる水の量を求めましょう。

4分間　　式

答え

5分間　　式

答え

(2)　画用紙が何枚か重ねてあります。
全体の厚さは3cmです。画用紙10枚を重ねた厚さは2mmです。

①　重ねてある画用紙は全部で約何枚あるといえますか。

枚 数 x（枚）		
厚さ y（mm）		

式

答え

②　画用紙1枚の重さは約20gです。
画用紙全部の重さは約何gといえますか。

枚 数 x（枚）		
重　さ y（g）		

式

答え

ワークシート

比例と反比例　第10時　反比例の式を考えよう

名前

(1)　24km 離れたところに行くときの，時速 x(km) とかかる時間 y(時間) の表を完成させましょう。

24km を進む時速と時間

時速 x (km)	1	2	3	4	5	6
時間 y (時間)						

①　表を横に見てわかったことを書きましょう。

②　表を縦に見てわかったことを書きましょう。

③　x と y を使って反比例の式を作りましょう。

(2)　深さ 30cm の水そうに水をいっぱい入れるときの，1 分あたりに入る水の深さ $x$cm と水がいっぱいになる時間 y 分の関係を式に表しましょう。

1 分あたりに入る水の深さと水がいっぱいになる時間

1分あたりに入る水の深さ x (cm)	1	2	3	4	5	6
水がいっぱいになる時間 y (分)	30	15	10	7.5	6	5

決まった数（　　　　）　反比例の式（　　　　　　）

(3)　次の①～③の反比例の表に y の値を書き入れましょう。また，表を見て決まった数を求め，反比例の式を書きましょう。

①　体積が $60cm^3$ の角柱の底面積と高さ

底面積 x (cm^2)	1	2	3	4	5	6
高さ y (cm)						

決まった数（　　　　）　反比例の式（　　　　　　）

②　面積が $9cm^2$ の三角形の底辺と高さ

$9cm^2$

底辺 x (cm)	1	2	3	4	5	6
高さ y (cm)						

決まった数（　　　　）　反比例の式（　　　　　　）

③　420L 入るお風呂に水を入れるとき，1 分あたりに入る水の量と水がいっぱいになる時間

1分あたりに入る水の量 x (L)	1	2	3	4	5	6
水がいっぱいになる時間 y (分)						

決まった数（　　　　）　反比例の式（　　　　　　）

ワークシート

比例と反比例　第 11 時①　反比例のグラフ

名前

1　面積が 6cm² の長方形で，縦の長さ $x$cm，横の長さ $y$cm とします。

①次の表を完成させて，対応する点を右のグラフにかきましょう。

面積が 6cm² の縦と横の長さ

縦の長さ x（cm）	1	2	3	4	5	6
横の長さ y（cm）						

②次の表を完成させて，対応する点を右のグラフにかきましょう。
（y の値に書いてある数字は，小数第 2 位を四捨五入した値です）

面積が 6cm² の縦と横の長さ

縦の長さ x（cm）	1.5	2.5	3.5	4.5	5.5	6.5
横の長さ y（cm）			1.7	1.3	1.1	0.9

③次の表を完成させて，x の値が 1 ～ 2 の間の点を右のグラフにかきましょう。

面積が 6cm² の縦と横の長さ

縦の長さ x（cm）	1.2	1.4	1.6	1.8
横の長さ y（cm）		4.3	3.8	3.3

④次の表を完成させて，x の値が 1 より小さいときの点を右のグラフにかきましょう。

面積が 6cm² の縦と横の長さ

縦の長さ x（cm）	0.2	0.4	0.6	0.8
横の長さ y（cm）				

y（cm）
8
7
6
5
4
3
2
1
0　1　2　3　4　5　6（cm）x

場合の数

全授業時数７時間

◎ 学習にあたって ◎

<この単元で大切にしたいこと>

本単元のねらいは，起こりうる全ての場合を適切な観点から分類整理して，順序良く列挙できるようになることです。結果ばかりに目を向け整理しないで数えていたのでは落ちや重なりが生じてしまいます。そうならないように分類整理するために，どのような工夫をしたか考えることが大切です。そして，どのような場合があるのかをきちんと分類整理するためには，図や表を使って調べることが有効なことに気づくようにします。中学校では，順列や組み合わせについての計算の公式も学びますが，小学校では自分たちで表や図に表しながら，順序よく調べる方法を考えることを重視します。

図や表の中で，特によく使われるのは，樹形図と呼ばれるものです。もれなく数え上げるために，樹形図やその他の図や表が便利であることを，子どもたちが実感できるような授業を行いましょう。

本単元で扱う内容には，並べ方で考える方法と，組み合わせで考える方法の２つがあります。この２つの方法は似ているので，子どもたちは勘違いをしがちです。教師も意識して，その区別をはっきり教える必要があります。

<数学的見方考え方と操作活動>

落ちや重なりがないように調べるためには，順序よく整理するための観点をどのように決めて，どのような調べ方をすればいいかを考察することになります。その結果，先頭になるものを固定して図や表に表すことが有効であることにたどり着きます。教師から教えるのではなく，試行錯誤を経て効果的な方法を子ども自らが見つけ出せるようにします。

そのためには，場合の数を書き出してみる活動が欠かせません。この単元での操作活動は，図や表に書き出してみることです。その図や表も，どのような表し方が有効で説得力のあるものになるか，対話を通して考えましょう。

<個別最適な学び・協働的な学びのために>

本単元では，起こりうる全ての場合を順序良く列挙するために，観点をどのように決めて，どのような図や表にすればいいかを考えることが大切であるということは，上記でも述べました。その学びを進めていくために，まずは個人で解決方法を考えます。それをもとにしてペアやグループで検討し，全体で話し合っていくようにします。それを通して自分では考えられなかった多様な観点の決め方と，図や表の表し方を知ることができます。その中から有効で確かな方法を，自分で選んで生かしていけるようにすることが，深い学びにつながります。

◎ 評　価 ◎

知識および技能	順列や組み合わせ，起こりうる場合について，落ちや重なりがないように，図表等を用いて調べる方法を理解し，順序よく調べることができる。
思考力，判断力，表現力等	順列や組み合わせを，落ちや重なりがないように図や表を使ったり，名称を記号化して端的に表したりして，順序よく筋道を立てて考えることができる。
主体的に学習に取り組む態度	順列や組み合わせを図や表を使い工夫しながら，落ちや重なりなく，順序よく調べようとしている。

◎ 指導計画　7 時間 ◎

時	題	目標
1	プログラムの順番	3 項の順番を調べるとき，落ちや重なりがないように調べる方法を考える。
2	リレーの順番	4 項の順番を調べるとき，落ちや重なりがないように調べる方法を考える。
3	アイスクリームの重ね方	何種類かのうちから選んで，その重ねる順番について落ちや重なりがないように調べる方法を考える。
4	赤白の玉を取り出す場合	2 種類，3 種類のものを 3 回取り出すとき，どんな場合があるのか，落ちや重なりがないように調べる方法を考える。
5	リーグ戦の組み合わせ	リーグ戦の組み合わせについて，落ちや重なりがないような調べ方を考える。
6	缶詰の組み合わせ	5 種類から何種類かを選び出す組み合わせについて，落ちや重なりがないような調べ方を考える。
7	注文の組み合わせ	組み合わせの学習を生かし，何通りかの中から，目的にあった場合を選び出すことができる。

第1時
プログラムの順番

本時の目標　3項の順番を調べるとき，落ちや重なりがないように調べる方法を考える。

板書例

お楽しみ会のプログラムの順番を考えよう

1　クイズ ㋗　ゲーム ㋘　ダンス ㋟

＜落ちや重なりがないように書き出そう＞

2
1　2　3
㋗―㋟―㋘
㋟―㋗―㋘
㋘―㋟―㋗
㋗―㋘―㋟
㋟―㋘―㋗
㋘―㋗―㋟

6通り

→ 最初に何をするか決めて書き出す

3
1　2　3
㋗―㋟―㋘
㋗―㋘―㋟

㋟―㋗―㋘
㋟―㋘―㋗

㋘―㋗―㋟
㋘―㋟―㋗

6通り

POINT　まずは，自分で落ちや重なりがないように順番を書いてみます。その上で「なるほど，いいね」と思える樹形図にたどり

1 プログラムの順番の決め方を考えよう

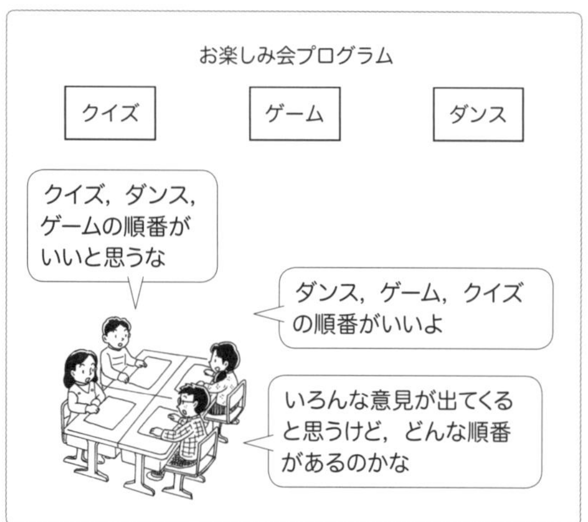

T　3つのプログラムを決めるのに，順番は全部で何通りあるのでしょうか。

2 どんな順番があるか，全てを書き出してみよう

T　クイズは㋗，ダンスは㋟，ゲームは㋘，としてどんな順番があるのか。ノートに落ちや重なりがないように，書き出してみましょう。

T　「表を書いてみよう」というのは，落ちや重なりがないようにしようとする方法へ向かうことになります。

準備物 QR ふりかえりシート

ICT まずは，落ちがないような方法を個人で考え，タブレットのシートにまとめる。その考えをペアや班で交流し，どの方法が一番よいのかを話し合わせる。

＜樹形図（じゅけい）にかいてみる＞

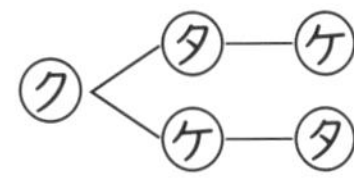

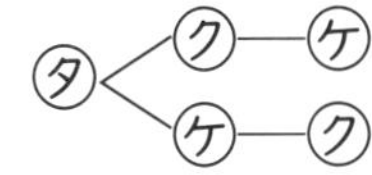

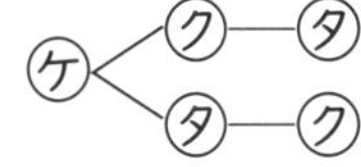

4 ＜学習したことが生かせる場面＞

発表の順番　リレーの順番　写真をとる並び方

＜1 2 3の3枚のカードでできる3けたの整数＞

1 ＜ 2—3 / 3—2

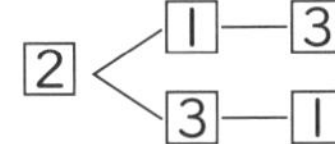

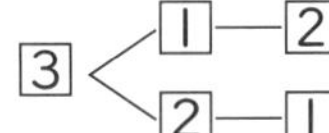

まとめ　順番が何通りあるかを調べるとき，最初のものを決めて順番に図にかくと，落ちやもれがないように調べられる。

着くようにします。並べ方を調べる上で樹形図は有効な方法なので，しっかり取り入れるようにしましょう。

3 落ちや重なりがないように調べる方法を話し合おう

T　全部で何通りになりましたか。

C　6通りです。

T　どうやって調べたのか，調べ方を教えてください。

最初にクイズをするとすると，2通りあります。同じように，最初をダンスにした場合も2通り，最初をゲームにした場合も2通りあります。全部で6通りになる

なるほど。はじめの出し物を決めて考えると間違いなく調べられるね

樹形図を紹介する。

T　枝分かれしている木のように見えるので樹形図といいます。最初を決めて，次に2番目，3番目と枝分かれするように繋げてかきます。

4 学習したことを生活にも生かしてみよう

発表する順番を決めるとき
リレーで走る順番を決めるとき
写真を撮るときの3人が並ぶ順番もそうです

T　では，数字で考えてみましょう。1 2 3 の3枚のカードを使って3桁の整数を作ります。どんな整数ができますか。全て書いてみましょう。

ふりかえりシートが活用できる。

第2時 リレーの順番

本時の目標 4項の順番を並べるとき，落ちや重なりがないように調べる方法を考える。

板書例

4人が泳ぐ順番を考えよう

1 落ちや重なりがないように整理する

2 ＜順番に決める＞

2番めをBにすると，残りはCDかDCのどちらかになる。先頭と2番めまでも決めたら順序良くできそう

次は，同じように先頭をBにして調べればいいな
Aが先頭のとき

A	B	C	D
A	B	D	C
A	C	B	D
A	C	D	B
A	D	B	C
A	D	C	B

Aを先頭にすると6通り

3 ＜樹形図にかく＞

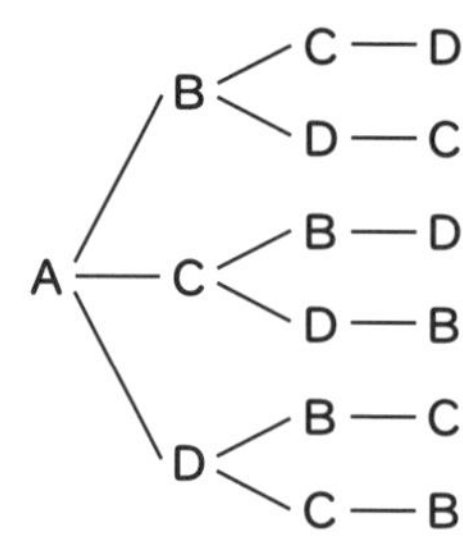

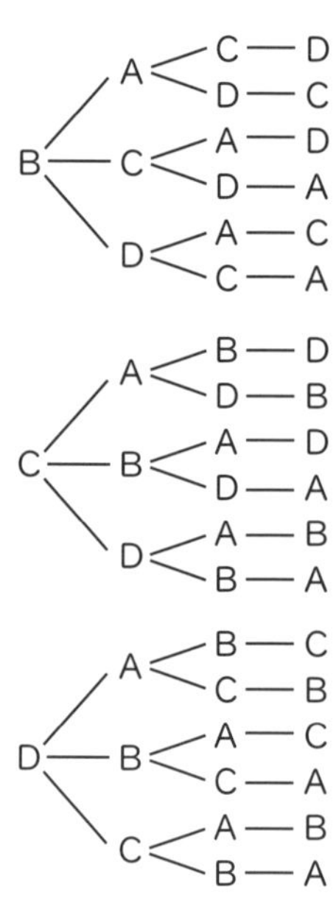

全部で24通り

POINT 男女混合リレーは水泳や陸上での新種目になりました。エントリーが勝敗に大きく影響すると言われています。そんな

1 男女混合リレーで，4人で泳ぐ順番は何通りあるか調べよう

T 東京オリンピックからの水泳の新種目に男女混合リレーがありました。その泳ぐ順番について考えてみましょう。全部で何通りあるでしょうか。

4人はA, B, C, Dとして考えてみよう
前の時間に，先頭を決めて調べれば，落ちや重なりがないようにできることがわかった

C 樹形図を習った。4人の場合でもできると思う。

T どのようにすれば，落ちや重なりがないように整理してできるのか，工夫をしてやってみよう。

2 落ちや重なりがないように自分でノートにかいてみよう

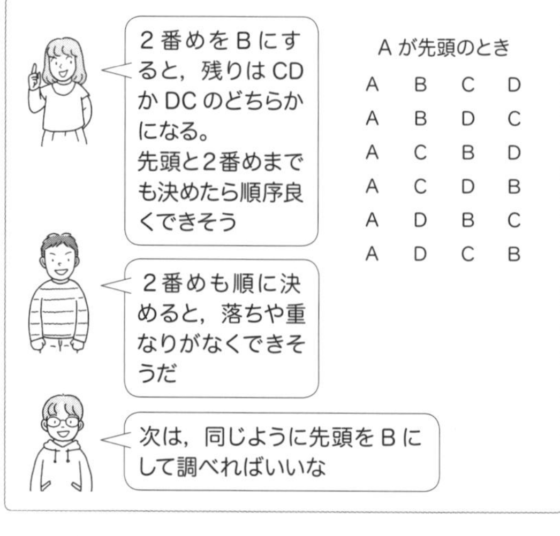

落ちや重なりがないように整理してやってみようと考えたら，上記のように考えてノートに書いている子がいるはず。この考え方を話し合いで生かせるようにする。

準備物	QR ふりかえりシート

ICT	リレーや何かの順番など，日常生活でもよくあり，よく使う場面である。タブレット上だけでなく，実際に自分たちが動いて並ぶ方法を考えることも必要である。

まとめ
・先頭と 2 番目を決めて順番に調べる。
・図（樹形図（じゅけい））にすると便利。

4 ＜0 1 2 3の 4 枚のカードでできる 4 けたの整数＞

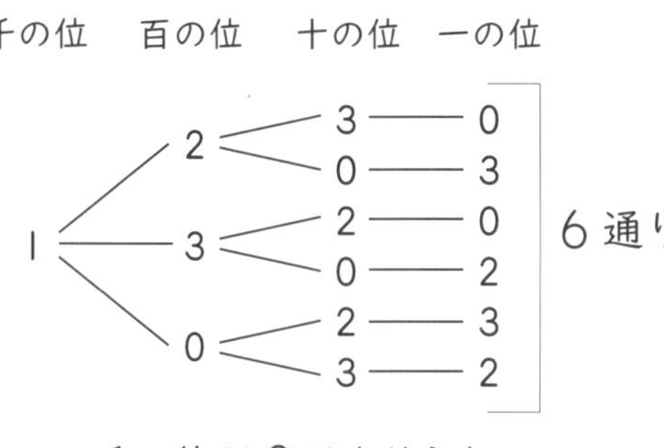

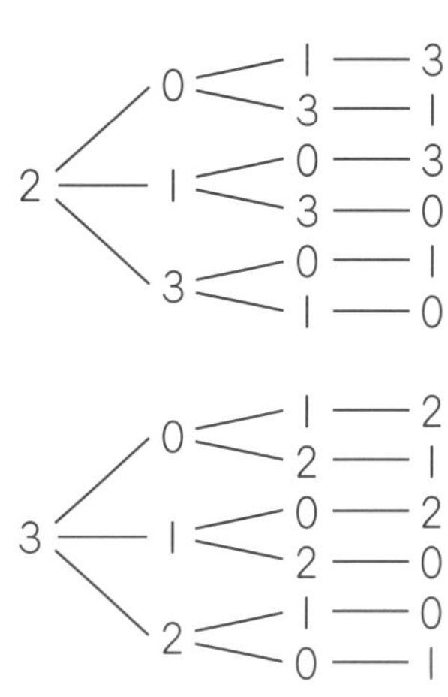

千の位が 0 はありえない

6 通り × 3

全部で 18 通り

ことも紹介しながら導入しましょう。

3 調べた方法を発表して，話し合おう

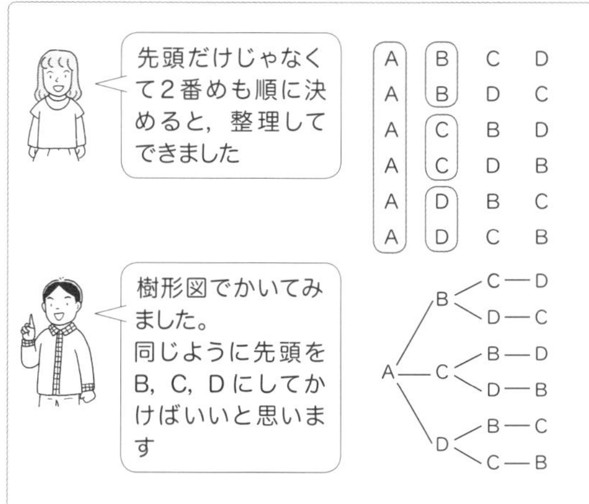

T　全部で何通りになりますか。

C　24 通りです。

4 4 枚の数字カードを並べて，4 桁の整数を作ろう

T　0・1・2・3 の 4 枚のカードを使って 4 桁の整数を作ります。何通りの数ができるでしょうか。

右のような図がかけることを推奨する。自分でかけずに戸惑っている子がいないように話し合いをしたり，個別指導をする。

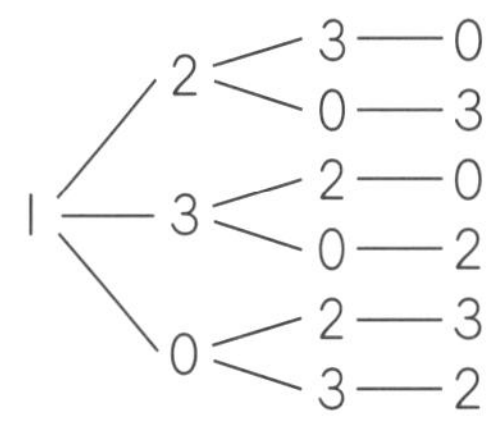

0 が千の位に使えないことに気づいたり，6 × 3 と計算で求めていたりする子がいたら，考え方を発表させて，全体に伝えるようにしたい。

ふりかえりシートが活用できる。

第3時 アイスクリームの重ね方

本時の目標　何種類かのうちから選んで，その重ねる順番について，落ちや重なりがないように調べる方法を考える。

板書例

アイスクリームの重ね方は何通りあるだろう

1 ＜4種類で2段重ね＞ 重ねる順番も考える

バニラ㋩　キャラメル㋖　ストロベリー㋜　チョコレート㋠

2 絵に表す

まず下を決める

図に表す（樹形図）

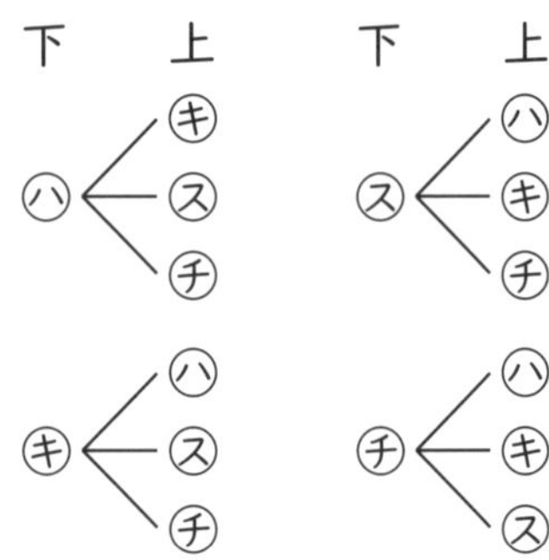

3 × 4 = 12

12通り

POINT 教科書にもアイスクリームの問題はありますが，重ねる順番までは問題にしていません。（組み合わせです）ここでは重ねる

1 4種類のアイスクリームから2種類を選んだ重ね方は何通りあるか調べよう

T　バニラ，キャラメル，ストロベリー，チョコの4種類から2種類を選んで2段重ねにします。

上の段と下の段を入れ替えると，同じじゃないと思う
上と下を入れ替えたら味も違って感じるから，別物としよう

T　では，上と下が入れ替わったものは別として調べましょう。バニラは㋩，キャラメルは㋖，ストロベリーは㋜，チョコは㋠とします。どのようにすれば落ちや重なりがないように調べられると思いますか。

C　上か下かを何にするか決めて，整理して考えるようにすればいいです。

2 どんな場合があるか，図にかいて調べてみよう

C　下をバニラにしたら右のように3通りになります。同じようにキャラメル，ストロベリー，チョコを下にした場合もそれぞれ3通りずつあるから3 × 4で12通りです。

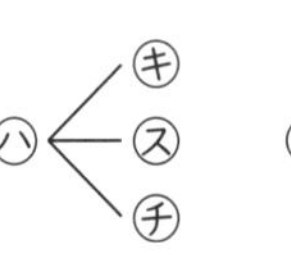

C　アイスクリームの絵にかいてもいいけど，右のように，樹形図にもかけるよ。

C　樹形図の先頭にくるアイスクリームが4種類あるから3 × 4 = 12　12通りです。

準備物	QR アイスクリームの絵 QR ふりかえりシート	ICT	アイスクリームのイラストではなく，できれば実際のアイスクリームの画像や動画があれば盛り上がる。練習としてアイスクリーム以外のものも用意しておきたい。

3 <5種類で2段重ね>

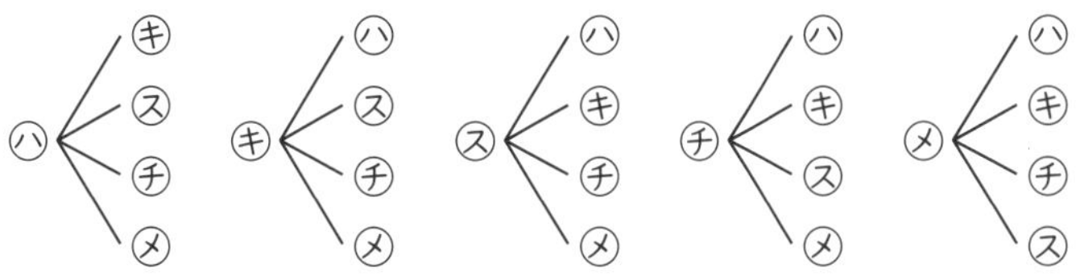

$4 \times 5 = 20$

20通り

4 <5種類で3段重ね>

バニラをいちばん下にした場合

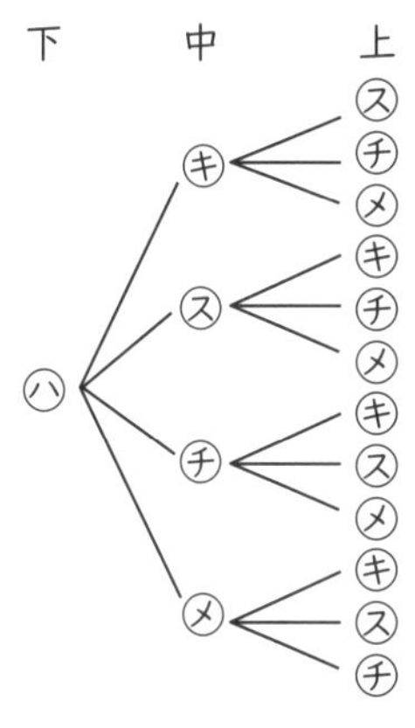

12通りある

5種類で，それぞれ12通りあるから

$12 \times 5 = 60$

60通り

順番にもこだわり，アイスクリームの種類や重ねる段の条件を増やした問題に挑戦します。

3 4種類が5種類になったら，重ね方は何通りになるか調べてみよう

T　増えたのはメロンです。㋱としましょう。少し時間をとりますから，まずは，自分でやってみましょう。となりの人もできたら，話し合いましょう。

ひとりで考える時間をとることが大切。その後ペアで確かめる。

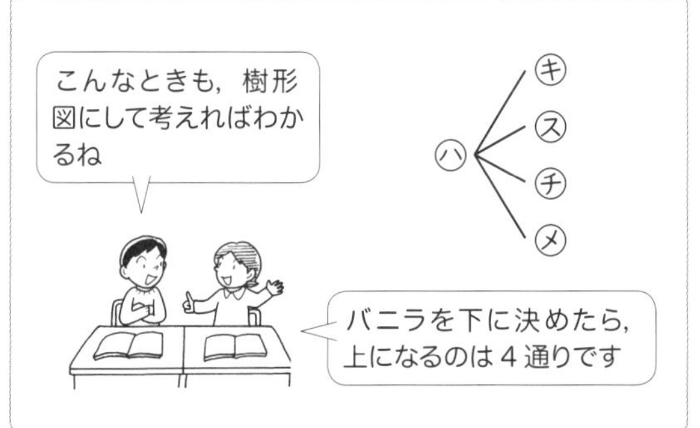

こんなときも，樹形図にして考えればわかるね
バニラを下に決めたら，上になるのは4通りです

C　5種類のアイスクリームを下にしたら，それぞれ4通りずつあるから，20通りになります。

C　式にすると，$4 \times 5 = 20$ となります。

4 5種類から3種類を選んで3段重ねにすると何通りできるか調べてみよう

ここでも，ひとりで考える時間をとる。

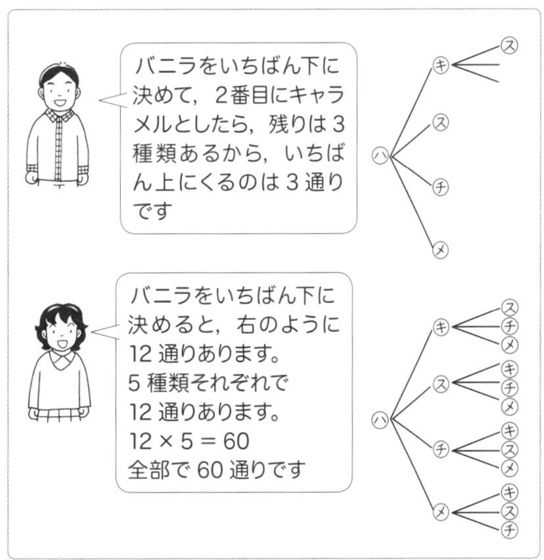

ふりかえりシートが活用できる。

第4時

赤白の玉を取り出す場合

本時の目標
2種類，3種類のものを3回取り出すとき，どんな場合があるのか，落ちや重なりがないように調べる方法を考える。

板書例

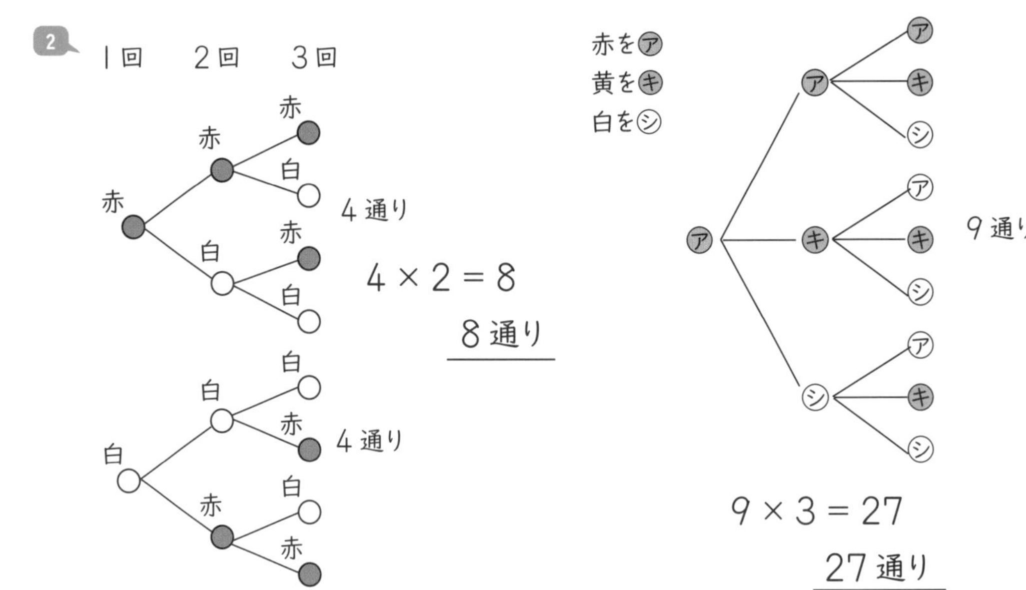

POINT どんな場合があり，全部で何通りになるかを調べるときに，樹形図がわかりやすくて効果的であることが理解できるように

1 箱の中の赤白の玉を3回取り出してみよう

T　箱の中には赤白の玉が同じ数ずつ入っています。箱の中から1個ずつ3回取り出しますと，どんな場合がありますか。実際にやってみましょう。

1回目も
2回目も
赤だった
3回目は，
白かな。
3回目も赤と
いうことだっ
てあるね

T　2人でやってみてもいろいろな出方がありましたね。赤赤白　赤白赤　白赤赤　と様々でした。
　全部で何通りあるのか調べてみましょう。

C　これも最初を決めて樹形図にしてみよう。

2 考え方を発表して，話し合おう

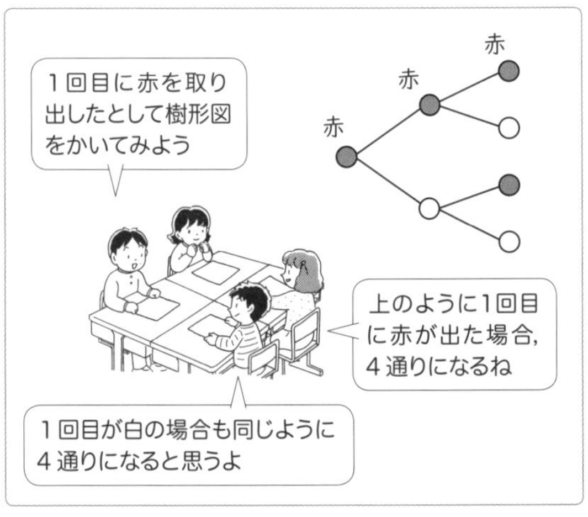

1回目に赤を取り
出したとして樹形図
をかいてみよう
赤
赤
赤
上のように1回目
に赤が出た場合，
4通りになるね
1回目が白の場合も同じように
4通りになると思うよ

1回目が白の場合もかいてみないと安心できない子もいる。一応かいてみるようにする。

準備物

QR ふりかえりシート
・赤白黄の玉と箱（袋）

ICT

紅白の玉の場合は，画像や動画を用意しておき，それを使って説明をする。じゃんけんは実際にペアや班で行い，状況を撮影したり，タブレットのシートにまとめたりしていく。

4 <グー，チョキ，パー 3回の出し方>

最初にグーを出した場合

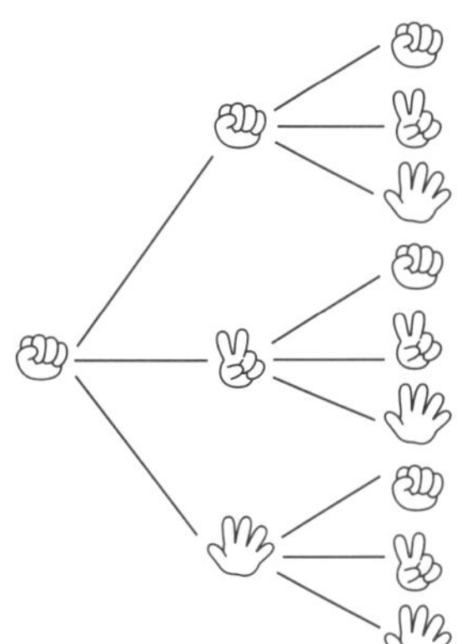

9通り
3色の玉を取り出したのと同じ

$9 \times 3 = 27$

27通り

まとめ　1回目を決めて，順に樹形図にかいて考えると何通りの場合があるかがわかる

展開します。

3 赤，白，黄の3色になったら，どんな場合があって，何通りになるか調べよう

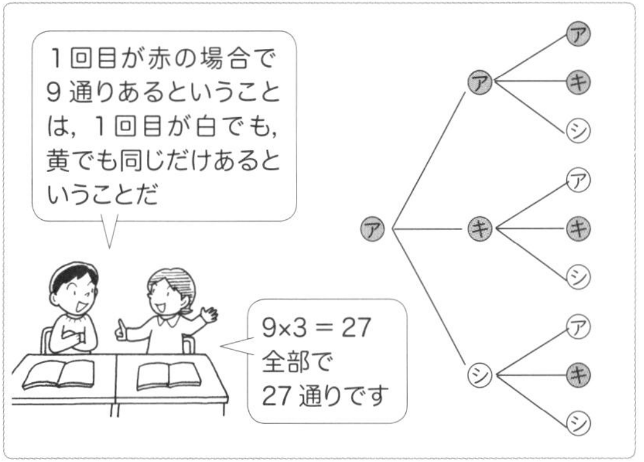

準備ができるなら，ここでも赤白黄の玉を箱から取り出すことをやってみると，実感を伴って考えることができる。

4 じゃんけんを3回します。どんな出し方があるか考えてみよう

ここでも，ひとりで考える時間をとる。

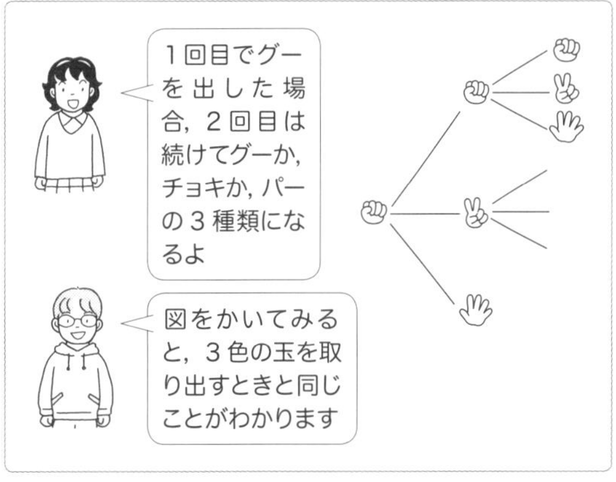

時間があれば，コインを3回続けて投げて，表と裏の出方はどんな場合があるかを試してみる。赤白2色の玉を取り出す場合と同じことがわかる。

学習のまとめをする。
ふりかえりシートが活用できる。

第5時

リーグ戦の組み合わせ

本時の目標　リーグ戦の組み合わせについて，落ちや重なりがないような調べ方を考える。

板書例

リーグ戦の組み合わせと試合数

1 ＜4チームの場合＞

樹形図をかいてみる

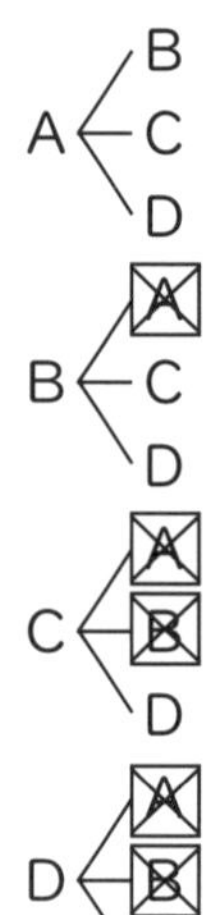

一度出た同じ対戦は消す

2 線をひいてみる

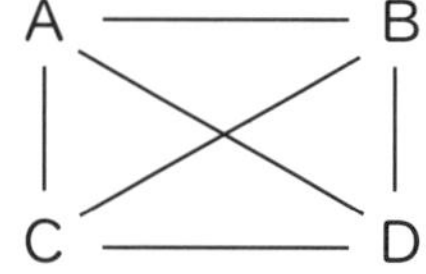

表にかいてみる

	A	B	C	D
A		○	○	○
B	×		○	○
C	×	×		○
D	×	×	×	

6試合

POINT　スポーツ関係の団体に所属している子は，リーグ戦やトーナメント戦の経験もあることでしょう。図や表を見た経験もある

1　4チームでリーグ戦では何試合になるか調べよう

T　ABCDの4チームでバスケットボールのリーグ戦をします。リーグ戦というのは，どのチームとも必ず1回は試合をします。どんな組み合わせができますか。そして，試合は全部で何試合になりますか。

Aから順に書き出してみよう。
AとB　AとC　AとD
BとA　BとC…

AとB　BとAの2つは同じ試合だよ

C　Aから順に考えようとしたことはいいと思う。
C　同じ試合は消せばいいよ。

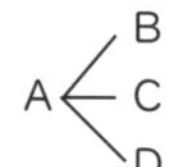

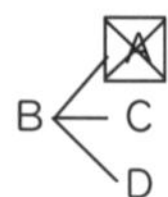

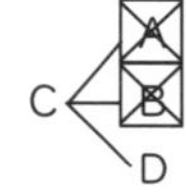

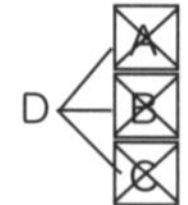

2　調べるのにいい方法はないか，考えよう

C　4チームが対戦するのだから，線でつないだらどうだろう。
C　つないだ線の数が試合の数だ。6試合になる。

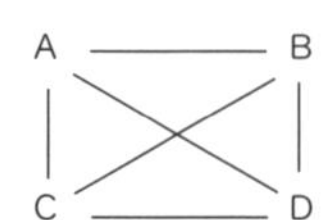

	A	B	C	D
A		○	○	○
B	×		○	○
C	×	×		○
D	×	×	×	

真ん中に斜めの線があるのは，同じチーム同士で試合をすることはないからです

AとBの対戦とBとAの対戦は同じことだから，半分には×をつけています

C　試合数は6試合です。

準備物	QR ふりかえりシート

ICT	リーグ戦やトーナメント戦は，中学校の部活動でも必要になる方法である。実際の画像や動画を用意して，それらを使う状況を理解させることも必要である。

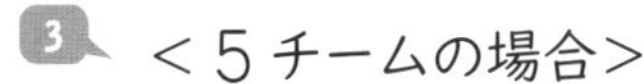

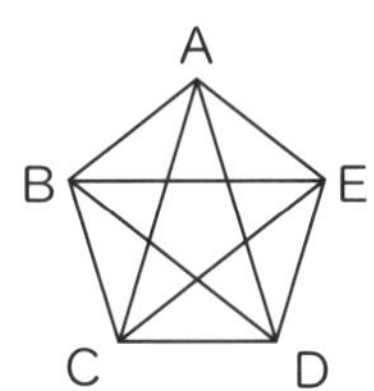

	A	B	C	D	E
A	＼	○	○	○	○
B	×	＼	○	○	○
C	×	×	＼	○	○
D	×	×	×	＼	○
E	×	×	×	×	＼

10試合

4

４チーム

A　B　C　D

３試合

６チーム

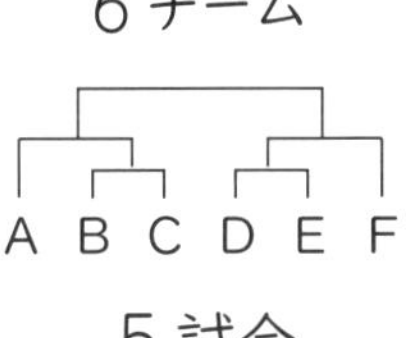

５試合

８チーム

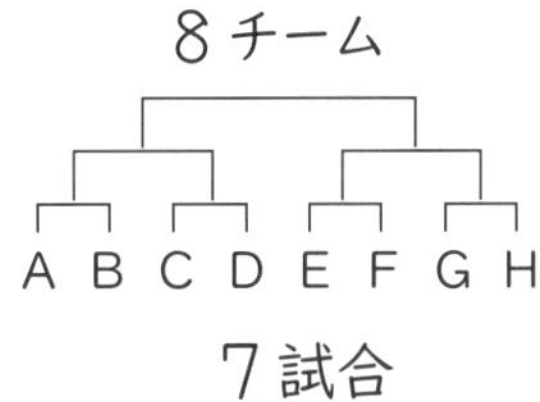

７試合

まとめ　図や表にかいて，組み合わせを考えると，落ちや重なりがないように調べられる。

かもしれません。そういった経験を生かせるようにしましょう。

3　５チーム，６チームの場合も調べてみよう

T　対戦を線で結ぶ図や，表を使ってやってみよう。

【5チームの場合】

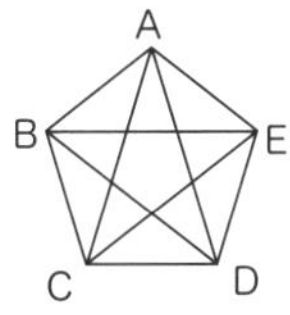

	A	B	C	D	E
A	＼	○	○	○	○
B	×	＼	○	○	○
C	×	×	＼	○	○
D	×	×	×	＼	○
E	×	×	×	×	＼

【6チームの場合】

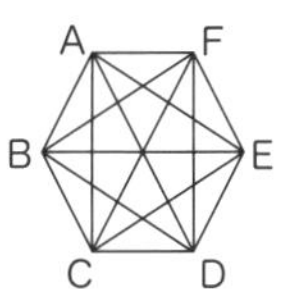

	A	B	C	D	E	F
A	＼	○	○	○	○	○
B	×	＼	○	○	○	○
C	×	×	＼	○	○	○
D	×	×	×	＼	○	○
E	×	×	×	×	＼	○
F	×	×	×	×	×	＼

７チームになれば何試合になるのだろう。試合数の変化に決まりはあるのだろうか。式で求めることはできないだろうかと発展的に考え出す子がいたら，おおいに称賛したい。

4　トーナメント戦では何試合になるか調べよう

T　リーグ戦とは別に，トーナメント戦があります。甲子園の高校野球のように勝ち抜き戦のことです。

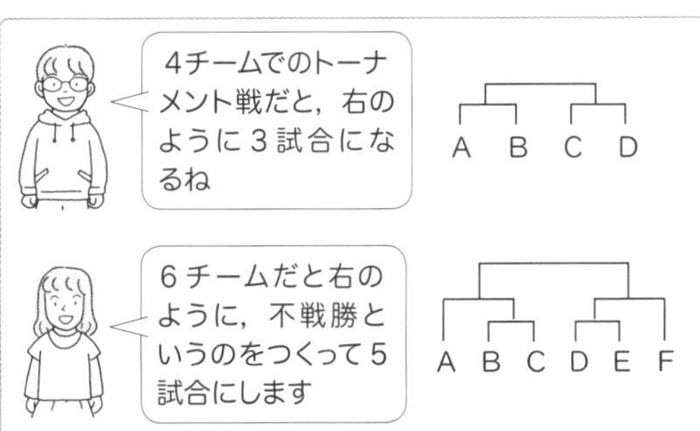

4チームでのトーナメント戦だと，右のように３試合になるね
A　B　C　D
６チームだと右のように，不戦勝というのをつくって５試合にします
A　B　C　D　E　F

T　８チームの場合を考えてみましょう。試合数は何試合になりそうですか。

予想を立てて取り組むようにする。試合数はチーム数よりも１少ないことに気がつく子がいたら，「どうしてそういうことになるのだろう」とその理由もきいてみたい。

学習のまとめをする。
ふりかえりシートが活用できる。

第6時 缶詰の組み合わせ

本時の目標　5種類から何種類かを選び出す組み合わせについて，落ちや重なりがないような調べ方を考える。

板書例

5種類の缶詰（かんづめ）の組み合わせを考えよう

1

Ⓜも　ⓗは　ま　み　な

2　＜2種類を選ぶ＞

樹形図をかいてみる

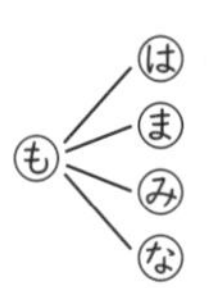

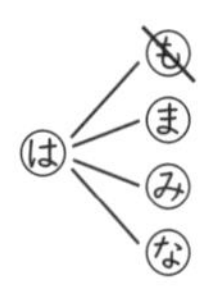

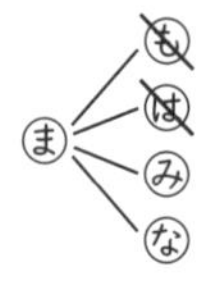

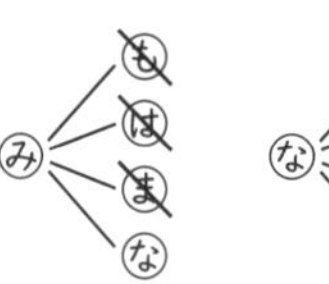

同じ組み合わせは消す

線をひいてみる

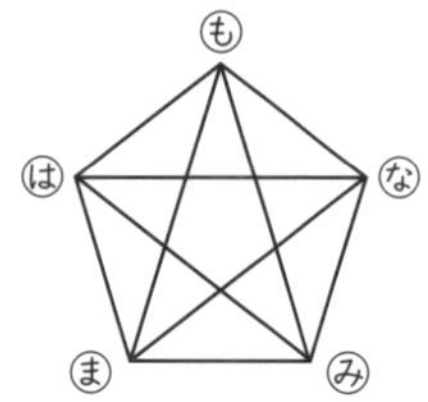

表にかいてみる

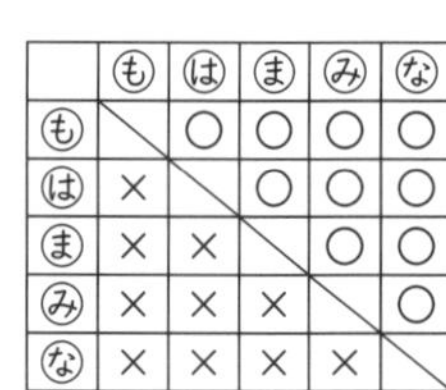

	も	は	ま	み	な
も	＼	○	○	○	○
は	×	＼	○	○	○
ま	×	×	＼	○	○
み	×	×	×	＼	○
な	×	×	×	×	＼

5チームのリーグ戦と同じ

10通り

POINT　5種類から2種類，3種類，4種類ではと挑戦的に問題を提起します。選ぶ数が多くなるとややこしくなると子どもは思う

1　5種類の缶詰から2種類を選ぶ組み合わせは何通りあるか調べよう

T　もも・パイナップル・マンゴー・みかん・なしの5種類から2種類を選んで買います。どんな組み合わせがあって，全部で何通りの組み合わせがあるでしょうか。

もも
パイナップル
マンゴー
みかん
なし
落ちや重なりがないように…だよ
「もも・なし」と「なし・もも」は同じことだね

T　ももはⓂ・パイナップルはⓗ・マンゴーはま・みかんはみ・なしはなのように簡単に表して，どんな組み合わせがあるかを書き出しましょう。

2　調べる方法を話し合おう

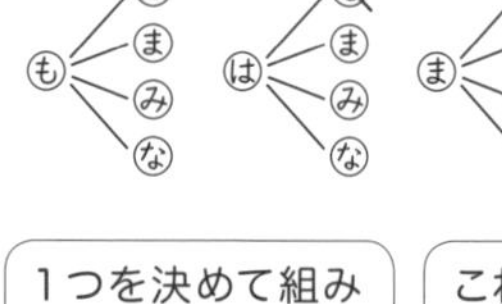
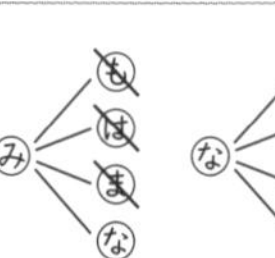

1つを決めて組み合わせを考えました。同じ組み合わせを消すと，10通りになります

これは，前の時間にしたリーグ戦と同じだと思います。試合をするわけじゃないけど，何と何という組み合わせを考えるのは同じです

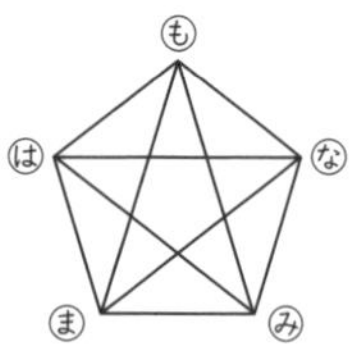

	も	な	ま	み	は
も	＼	○	○	○	○
な	×	＼	○	○	○
ま	×	×	＼	○	○
み	×	×	×	＼	○
は	×	×	×	×	＼

C　どの方法でも10通りになりました。

準備物

QR 板書用イラスト
QR ふりかえりシート

ICT

缶詰を実際に用意してもよいが，缶詰１つ１つを動かすことができるシートを用意しておいて，子どもに送信しておく。それを使って，考え，話し合うと学習効果が上がる。

3 ＜３種類を選ぶ＞

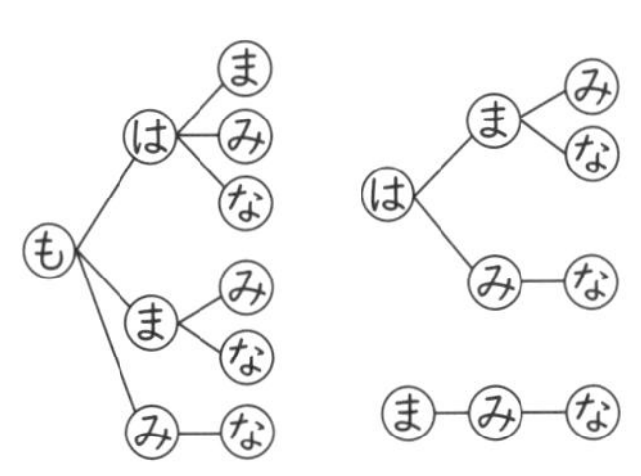

も
は
ま
み
な

も	は	ま	み	な
○	○	○	×	×
○	○	×	○	×
○	○	×	×	○
○	×	○	○	×
○	×	○	×	○
○	×	×	○	○
×	○	○	○	×
×	○	○	×	○
×	○	×	○	○
×	×	○	○	○

「２種類選ばない」のと同じ意味

10通り

4 ＜４種類を選ぶ＞

も	は	ま	み	な
○	○	○	○	×
○	○	○	×	○
○	○	×	○	○
○	×	○	○	○
×	○	○	○	○

１種類選ばないのと同じ

5通り

まとめ

落ちや重なりがないように図や表に整理して調べる。

かもしれませんが，発想の転換で容易になることを楽しむ雰囲気でやりましょう。

3 ５種類の缶詰から３種類を選ぶ組み合わせは何通りあるか調べよう

T　２種類なら，リーグ戦と同じように考えることができたけど，３種類ならどうしますか。

C　３つ選ぶのはややこしいな。

３つ選ぶということは，２つ選ばないということだから，選ばない２つの組み合わせを考えたらいいです
じゃあ，２つ選ぶのと同じだ。だから，２つ選ぶのも３つ選ぶのも同じ10通りなんだ
表にして○をつけてみると分かりやすい

も	は	ま	み	な
○	○	○	×	×
○	○	×	○	×
○	○	×	×	○
○	×	○	○	×
○	×	○	×	○
○	×	×	○	○
×	○	○	○	×
×	○	○	×	○
×	○	×	○	○
×	×	○	○	○

4 ５種類の缶詰から４種類を選ぶ組み合わせは何通りあるか調べよう

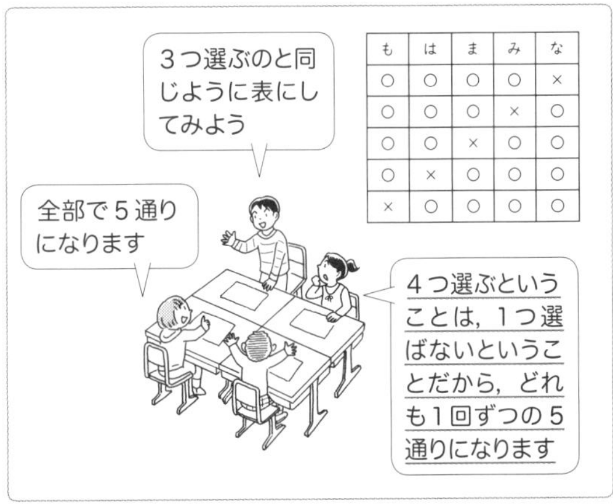

３つ選ぶのと同じように表にしてみよう
全部で５通りになります
４つ選ぶということは，１つ選ばないということだから，どれも１回ずつの５通りになります

も	は	ま	み	な
○	○	○	○	×
○	○	○	×	○
○	○	×	○	○
○	×	○	○	○
×	○	○	○	○

５種類から３種類と４種類を選ぶのは，「選ばないのは何種類」と考えることでできる。逆転の発想を楽しめるようにする。

学習のまとめをする。
ふりかえりシートが活用できる。

第 7 時

注文の組み合わせ

本時の目標　組み合わせの学習を生かし，何通りかの中から，目的にあった場合を選び出すことができる。

板書例

注文の方法を考えよう

1

Ⓐ
トースト　150円
ホットケーキ　250円
サンドイッチ　280円

Ⓑ
ヨーグルト　120円
サラダ　150円

Ⓒ
ミルク　120円
スープ　150円
ジュース　180円

ⒶⒷⒸから１つずつ選ぶ
<全部で何通り>

ⓣ ─ ㋵ ─ ㋯ ㋜ ㋛
ⓣ ─ ㋚ ─ ㋯ ㋜ ㋛
㋭ ─ ㋵ ─ ㋯ ㋜ ㋛
㋭ ─ ㋚ ─ ㋯ ㋜ ㋛
㋚ ─ ㋵ ─ ㋯ ㋜ ㋛
㋚ ─ ㋚ ─ ㋯ ㋜ ㋛

$6 \times 3 = 18$

18 通り

2 <500 円以下になる選び方>

ⓣ ─ ㋵ ─ ㋯
ⓣ ─ ㋵ ─ ㋜
ⓣ ─ ㋵ ─ ㋛
ⓣ ─ ㋚ ─ ㋯
ⓣ ─ ㋚ ─ ㋜
ⓣ ─ ㋚ ─ ㋛
㋭ ─ ㋵ ─ ㋯　490 円（最大）

7 通り

POINT　組み合わせの学習が実生活でも生かせることが感じ取れる学習です。２つの問題に取り組ませましょう。

1 注文の組み合わせは何通りになるか調べよう

T　ⒶⒷⒸの中から１つずつ選んで注文します。全部で何通りありますか。

Ⓐ
トースト　150円
ホットケーキ　250円
サンドイッチ　280円

Ⓑ
ヨーグルト　120円
サラダ　150円

Ⓒ
ミルク　120円
スープ　150円
ジュース　180円

最初をトーストにした場合，6 通りになりました
最初のⒶには 3 つあるから，6×3 = 18 で，全部で 18 通りになります

T　いちばん高いのは，どう選んだ場合ですか。
C　サンドイッチ，サラダ，ジュースで 610 円です。

2 500 円以下で食べられるのは，どんな組み合わせか調べよう

T　18 通りの中で，500 円以下で食べられるのはどんな組み合わせですか。全て書き出しましょう。
C　Ⓐをトーストにしたらいちばん高くても 480 円だから，全部当てはまります。

ⓣ㋵㋯　ⓣ㋵㋜　ⓣ㋵㋛
ⓣ㋚㋯　ⓣ㋚㋜　ⓣ㋚㋛

Ⓐをホットケーキにしたらあと 250 円だから，ホットケーキ，ヨーグルト，ミルクの組み合わせだけです。

安いヨーグルトとミルクをたしたら 240 円だ。Ⓐをサンドイッチにしたらあと 220 円だから 500 円以下の組み合わせはないね

準備物
・選ぶ食べ物のイラスト
QR 道順の図
QR ふりかえりシート

ICT
どの問題も，実際の生活に活かすことができる。時間があれば，1人1人が生活に即した問題を作成し，タブレットにまとめ，送信しまとめると，オリジナル問題集ができる。

道順を考えよう

3

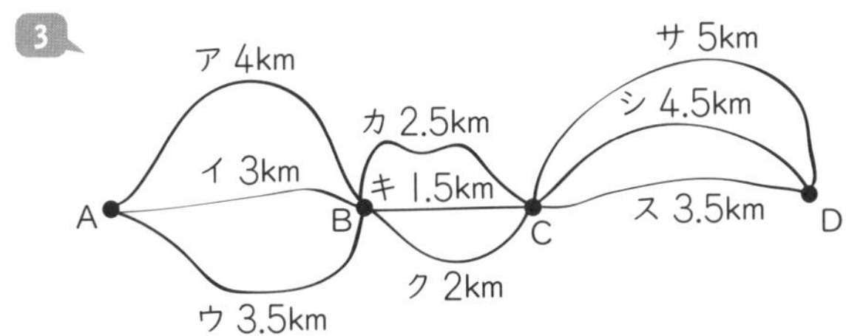

< A から D まで全部で何通り >

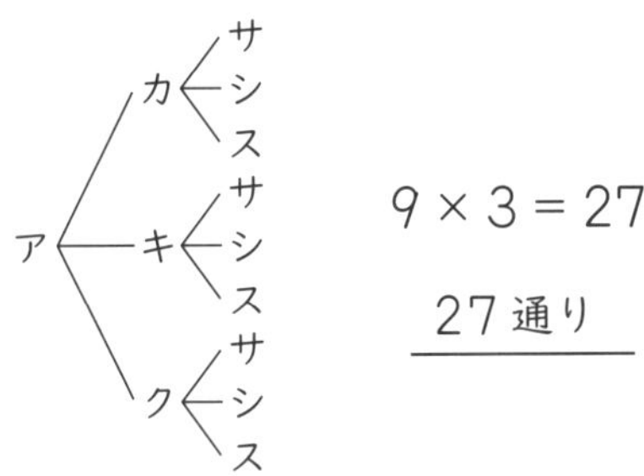

9 × 3 = 27

27 通り

4 <いちばん長いきょりの道順 >

アカサ　で　11.5km

< 10km 以内の道順 >

アカス	アキシ	アキス	アクス
イキサ	イキシ	イキス	イクサ
イクシ	イクス	イカス	イカシ
ウカス	ウキサ	ウキシ	ウキス
ウクシ	ウクス		

18 通り

まとめ

落ちや重なりがないように図や表に整理する。

3 A から B と C を経て D へ行く道順は，全部で何通りあるか調べよう

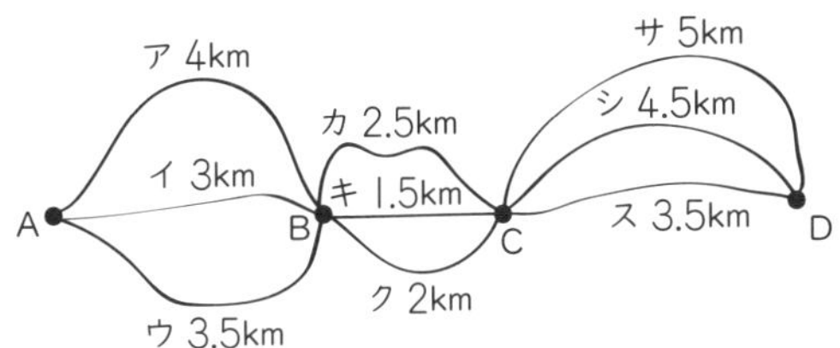

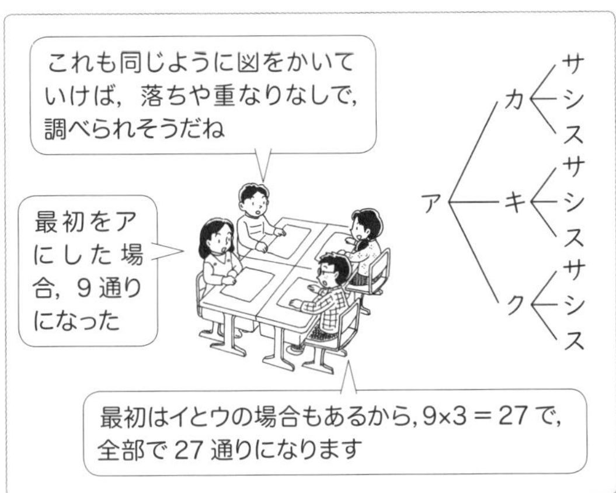

これも同じように図をかいていけば，落ちや重なりなしで，調べられそうだね
最初をアにした場合，9通りになった
最初はイとウの場合もあるから，9×3＝27 で，全部で 27 通りになります
ア
カ サ シ ス
キ サ シ ス
ク サ シ ス

4 道のりの長さの条件にあった道順を考えよう

T　いちばん長い道のりは，どう進んだ場合で何 km になりますか。

C　アカサと進んだ場合で 11.5km です。

T　いちばん短い道のりは，どう進んだ場合で何 km になりますか。

C　イキスと進んだ場合で 8km です。

T　道のりが 10km 以内になる場合はどうですか。

最初にアを通った場合は，あと 6km だから アカス，アキシ，アキス，アクスがあるね

最初にイを通った場合は，あと 7km だから イキサ，イキシ，イキス，イクサ，イクシ，イクス，イカス，イカシ　があるね

最初にウを通った場合は，あと 6.5km だから ウカス，ウキサ，ウキシ，ウキス，ウクシ，ウクス　があるね。全部で 18 通りだ

学習のまとめをする。
ふりかえりシートが活用できる。

第1時・第2時　ふりかえりシート

ふりかえりシート
場合の数　第1時

名前

● ここなさん，みきさん，ゆきさんの３人でリレーの走る順番を決めます。リレーの走る順番は全部で何通りあるでしょうか。

（1）図の○に（ここなさんはㄈ，みきさんはみ，ゆきさんはゆ）をかいて，それぞれ何通りあるかをみつけましょう。

ア　スタートをここなさんにした場合
１番目　２番目　３番目
□通り

イ　スタートをみきさんにした場合
□通り

ウ　スタートをゆきさんにした場合
□通り

（2）３人でリレーを走る順番は全部で何通りありますか。
□通り

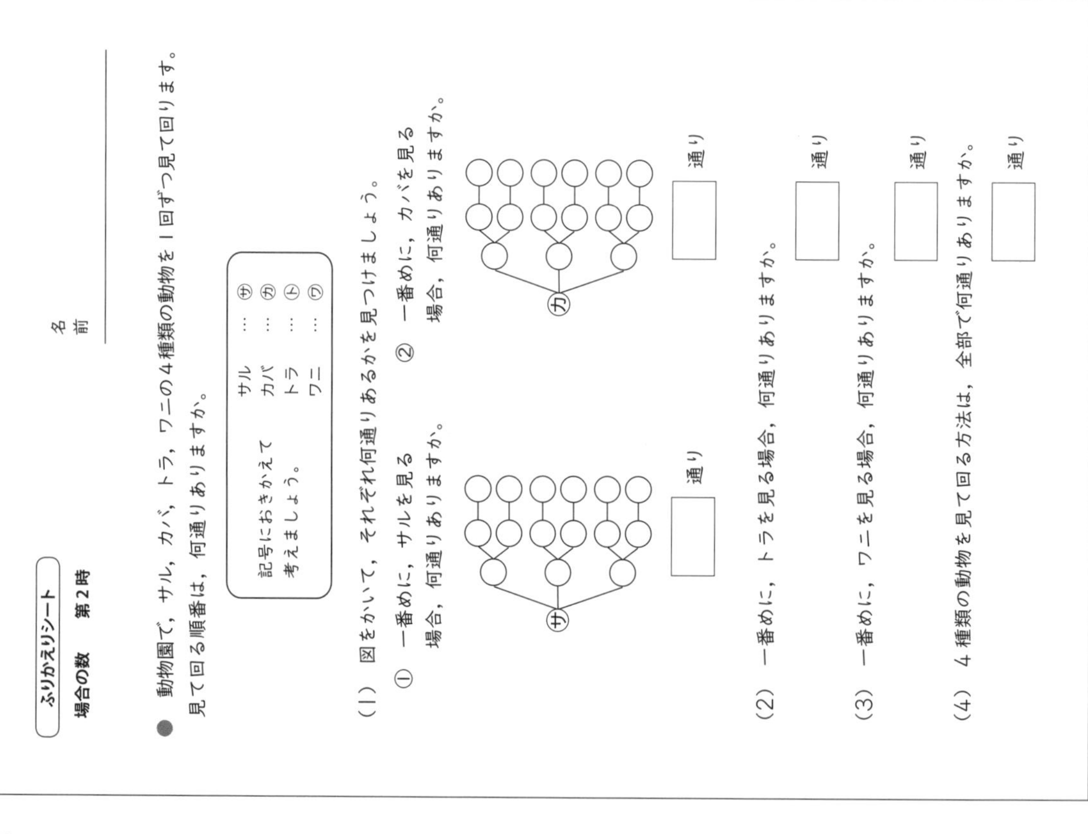

ふりかえりシート
場合の数　第２時

名前

● 動物園で，サル，カバ，トラ，ワニの４種類の動物を１回ずつ見て回ります。見て回る順番は，何通りありますか。

記号におきかえて考えましょう。
サル … ㋚
カバ … ㋕
トラ … ㋣
ワニ … ㋻

（1）図をかいて，それぞれ何通りあるかを見つけましょう。
①　一番めに，サルを見る場合，何通りありますか。
□通り
②　一番めに，カバを見る場合，何通りありますか。
□通り

（2）一番めに，トラを見る場合，何通りありますか。
□通り

（3）一番めに，ワニを見る場合，何通りありますか。
□通り

（4）４種類の動物を見て回る方法は，全部で何通りありますか。
□通り

第３時・第４時　ふりかえりシート

ふりかえりシート

場合の数　第３時

名前

● ３，４，５，６の４枚のカードのうち２枚を選んで，２けたの整数を作ります。できる整数は，何通りありますか。

（１）３を十の位にした場合，何通りあるかを調べましょう。

十の位　一の位

③

□通り

（２）４，５，６を十の位にした場合，それぞれ何通りあるか，自分で図をかいて調べましょう。

④を十の位にした場合　⑤を十の位にした場合　⑥を十の位にした場合

（３）全部で何通りの数ができますか。

□通り

ふりかえりシート

場合の数　第４時

名前

● １０円玉を投げて手の平でとることを３回続けてします。表とうらの出方には，どんな場合がありますか。

（１）１回目に表が出た場合を調べましょう。
図をかいて調べましょう。

表　うら

（２）１回目に表が出た場合，何通りありますか。

□通り

（３）全部で何通りありますか。

□通り

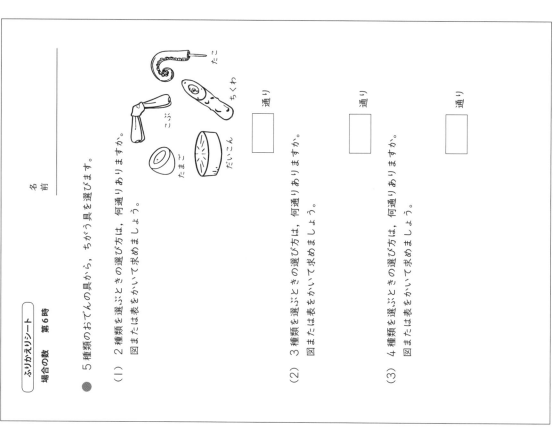

第6時・第7時　ふりかえりシート

ふりかえりシート

場合の数　第6時

名前

● 5種類のおでんの具から，ちがう具を選びます。

（1） 2種類を選ぶときの選び方は，何通りありますか。
図または表をかいて求めましょう。

たまご　こぶ　たこ　だいこん　ちくわ

□ 通り

（2） 3種類を選ぶときの選び方は，何通りありますか。
図または表をかいて求めましょう。

□ 通り

（3） 4種類を選ぶときの選び方は，何通りありますか。
図または表をかいて求めましょう。

□ 通り

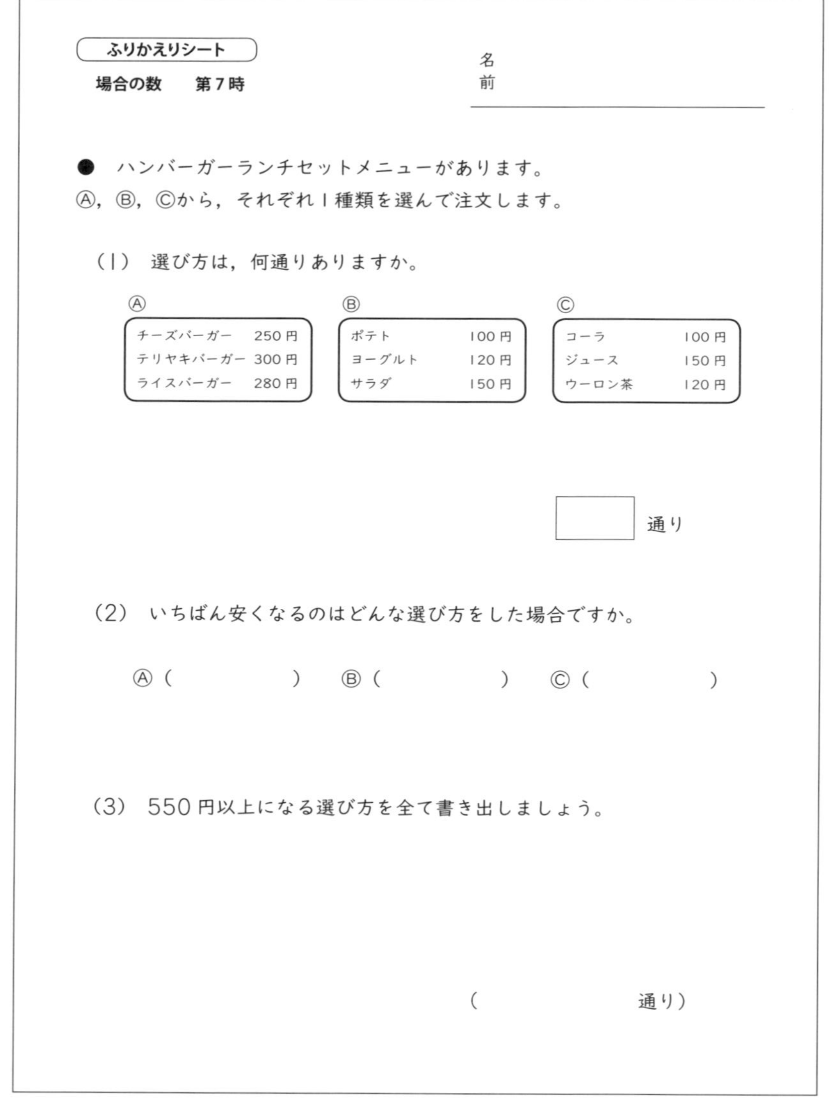

ふりかえりシート

場合の数　第7時

名前

● ハンバーガーランチセットメニューがあります。
Ⓐ，Ⓑ，Ⓒから，それぞれ1種類を選んで注文します。

（1） 選び方は，何通りありますか。

Ⓐ

チーズバーガー	250円
テリヤキバーガー	300円
ライスバーガー	280円

Ⓑ

ポテト	100円
ヨーグルト	120円
サラダ	150円

Ⓒ

コーラ	100円
ジュース	150円
ウーロン茶	120円

□ 通り

（2） いちばん安くなるのはどんな選び方をした場合ですか。

Ⓐ（　　　）　Ⓑ（　　　）　Ⓒ（　　　）

（3） 550円以上になる選び方を全て書き出しましょう。

（　　　　通り）

【企画・編集】
原田 善造　わかる喜び学ぶ楽しさを創造する教育研究所　著作研究責任者
新川 雄也　元愛媛県公立小学校教諭

【著者】
新川 雄也　前出
原田 善造　前出
和気 政司　元京都府公立小学校教諭

【ICT 欄執筆】
松森 靖行　高槻市立清水小学校教諭　※ 2024 年 3 月現在

旧版『喜楽研の DVD つき授業シリーズ 新版 全授業の板書例と展開がわかる
DVD からすぐ使える　映像で見せられる　まるごと授業算数 6 年』(2020 年刊)

【監修者・著者】
石原 清貴　板垣 賢二　市川 良　新川 雄也　原田 善造　福田 純一　和気 政司

【授業動画】
石原 清貴　和気 政司

【発行にあたりご指導・ご助言を頂いた先生】
大谷 陽子

喜楽研の QR コードつき授業シリーズ

改訂新版　板書と授業展開がよくわかる

まるごと授業　算数　6 年 (下)

2024 年 4 月 2 日　第 1 刷発行

企画・編集：原田 善造　新川 雄也（他 5 名）
編　　　集：わかる喜び学ぶ楽しさを創造する教育研究所　編集部

発　行　者：岸本 なおこ
発　行　所：喜楽研（わかる喜び学ぶ楽しさを創造する教育研究所：略称）
〒 604-0854　京都府京都市中京区二条通東洞院西入仁王門町 26 - 1
TEL 075-213-7701　FAX 075-213-7706
HP https://www.kirakuken.co.jp
印　　　刷：株式会社イチダ写真製版

ISBN：978-4-86277-476-7　Printed in Japan